编写人员

主　编：朱宇琳　郑绪诚　张小玲

副主编：刘亚芹　肖　玲　熊艳丽

参　编：邹　红　夏俊梅　马诗雨　毛　杰

新时代司法职业教育"双高"建设精品教材

民法原理与实务·侵权责任编

朱宇琳　郑绪诚　张小玲 ◎ 主编

华中科技大学出版社
http://press.hust.edu.cn
中国·武汉

内 容 简 介

本教材以《中华人民共和国民法典》"侵权责任编"及最新司法解释为基础，结合大量国内外权威资料精心编写而成。本教材系统阐释了侵权责任法的基本原理与实务应用，既可作为法学专业教材使用，亦可供各类法律工作者作为执业工具书使用。教材注重理论知识与实务需求的平衡，将理论融入 200 余个微案例与解析，每章都配有知识体系图以帮助读者搭建扎实的知识框架。全书为立体教材，扫码可获取相应法律法规、司法解释和练习题答案，有助于培养学生自主学习能力。

图书在版编目(CIP)数据

民法原理与实务. 侵权责任编 / 朱宇琳，郑绪诚，张小玲主编. -- 武汉：华中科技大学出版社，2025. 6. --（新时代司法职业教育"双高"建设精品教材）. -- ISBN 978-7-5772-2083-3

Ⅰ. D923

中国国家版本馆 CIP 数据核字第 202514HG13 号

民法原理与实务·侵权责任编　　　　　　　　　　　　朱宇琳　　郑绪诚　　张小玲　　主编
Minfa Yuanli yu Shiwu · Qinquan Zeren Bian

策划编辑：张馨芳
责任编辑：周　天
封面设计：孙雅丽
版式设计：赵慧萍
责任校对：唐梦琦
责任监印：曾　婷

出版发行：华中科技大学出版社（中国·武汉）　　　电话：（027）81321913
　　　　　武汉市东湖新技术开发区华工科技园　　　邮编：430223
录　　排：华中科技大学出版社美编室
印　　刷：武汉科源印刷设计有限公司
开　　本：787mm×1092mm　1/16
印　　张：21.25　　插页：2
字　　数：481 千字
版　　次：2025 年 6 月第 1 版第 1 次印刷
定　　价：78.00 元

前　言

　　在《中华人民共和国民法典》（以下简称《民法典》）全面实施的时代背景下，侵权责任法作为"民事权利的保护法"，发挥着保障民事主体合法权益、维护社会公平正义的关键作用，其重要性不言而喻。《民法典》的"侵权责任编"对原有规范体系进行了多处实质性修改，而随着2024年《最高人民法院关于适用〈中华人民共和国民法典〉侵权责任编的解释（一）》的施行，侵权责任法的内容再次升级。为保证教学内容与时俱进，本教材编者对侵权责任法进行了重新梳理和编排，将最新司法解释引入教材之中，全面、系统地对侵权责任法的归责原则、构成要件、特殊侵权责任的构成等内容进行详细阐释。同时结合公安司法类职业院校学生的特点，适当降低理论深度，注重对学生实务能力的培养。教材引入大量案例，促进学生将抽象的理论知识转化为解决实际问题的能力，实现理论与实践的无缝对接。本教材在编写时尽量采用通说。

　　本教材共十八章，分上下两编，第一至七章为第一编，内容为基础理论；第八至十八章为第二编，内容为特殊侵权责任。教材体系完整、逻辑严密。每章开篇设置的知识体系图，能够帮助学生快速把握该章的整体知识架构与各知识点之间的内在逻辑关系，同时明确了学习目标，为学生的学习提供了方向指引。每章的开头都辅以引例，以激活学生的问题意识。引例大多来源于现实生活中的典型案例，生动鲜活，能够激发学生的学习兴趣，引导学生带着问题进入正文学习，从而更好地理解和掌握相关法律知识。正文内容中穿插了大量微案例，这些微案例短小精悍，针对性强，与正文阐述的知识点紧密结合，让读者能够更直观、更深刻地理解侵权责任法在实际生活中的具体应用。每章内容学习完后，学生还可完成课后相关习题，对知识掌握情况进行数字化能力评估，精准定位薄弱环节，并扫描二维码获取习题答案。此外，本教材还为读者提供了数字化法规资源，通过扫码一键跳转关联资源，方便读者及时查阅侵权责任法领域的最新动态。

　　本教材由朱宇琳、郑绪诚、张小玲担任主编，刘亚芹、肖玲、熊艳丽担任副主编。各章撰稿人具体如下：朱宇琳，第一章第一至二节、第三章、第六章；郑绪诚，第七章；张小玲，第一章第三至四节、第二章；刘亚芹，第十五章；肖玲，

第八章、第九章、第十六章、第十七章；熊艳丽，第四章；邹红，第五章；夏俊梅，第十章、第十一章；马诗雨，第十八章；毛杰，第十二章、第十三章、第十四章。

由于侵权责任法领域的知识是不断发展更新的，加之编写者水平有限，书中难免存在不足之处，恳请广大读者提出宝贵意见和建议，以便我们不断改进和完善。

编写组
2025 年 5 月于武汉

目　录

第一编　基础理论

第二编 特殊侵权责任

第一编 | 基础理论

第一章

侵权责任法导论

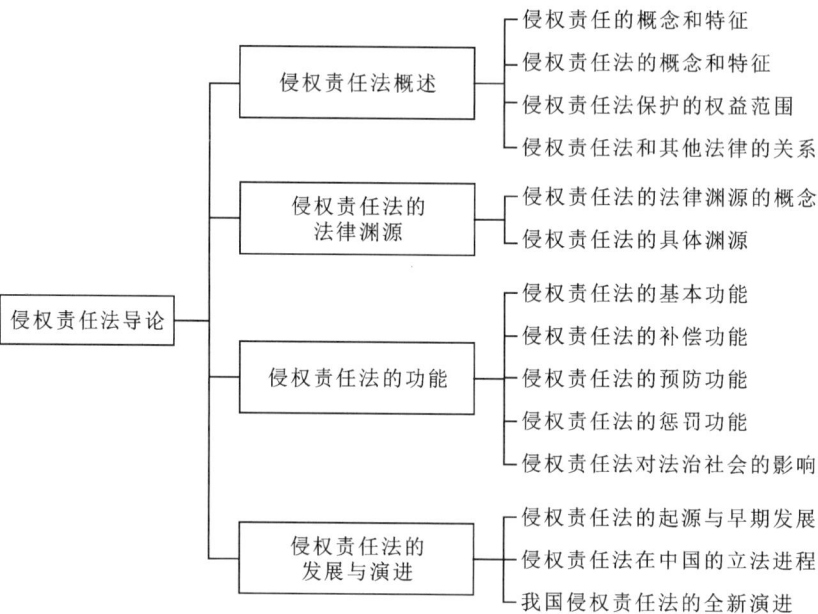

侵权责任法导论
- 侵权责任法概述
  - 侵权责任的概念和特征
  - 侵权责任法的概念和特征
  - 侵权责任法保护的权益范围
  - 侵权责任法和其他法律的关系
- 侵权责任法的法律渊源
  - 侵权责任法的法律渊源的概念
  - 侵权责任法的具体渊源
- 侵权责任法的功能
  - 侵权责任法的基本功能
  - 侵权责任法的补偿功能
  - 侵权责任法的预防功能
  - 侵权责任法的惩罚功能
  - 侵权责任法对法治社会的影响
- 侵权责任法的发展与演进
  - 侵权责任法的起源与早期发展
  - 侵权责任法在中国的立法进程
  - 我国侵权责任法的全新演进

学习目标

本章内容主要讲述侵权责任法的一般概念，通过本章学习，学习者须了解侵权责任法的概念和特征，重点掌握侵权责任法所保护的民事权益有哪些；还要理解侵权责任法的法律渊源以及侵权责任法的功能和发展演进，对侵权责任法的内涵有基本了解，为后续的学习做好铺垫。

引例

林某下班途中经过一家照相馆时，无意中发现该照相馆门口的广告牌上张贴的照片中有两张很像自己，同行的同事也说真的和林某非常相像。林某回家后想起来她前几个月在该照相馆照相时摄影师一直说她很像明星。经查，该摄影师未经本人许可将林某的照片制作成广告，张贴于门口作为宣传使用，林某和同事看到的那两张照片上的人正是林某。

请思考：照相馆在门口张贴印有林某照片的广告做宣传，林某可以提起侵权损害赔偿吗？

2020 年 5 月 28 日，第十三届全国人民代表大会第三次会议表决通过了《民法典》，并于 2021 年 1 月 1 日起正式施行。"侵权责任"是《民法典》的第七编。侵权责任法作为《民法典》的重要组成部分，旨在保护民事主体的合法权益，明确侵权责任，预防并制裁侵权行为，维护社会和谐稳定。侵权责任法是民事基本法，一方面，从其保护的民事权利的性质来看，侵权责任法保护的是基本民事权利，因此涉及的社会关系非常广泛，侵权行为不仅发生在财产关系和人身关系领域，而且也广泛发生在邻里关系、劳动关系、环境保护关系、自然资源管理关系、信息网络传播关系与教育管理关系等领域，覆盖社会经济生活的方方面面；另一方面，侵权责任法涉及几乎所有的民事主体，具有非常普遍的适用性，家庭的稳定、社会的和谐、经济秩序的维护都离不开侵权责任法。通过对民事主体的民事权益进行全方面、多层次的保护，侵权责任法为民事主体提供了有效的法律救助途径，在现代法治社会中，发挥着不可或缺的作用。

第一节　侵权责任法概述

一、侵权责任的概念和特征

（一）侵权责任的概念

侵权责任是指侵权人针对其侵权行为造成的损害，依法应承担的各种民事责任。承担侵权责任的主体被称为侵权人，侵权人是指实施了侵权行为的人，也包括对他人、物件造成损害依法负有赔偿等救济义务的人；而有权主张损害赔偿等请求的人，称被侵权人，包括被侵权行为直接侵害的人以及法律规定其他享有该请求权的人。

（二）侵权责任的特征

侵权责任的特征主要体现在以下几个方面。

1. 侵权责任是民事责任的一种类型

《民法典》第 176 条规定："民事主体依照法律规定或者按照当事人约定，履行民事义务，承担民事责任。"民事责任是指当事人违反民事义务时应当承担的民法上的不利后果，侵权责任具备民事责任的各种特征。民事责任分为侵权责任和违约责任两大类，前者是违反法定义务的责任形式，后者是违反约定义务的责任形式。

2. 侵权责任具有强制性和一定程度的任意性

侵权责任是对受害者损失的弥补，也是对侵权行为的惩罚和制裁，因此侵权行为所导致的侵权责任的承担，是以国家的强制力为保障的，不取决于责任人的个人意愿，因此，从该角度看，侵权责任具有强制性。然而，侵权责任与行政责任或刑事责任有所不同，它在具有强制性的同时，又具有一定程度的任意性。侵权行为所产生的侵权损害赔偿之债具有任意性特点，是否请求责任人承担民事责任，于何种范围内、限度内承担责任，承担何种民事责任（如在违约责任与侵权责任竞合情形下），受害人有自主选择权。此外，侵权责任的承担方式和责任的大小可以通过受害人与损害赔偿义务人相互协商确定。

3. 侵权责任的责任形式主要为损害赔偿，兼具多样性特点

侵权责任的主要功能在于对受害人提供补救，恢复受害人因侵权行所遭受的损失。但是，基于对人格权、身份权进行充分保护的需要，尤其是在被侵权人遭受了精神损害的情况下，单靠损害赔偿还不足以解决问题。因此，除了损害赔偿这一责任形式之外，还须存在多种其他责任形式。《民法典》第179条规定，承担民事责任的方式主要有：停止侵害；排除妨碍；消除危险；返还财产；恢复原状；修理、重作、更换；继续履行；赔偿损失；支付违约金；消除影响、恢复名誉；赔礼道歉，等等。这些责任方式可以单独适用，也可以同时适用两种或两种以上。

4. 侵权责任的本质是不利的法律后果

就本质而言，侵权责任是侵权人一方依法承担的一种法律上的不利后果，这一不利后果包括财产方面的不利性，如因赔偿而导致财产减少；还包括人身方面的不利性，如因消除影响、恢复名誉、赔礼道歉而导致的社会负面评价。在侵权责任领域，最常见的责任方式是赔偿损失，即侵权人支付一定数额的金钱，赔偿被侵权人的损失，对于侵权人而言，这是财产方面的不利后果。

二、侵权责任法的概念和特征

（一）侵权责任法的概念

侵权责任法是指规定侵权行为及相应侵权责任的法律规范的总称。《民法典》第七编第一章第1164条规定："本编调整因侵害民事权益产生的民事关系。"该规定不仅确定了侵权责任法的调整对象，而且也明确了侵权责任法的概念。从内容和体系上说，

一方面，侵权责任法要界定各种侵害民事权益的行为，即侵权行为，在绝大多数情况下，侵权人可能具有过错。但是，在有些情况下，行为人可能没有过错但法律规定其应当承担侵权责任的，侵权人应当承担责任。另一方面，侵权责任法要规定侵权人在实施侵权行为之后的责任。为此，侵权责任法不仅仅要规定侵权的归责原则、构成要件，还要规定免责事由、责任形式与赔偿范围等。所以，侵权责任法是有关侵权行为的定义、种类，以及侵权行为如何归纳责任、侵权损害后果如何补救的民事法律规范的总称。

（二）侵权责任法的特征

侵权责任法具有以下几个特征。

1. 侵权责任法是保护民事权益的

从保护的方向来看，侵权责任法着重保护民事权益，即保护私权，绝大多数私权都会受侵权责任法保护，当然也有例外，如合同债权主要受合同法保护。现代法治精神就是保障私权、规范公权，所以，侵权责任法作为保障私权的基本法为现代法治的构建提供了基础和前提。由于侵权责任法是保护权利的法，其主要功能不在于确认权利，而在于对受到侵害的权利予以救济。《民法典》各个部分的主要功能都在于确认权利，如人格权法确认人格权，物权法确认物权，继承法确认继承权。当这些权利和相关利益受到侵害的时候，就需要通过侵权责任法予以救济，所以侵权责任法主要是保护民事权益的法。

2. 侵权责任法是确立侵权责任的

从调整的对象上看，侵权责任法是对因侵害他人财产、人身的行为而产生的相关侵权责任关系予以调整的法律规范的总和。从基本内容上看，侵权责任法主要规定民事责任，围绕侵权行为及其责任而展开。在内容上，侵权责任法主要规定侵权行为的含义和种类、侵权民事责任的构成要件、归责原则、免责条件、责任形式、赔偿的原则和范围等。这些规定的最终目的就是要确立责任。侵权责任法通过制裁不法行为人、补偿受害人的损失，从而达到保护民事主体的合法权利、教育不法行为人、预防侵权行为的发生、及时补偿受害人的损失等目的。而这些目的的实现也正是侵权责任法的作用。

3. 侵权责任法主要是救济法

从功能上看，侵权责任法的基本功能是对受害人的损害提供救济。侵权责任法作为私法的组成部分，其核心功能是明确受害人遭受侵害以后，是否有权获得赔偿，以及如何赔偿。正因如此，人们才说，侵权责任法是以损害赔偿为主要手段，对受害人进行救济的法律，其着眼点在于对受害人提供救济，这种救济和制裁不同，制裁应由行政法乃至刑法来规定。因此，在侵权责任法中，其责任构成、过错和因果关系的认定方式、责任承担方式、免责事由等，都是按救济理念来完成。救济是侵权责任法的基本理念，它彰显了侵权责任法对人的关怀和保护的价值取向。

4. 侵权责任法主要是强行法

从性质上看，侵权责任法的强行性是其区别于其他民事法律的一个重要特征。与合同法大多为任意法不同，侵权责任法主要是强行法，这是因为侵权行为属于违法行为，国家必须强制设立处理规则和法律后果。侵权责任法的主要功能并不在于对权利的确认，而是对权利的保护和对侵权行为的遏制，且这种遏制与侵权行为人的意愿和目的相反，因此，侵权责任法主要是强行性规范而非任意性规范。关于责任的构成、特殊侵权行为中的举证责任等都不允许侵权行为人排斥其使用，也不允许侵权行为人将责任随意转给他人承担，所以侵权行为人必须遵守侵权责任法的规则。但应该看到，侵权行为是损害赔偿之债的发生原因之一，也会使侵权行为人和受害人之间产生侵权行为之债的关系，意思自治在侵权责任法中也有一定的适用范围。因此，侵权责任法在一般情况下，并不禁止侵权行为人和受害人通过协商减轻或免除行为人的赔偿责任。

5. 侵权责任法主要是实体法

按照法律规定内容的不同，可将法律分为实体法与程序法。实体法一般是指规定主要权利和义务（或职权和职责）的法律；程序法一般是指规定保证权利和义务得以实施的程序的法律。一般认为，侵权责任法是实体法，在侵权责任法中通常不规定程序。

三、侵权责任法保护的权益范围

民事权益是民事权利与民事利益的总称。民法中规定的民事权益多种多样，但并非所有的权益遭受损害后，都需要侵权责任法来保护。虽然《民法典》侵权责任编中并未对其保护的民事权益做列举性规定，但一般认为，侵权责任法保护的权益包括以下内容。

（一）侵权责任法保护的民事权利

我国侵权责任法保护的民事权利主要是民法上的绝对权，绝对权也称对世权，是针对不特定的人而存在的，也即权利的效力指向任何人，每一人都必须遵守。人格权、身份权、物权、知识产权等都属于绝对权，具体包括生命权、健康权、姓名权、名誉权、荣誉权、肖像权、婚姻自主权、监护权、所有权、用益物权、担保物权、著作权、专利权、商标专利权、发现权、股权、继承权等人身和财产权利。

与绝对权相对应的是相对权，又称对人权，是相对于特定的人产生效力的权利，不在侵权责任法保护的范围之内，最典型的相对权就是债权，债权受合同法的保护。

此外，侵权责任法的保护范围不包括宪法中的基本权利，宪法所列举的公民的基本权利如言论、出版、集会、结社、游行、示威等权利和自由不能具化为民事权利；还有，公权力受损也不能诉诸侵权责任法，公权力是公法赋予国家机关的权力，包括立法权、司法权与行政权，侵权责任法属于私法，旨在保护民事主体的民事权益，不保护公权力。

（二）侵权责任法保护的民事利益

民事利益是指虽然受到法律保护但尚未成为一种民事权利的利益，侵权责任法所保护的民事利益多由最高人民法院发布的相关司法解释文件进行确认。民事利益分为人身利益和财产利益。人身利益指与民事主体的人身不可分离，不直接体现为一定财产利益的民事权利，包括人格权和身份权。人格权包括生命权、身体权、健康权、姓名权、肖像权、名誉权、荣誉权、隐私权等；财产利益是指直接体现为一定财产利益的民事权利，主要包括物权、债权、知识产权等。

本章开头的引例中就涉及侵犯肖像权的问题。《民法典》侵权责任编所保护的民事权益是多方面的，肖像权是其中一种，属于民事权利。肖像是自然人的外貌长相通过一定的技术手段在物质载体上的再现，肖像权是对自然人肖像予以保护的一种人格权。照相馆未经林某许可而将其肖像用于商业宣传，林某有权以肖像权受到侵犯为由要求该照相馆承担侵权责任。

四、侵权责任法和其他法律的关系

在现代法律体系中，各种法律规范相互交织、相互渗透，共同构成了维护社会秩序、保障公民权益的法律屏障。侵权责任法作为《民法典》中的一个分编，与《民法典》中其他分编以及其他部门法之间存在着密切的联系。

（一）侵权责任法与合同法的关系

侵权责任法与合同法同为《民法典》重要的组成部分，二者有相似之处。从职能上看，二者都承担了保护民事主体合法权益、补偿受害人损失等任务；从责任方面看，侵权责任与违约责任同为民事责任，在构成要件、免责条件、责任形式上有共同点。而且，二者在调整范围上存在一定的交叉，同一行为，可能既构成违约行为，又具备侵权行为的构成要件，此时就会产生侵权责任与违约责任的竞合。

但是，二者在保护对象上各有侧重。合同法主要调整基于当事人意思自治而产生的民事关系，详细设定了合同的订立、履行、变更和解除等规则，保护的是相对权，具有一定的任意性；而侵权责任法主要调整因侵权行为而产生的民事关系，侧重对受害人的救济和对侵权行为的遏制，保护的是绝对权，具有强行性。在处理涉及合同关系和侵权关系的案件时，需要根据具体情况选择适用合同法或侵权责任法来追究违约责任或是侵权责任。

（二）侵权责任法与物权法的关系

物权法同样也是《民法典》中的一个分编，与侵权责任法是相互配合的，在功能上有一致性。物权法以确认和保护物权为目的，而侵权责任法也具有保护物权的功能。在受害人物权遭受损害的情况下，受害人既可以根据物权法主张物权请求权，也可以根据侵权责任法主张侵权请求权，在此情况下二者可形成竞合关系。

当然，侵权责任法和物权法也有区别。物权法调整的是平等主体之间因物的归属和利用而产生的财产关系，包括物的归属关系、物的利用关系和占有关系；而侵权责任法调整的是因民事权益受到损害而形成的侵权责任法律关系，在某种财产没有遭受损害之前，原则上只受物权法调整，不受侵权责任法调整。而且，物权法是权利法，主要功能是确认物权；侵权责任法是救济法，它是在受害人权利遭受损害的情况下，为其提供救济。

（三）侵权责任法与刑法的关系

侵权责任法与刑法不同。从性质上看，前者为私法，后者规定犯罪与刑罚，为公法；从调整手段上看，绝大多数刑事案件由国家依法主动查处，而侵权案件需要被侵权人一方提起民事诉讼，人民法院才会受理；从法律后果上看，刑法具有鲜明的惩罚性，一经审判确定有罪，行为人须承担刑事责任，而侵权责任法主要目的是赔偿损失而非惩罚行为人，行为人所承担的是民事责任。

但是，侵权责任法与刑法的目的都是保护公民的财产和人身权益，在保护公民权益方面具有共同性。刑法主要通过规定刑罚来保护公民人身财产利益，制裁严重危害社会的犯罪行为，维护社会的整体利益；而侵权责任法主要通过追究民事责任，对侵权行为进行制裁和补偿，保护受害者的个人利益。因此，在处理涉及刑事犯罪和民事侵权的案件时，需要根据行为的性质和社会危害程度，选择适用刑法或侵权责任法，或者二者同时适用。因此，二者在适用上存在一定程度的并存交叠和衔接。

【案例 1-1】

王某在大街上抢劫李某价值数万元的货物，并将李某刺伤。王某归案后，被法院判处有期徒刑 10 年。李某受伤住院后共花费医疗费等 3 万元，向法院提起民事损害赔偿诉讼。王某已被判处 10 年有期徒刑，接受刑事处罚后，还要承担侵权责任吗？

本案涉及民事责任和刑事责任能否并存交叠的问题。王某虽然被判 10 年有期徒刑，但他还要承担民事侵权责任，赔偿李某损失。刑事处罚虽然能一定程度上给予受害人精神抚慰，但毕竟民事责任和刑事责任这两种责任的责任方式不同，所保护和维护的社会利益也不同。如果行为人的同一行为既侵害了他人的民事权益，还达到了刑事犯罪的程度，那么他必须同时承担民事责任和刑事处罚两种法律责任。

《民法典》第 187 条规定："民事主体因同一行为应当承担民事责任、行政责任和刑事责任的，承担行政责任或者刑事责任不影响承担民事责任；民事主体的财产不足以支付的，优先用于承担民事责任"；我国《刑法》第36条规定："由于犯罪行为而使被害人遭受经济损失的，对犯罪分子除依法给予刑事处罚外，并应根据情况判处赔偿经济损失。"也就是说，如果侵权人的侵权行为既需要承担刑事责任又需要承担侵权责任，不因承担了刑事责任而免除其侵权责任。因此本案中，王某在抢劫李某的同时将李某刺伤，既侵犯了李某的人身权，也破坏了刑法所保护的社会秩序，应当同时承担民事侵权责任和刑事责任。

（四）侵权责任法与劳动法的关系

早期的工厂事故的赔偿请求一般以侵权责任法的规定为依据。但现代劳动法为了强化对劳动者的保护，不再依据民法处理这类事故，劳动法对这些事故的处理进行了特殊规定。但在因第三人造成工伤的情况下，可能适用侵权责任法追究第三人的赔偿责任。

此外，侵权责任法与行政法、经济法等其他法律之间还存在着一定的联系。在实际应用中，需要根据案件的具体情况和法律规范的调整范围，选择适用相应的法律规范，以确保法律的正确适用和各类主体权益的有效保障。同时，随着社会的不断发展和法律体系的不断完善，侵权责任法与其他法律之间的协调和配合也将更加紧密，为各类主体提供更加全面、有效的法律保障。

第二节　侵权责任法的法律渊源

一、侵权责任法的法律渊源的概念

侵权责任法的渊源，是指侵权责任法的表现形式。侵权责任法作为现代社会法律体系的重要组成部分，其渊源主要是国家层面的制定法，这些制定法不仅需符合宪法这一国家的根本大法的相关规定，还应涵盖各级别的法律、行政法规、地方性法规以及司法解释等，它们共同组成了侵权责任法的完整法律体系，为民事主体的权益保护提供了坚实的法律基础。

二、侵权责任法的具体渊源

（一）宪法

宪法作为国家的根本大法，对侵权责任法具有指导性的意义，也为侵权责任法的制定和实施提供了宏观的框架和方向。宪法中规定的公民的基本权利与义务，包括人身自由权、财产权、知识产权等，这些都是侵权责任法所保护的重要权益，在侵权责任法中得到了具体的体现和保护。例如，我国宪法第 37 条、38 条规定："中华人民共和国公民的人身自由不受侵犯。""中华人民共和国公民的人格尊严不受侵犯。禁止用任何方法对公民进行侮辱、诽谤和诬告陷害。"这是我国侵权责任法对人格权提供保护的宪法依据，这些基本原则和精神，对于侵权责任法的制定具有指导意义。但要注意的是，宪法所规定的权利是一种公法上的权利，与民法所规定的民事权利应当分开，宪法规定的公民的权利要获得民法保护，需要先转化为民事权利。

（二）法律

我国的各项法律是侵权责任法的主要渊源，包括全国人民代表大会及其常务委员会制定的民事基本法、单行民事法律等，它们对侵权责任法的原则、规则以及制度进行了详细的规定。

1. 《民法典》"侵权责任编"

《民法典》"侵权责任编"是我国侵权责任法的主要渊源。《民法典》作为民事领域的基本法，对侵权责任进行了全面规范。《民法典》将侵权责任编列为第七编，共 10 章，95 个条文。第一章"一般规定"和第二章"损害赔偿"适用于所有侵权责任类型，可以被视为侵权责任的"总则"。第三章是"责任主体的特殊规定"。第四章至第十章是对于各种特殊侵权责任的具体规定，可以被视为侵权责任的"分则"，主要包括产品责任、机动车交通事故责任、医疗损害责任、环境污染和生态破坏责任、高度危险责任、饲养动物损害责任，以及建筑物和物件损害责任。

2. 单行法律

在《民法典》以外的一些法律中，存在大量关于侵权责任的单行法。如《道路交通安全法》对因道路交通事故所产生的侵权责任作出了详细规定；《产品质量法》对产品侵权的归责原则和赔偿责任等作出了相应的规定；《反不正当竞争法》对不正当竞争的侵权行为作出了规定；《环境保护法》对环境侵权产生的侵权责任进行规定；《消费者权益保护法》对产品致人损害产生的侵权责任作出了规定；《未成年人保护法》对针对未成年人的侵权责任进行了详细规定。此外，公司法、铁路法、证券法、草原法、森林法等法律中都有关于侵权责任的规定。这些关于侵权责任的规定，极大地丰富了我国侵权责任法的具体内容，是我国侵权责任法的重要组成部分。

【案例 1-2】

　　小刘在某烧烤店点了一份烤肉串，吃了肉串后，小刘当天晚上开始拉肚子，到医院检查后确诊为食物中毒，医院对其进行输液治疗后才恢复。经查，某烧烤店明知肉质变质，但为节约成本，某烧烤店在烤肉上添加了大量烧烤调料以遮挡异味，其肉串变质正是小刘食物中毒的主要原因。

本案涉及食品质量安全问题，烧烤店在明知肉质变质的情况下仍然向消费者售卖，导致消费者食物中毒，造成损害结果的发生，侵害了消费者的健康权。小刘身为消费者也是被侵权人，可以要求赔偿损失，还能向烧烤店要求支付价款十倍或者损失三倍的赔偿金。其法律依据正是《食品安全法》第148条，该条款规定："消费者因不符合食品安全标准的食品受到损害的，可以向经营者要求赔偿损失，也可以向生产者要求赔偿损失。……生产不符合食品安全标准的食品或者经营明知是不符合食品安全标准的食品，消费者除要求赔偿损失外，还可以向生产者或者经营者要求支付价款十倍或者损失三倍的赔偿金；增加赔偿的金额不足一千元的，为一千元。但是，食品的标签、说明书存在不影响食品安全且不会对消费者造成误导的瑕疵的除外。"

（三）国务院制定的行政法规

中华人民共和国国务院是最高国家行政机关，可以根据宪法、法律和全国人民代表大会常务委员会的授权，制定、批准和发布法规、决议、命令，其中有关侵权行为及其责任的法规、决议和命令是侵权责任法的重要表现形式，其效力仅次于宪法和民事法律。例如，国务院制定颁布的《医疗事故处理条例》等就是侵权责任法的组成部分。需要指出的是，在《民法典》颁布之后，凡是与《民法典》"侵权责任编"冲突的，原则上不再适用。例如，《医疗事故处理条例》中关于"医疗事故"以及赔偿标准等的规定，因与《民法典》"侵权责任编"冲突，原则上不能继续适用。

（四）最高人民法院的司法解释和指导性案例

1. 最高人民法院制定的司法解释

所谓司法解释，是指由最高人民法院发布的，针对人民法院在审判工作中具体适用法律、法令时遇到的问题所作出的解释。从法理的角度来看，司法解释并不属于法律渊源，因为最高人民法院并不是立法机关。但在我国现阶段，由于立法体系尚待进一步完善，最高人民法院发布了大量的司法解释文件，这些解释文件在实践中均被作为法律渊源援用，并成为我国各级审判机关处理案件的重要裁判规则，所以司法解释事实上已经成为法律渊源。

现阶段有关侵权责任法的最新解释是《最高人民法院关于适用〈中华人民共和国民法典〉侵权责任编的解释（一）》，其于2023年12月18日由最高人民法院审判委员会第1909次会议通过，自2024年9月27日起施行。《最高人民法院关于适用〈中华人民共和国民法典〉侵权责任编的解释（一）》针对《民法典》施行以来审判工作中遇到的新情况、新问题进行了解释，明确和统一了法律适用标准，保障和促进了社会公平正义。本教材也将该解释的最新精神体现在内容中。

除此之外，还有一些司法解释中涉及侵权行为的部分，也是我国侵权责任法的渊源（裁判规则），如《最高人民法院关于确定民事侵权精神损害赔偿责任若干问题的解释》以及《最高人民法院关于审理人身损害赔偿案件适用法律若干问题的解释》等。这些司法解释都是十分重要的有关侵权责任的司法解释，但有其中少量规定与《民法典》的规定不尽一致，需要进行调整或修改。

2. 最高人民法院公布的指导性案例

最高人民法院指导性案例是指由最高人民法院确定并统一发布的，对全国人民法院审判、执行工作具有指导作用的案例。最高人民法院在其公报中公布的有关侵权行为的案例不具有正式的法律效力，但具有指导作用，为各级人民法院在审理侵权案件时提供了明确的指导，有助于统一司法尺度，确保法律的公正实施。如，2024年的"指导性案例227号：胡某某、王某某诉德某餐厅、蒋某某等生命权纠纷案"中，经营者违反法律规定向未成年人售酒并供其饮用，因经营者的过错行为导致未成年人饮酒后遭受人身损害的风险增加，并造成损害后果，应当认定违法售酒行为与未成年人饮酒后发生的人身损害存在因果关系，经营者依法应当承担相应的侵权责任；"指导性案例228号：张某诉李某、刘某监护权纠纷案"中，夫妻双方分居期间，一方或者其近亲属擅自带走未成年子女，致使另一方无法与未成年子女相见，构成对另一方因履行监护职责所产生的权利的侵害。

指导性案例虽然是针对个案作出的，但其效力是"各级人民法院在审判类似案件时应当参照"，因此应当成为侵权责任法的渊源。

（五）国家认可的民事习惯

在我国，民事习惯的效力一般不被承认。虽然在目前我国侵权责任法尚不够完善的情况下，民事习惯在侵权责任法领域起着重要作用；但是，只有经国家认可的民事习惯才具有侵权责任法渊源的效力。我国是幅员辽阔的多民族国家，在少数民族聚居的地区，生活习惯在侵权责任法渊源中也具有一定的意义。

第三节　侵权责任法的功能

一、侵权责任法的基本功能

侵权责任法是为了保护民事主体的合法权益，明确侵权责任，预防并制裁侵权行为，促进社会和谐稳定而制定的法律。它主要解决的是民事权益受到侵害时所引发的责任承担问题。在现代社会，民事主体的权益日益多样化和复杂化，侵权责任法的制定为这些权益提供了坚实的法律保障。无论是个人的人身权、财产权，还是企业的知识产权等，侵权责任法都能通过明确责任归属，确保受害人的合法权益得到及时有效的维护。

侵权责任法是民法体系中的重要组成部分，对维护社会秩序、保障公民权益具有重要意义。它与其他法律相互配合，共同构建起一个公平、公正、有序的法治环境。通过规范侵权行为的责任承担，侵权责任法不仅保护了受害人的权益，也为社会成员的行为提供了明确的指引，使人们在行使权利和履行义务时有法可依，从而有效维护了社会的正常秩序。

二、侵权责任法的补偿功能

侵权责任法的补偿功能是指侵权责任法具有填补受害人所遭受的损害的作用。民法不仅需要对民事主体享有的各项民事权益作出具体规定，更为重要的是，在民事主体权益受到侵害时，提供及时有效的救济途径来弥补其损害，这是侵权责任法作为民事权益保护法必须担当的"重任"，也是侵权责任法的主要研究问题。因此，侵权责任法的首要功能应是弥补被侵权一方遭受的损失，这与侵权责任法的基本性质特点是一脉相承的。弥补损害的责任方式因受损害权益的性质不同而有所不同：若被害人的法定财产权受到损害，应采用返还财产、恢复原状或者赔偿损失的侵权责任方式，使受到损害的法定财产权尽可能恢复到受害前的状况；当被害人的人身权受到侵害，则主要采取消除影响、恢复名誉、赔礼道歉以及损害赔偿等侵权责任承担方式加以救济。关于精神损害赔偿的规定，旨在让被侵权人尽可能恢复到受害前的身体或者精神状况，使死者的近亲属得到精神上的慰藉，使受到损害的名誉和人格尊严重新得到社会的认可。

从赔偿范围来看，侵权责任的赔偿范围通常包括医疗费、护理费、交通费等为治疗和康复支出的合理费用，以及因误工减少的收入等。在造成残疾或死亡的情况下，还包括残疾生活辅助具费、残疾赔偿金、丧葬费和死亡赔偿金等。侵权责任法对赔偿范围的明确规定，不仅为受害人提供了全面的救济，也为司法实践提供了明确的指引。在确定赔偿范围时，法律充分考虑了受害人的实际损失和未来可能面临的困难，力求使赔偿能够充分弥补受害人的损失。例如，对于因侵权行为导致的长期残疾，法律不仅要求赔偿侵权人残疾赔偿金，还要求其赔偿残疾生活辅助具费等，以保障受害人的生活质量。

三、侵权责任法的预防功能

预防功能是指侵权责任法具有的预防侵权行为发生的作用。侵权责任法通过规定哪些主体，在何种情况下，运用何种归责原则，承担何种责任方式等内容，将行为的法律后果置于行为人的意志支配之下，从而鼓励行为人采取积极的措施，预防侵权行为的发生。为贯彻预防功能，侵权责任法中还对"停止侵害""排除妨害""消除危险"

等侵权责任方式进行了规定，具有防止损害后果产生和进一步扩大的作用。此外，侵权责任法还通过依据危险程度为行为人确立不同的注意义务、确立缺陷产品的召回制度、规定惩罚性赔偿等规则有效地预防侵权行为的发生。这种预防功能具体体现在以下几个方面。

（一）教育引导

侵权责任法通过明确侵权行为的法律责任，对社会公众进行教育和引导，它告诉人们哪些行为是违法的，哪些行为是合法的，以及违法行为将承担什么样的法律后果。这样，人们在行为选择时就会考虑到可能产生的法律后果，从而避免采取侵权行为。侵权责任法的教育引导功能不仅体现在对具体行为的规范上，还体现在对社会价值观的塑造上。法律的宣传和实施，能够使人们逐渐形成尊重他人权益、遵守法律规则的意识，从而促进社会文明的进步。

（二）威慑作用

通过对法律责任的严格规定，侵权责任法能够对潜在的侵权行为人产生威慑效果。这种威慑作用可以使人们在进行行为决策时更加谨慎，避免因轻率或故意行为而触犯法律。侵权责任法通过设定高额的赔偿责任和其他法律责任，使侵权行为人意识到侵权行为的严重后果，从而不敢轻易实施侵权行为。例如，在产品责任领域，法律规定生产者和销售者应对缺陷产品造成的损害承担严格责任，这种严格责任制度能够对生产者和销售者形成了强大的威慑力，促使他们严格把控产品质量，防止侵权行为的发生。

（三）加强安全管理

侵权责任法还可以通过推动相关单位和个人加强安全管理来发挥其预防功能。例如，在一些涉及公共安全的领域，如产品责任、交通事故责任等，侵权责任法可以引导和激励生产者和经营者更加注重产品质量和交通安全，加强安全管理措施，从而预防侵权行为的发生。侵权责任法通过对侵权行为的责任规定，促使相关单位和个人认识到安全管理的重要性，从而积极采取措施，加强安全管理，减少侵权行为的发生。例如，在交通事故责任领域，法律规定机动车驾驶人和所有者应对交通事故造成的损害承担相应的责任，这能够促使他们严格遵守交通规则，加强车辆维护和管理，从而有效预防交通事故的发生。

四、侵权责任法的惩罚功能

侵权责任法虽然原则上不具有惩罚性，但亦有惩罚性"制裁"的规定，主要体现在对侵权行为的法律责任的规定上。对于故意或存在重大过失的侵权行为，侵权责任法不仅要求侵权人承担赔偿责任，还可能在超越损害的基础上，加大侵权人的责任承担力度，以此来警示和阻止潜在的侵权行为。因此，惩罚功能不仅是对受害人的补偿，也是对违法行为的制裁，有助于维护社会的公平和正义。例如，侵权责任法对明知产品存在缺陷仍然生产销售该缺陷产品的行为，作出了惩罚性赔偿金的规定，这种严厉的惩罚措施对侵权行为人形成了强大的威慑力，同时也向社会传递了法律对侵权行为绝不姑息的信息；侵权责任法对精神损害赔偿的规定，除了具有抚慰被侵权人的功能外，还对侵权人有一定的惩戒功能；另外，对于一些因故意或重大过失实施的侵权行为，侵权责任法要求侵权人承担超出损害的赔偿责任，这种惩罚性规定既是对受害人的补偿，也是对侵权行为人的制裁，能够有效维护社会的公平和正义。

五、侵权责任法对法治社会的影响

（一）增强权利意识

侵权责任法的实施增强了人们的权利意识，使人们更加关注自身权益的保护，也促进了人们对法律的信仰和尊重。在侵权责任法的保护下，人们能够更加清楚地认识到自己的合法权益，也会更加积极地维护自己的权益。这种权利意识的增强不仅体现在个人对自身权益的保护上，还体现在社会对弱势群体权益的保护上。侵权责任法通过对侵权行为的制裁，为弱势群体提供了有力的法律保障，使他们的权益得到充分保护。同时，侵权责任法的实施也提升了公民对法律的信仰和尊重程度，使人们更加自觉地遵守法律规则，形成良好的法治氛围。

（二）规范民事审判

侵权责任法对侵权责任的问题做了全面系统的规定，为民事审判提供了明确的法律依据，有助于实现法律适用的统一化。在司法实践中，侵权责任法为法官提供了清晰的裁判标准，使法官在审理侵权案件时能够准确适用法律，确保裁判结果的公正性和一致性。侵权责任法的实施有效减少了法律适用的随意性和不确定性，提高了司法审判的效率和公信力。通过规范民事审判，侵权责任法为当事人提供了公平公正的司法救济渠道，维护了司法的权威和社会的公平正义。

（三）促进社会和谐

通过明确侵权责任、保护民事主体的合法权益，侵权责任法有助于减少社会矛盾和冲突，促进社会和谐稳定。在侵权行为发生后，侵权责任法通过合理分配责任，使受害人的权益得到及时有效的维护，从而避免了因侵权行为引发的更大社会矛盾。同时，侵权责任法的惩罚功能也起到了维护社会秩序、保障公共安全的作用。通过对侵权行为的制裁，侵权责任法向社会传递了维护社会公平正义的信号，增强了社会成员的安全感和信任感，从而促进了社会的和谐稳定。侵权责任法的实施不仅在法律层面维护了社会的公平正义，还在社会层面促进了社会成员之间的相互尊重和信任，为构建和谐社会提供了有力的法律保障。

第四节　侵权责任法的发展与演进

一、侵权责任法的起源与早期发展

（一）起源

在早期的法律体系中，侵权行为往往被视为犯罪行为，主要通过刑事制裁来解决。直到 19 世纪晚期，随着工业化与法律思想的发展，真正意义上的独立的侵权责任法才逐渐形成。这一时期，法律开始关注个人之间的权利冲突以及对受害者的补偿问题，侵权责任法逐渐成为独立的法律领域，成为保护个人权益的精准和有效的法律工具。

（二）早期发展

在社会发展过程中，私法理论逐步确立了重视私有财产、契约自由、侵权行为过失责任三个基本原则，这也标志着侵权责任法在理论和制度层面的确立。随着社会经济的发展，侵权责任法不断产生新的变化，以适应新的社会需求和挑战。例如，在工业化进程中，面对工业灾害和铁路交通事故等新型侵权问题，侵权责任法开始引入无过错责任原则，以保护受害人的利益。无过错责任原则的引入体现了法律对社会弱者的关怀，也反映了法律在平衡经济发展与个人权益保护之间的努力。同时，侵权责任法的早期发展还促进了法律技术的进步，如因果关系的认定、损害赔偿的计算等，这些都为现代侵权责任法的成熟奠定了坚实的基础。

二、侵权责任法在中国的立法进程

（一）立法背景

20 世纪 90 年代，社会主义市场经济体制确立，"依法治国，建设社会主义法治国家"被确定为治国的基本方略并写入宪法，法治建设蓬勃发展。这一时期，经济的快速发展和社会关系的日益复杂化，使得对公民权益保护的需求日益迫切。为了更好地维护公民的合法权益，明确侵权责任，预防并制裁侵权行为，促进社会和谐稳定，我国开始制定《侵权责任法》。这一立法举措不仅是对社会需求的回应，也是我国法治建设的重要里程碑，体现了国家对公民权利保护的高度重视。

（二）立法过程

《中华人民共和国侵权责任法》自 2002 年起草，到 2009 年 12 月 26 日由十一届全国人大常务委员会第十二次会议审议通过，整个立法过程历经七年。在立法过程中，立法机关广泛征求了社会各界的意见，充分考虑了不同利益群体的需求，并全面参考了现实中已经发生的各类侵权事件，充分考虑了人们生活中可能涉及的各种权益，在保障公民最基本的人身权及财产权方面做了明确的规定。这些规定不仅体现了法律的公平与正义，也为后续的司法实践提供了明确的指引。

（三）实施与废止

1. 实施

2010 年 7 月 1 日，《中华人民共和国侵权责任法》正式实施。该法旨在保护公民的民事权益，包括生命权、健康权、姓名权、名誉权、荣誉权、肖像权、隐私权等，为合法权益受到损害的公民提供了合理的救济途径。它的实施标志着我国在民事权益保护方面迈出了重要一步，极大地增强了公民对自身权利的保护意识，也为司法机关处理侵权案件提供了明确的法律依据。

2. 废止

随着《民法典》（生效日期为 2021 年 1 月 1 日）的制定和实施，《侵权责任法》（有效日期为 2020 年 12 月 31 日止）被废止。《民法典》在侵权责任方面作出了更为全面和系统的规定，整合了原有的法律条文，并进一步完善了侵权责任的规则体系。这一变化不仅体现了我国法律体系的不断完善，也为公民权益提供了更为坚实的法律保障。

三、我国侵权责任法的全新演进

2020 年 5 月 28 日，第十三届全国人民代表大会第三次会议表决通过了《民法典》，《民法典》第七编"侵权责任"就是当前最新的侵权责任法。这一编在继承原《侵权责任法》的基础上，进一步完善了侵权责任的规则体系，增加了许多新的内容和条款。例如，它对网络侵权、生态环境侵权等新型侵权行为作出了明确规定，体现了法律对时代发展的回应。同时，《民法典》侵权责任编还进一步细化了侵权责任的承担方式，明确了责任主体的范围，为司法实践提供了更为精准的法律依据。

此外《最高人民法院关于适用〈中华人民共和国民法典〉侵权责任编的解释（一）》，已于 2023 年 12 月 18 日由最高人民法院审判委员会第 1909 次会议通过，自 2024 年 9 月 27 日起施行。这一系列全新的演进标志着我国侵权责任法进入了新的发展阶段，为公民权益提供了更为全面和系统的法律保障。

一、判断题

1. 侵权责任法一般不规定程序性内容。 （   ）
2. 侵权责任法中的"损害"仅指物质损害，不包括精神损害。 （   ）
3. 民事习惯可以成为侵权责任法的渊源。 （   ）
4.《民法典》第六编是侵权责任编。 （   ）

二、单项选择题

1. 以下哪种情形不属于侵权责任法的调整范围（   ）。
A. 交通事故导致的人身伤害   B. 劳动合同纠纷导致的经济损失
C. 环境污染导致的财产损害   D. 侵犯他人名誉权导致的精神损害
2. 下列不属于侵权责任法有关的法律的是（   ）。
A.《反不正当竞争法》   B.《环境保护法》
C.《消费者权益保护法》   D.《刑法》
3. 侵权责任法不保护的权利有（   ）。
A. 人身权   B. 物权
C. 债权   D. 知识产权

三、案例分析题

案例 1： 甲公司生产的缺陷产品导致消费者乙受伤，乙向法院起诉要求甲公司赔偿。

请问：本案应适用何种归责原则？乙可以请求哪些类型的损害赔偿？

案例 2： 某网民在网络上发布不实言论，侵犯了他人名誉权。受害者向法院提起诉讼，要求该网民承担侵权责任。

请问：本案的侵权责任主体是谁？受害者可以请求哪些类型的损害赔偿？

第一章习题答案

侵权责任归责原则

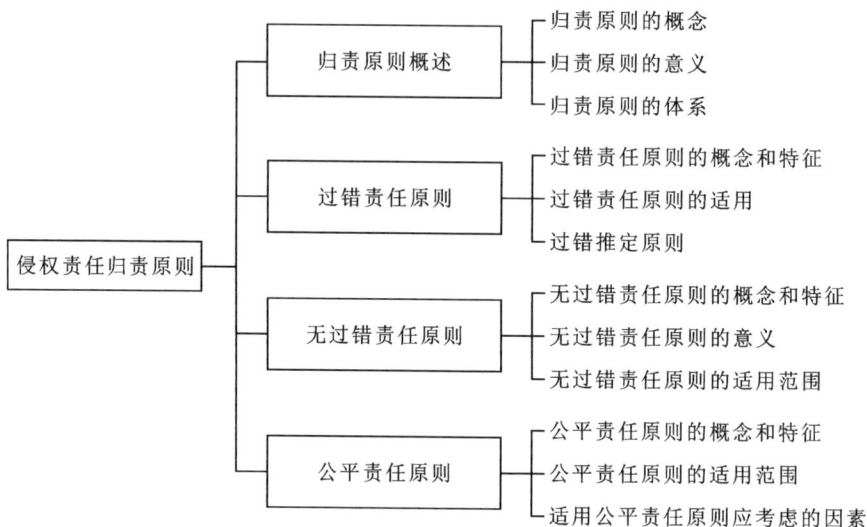

学习目标

　　掌握侵权责任归责原则的概念、意义、体系，明确具体的侵权责任归责原则，系统掌握侵权责任归责原则的相关知识，提高运用法律手段解决侵权纠纷的能力。

引例1

　　王某在超市购物时，因货架上的商品堆放过高且未固定，一箱饮料突然掉落，砸中王某头部，致其轻微脑震荡。经查，超市员工明知货架堆放过高存在安全隐患，但未及时整改。王某起诉超市要求赔偿医疗费、营养费、误工损失费，还有精神损害赔偿费。

　　请思考：本案中，王某的诉讼请求会获得法院支持吗？

引例2

　　2021年1月，黄某某的亲戚李某某从某烟花爆竹专营店处购买了一批烟花爆竹。燃放过程中，其中一箱爆竹出现侧面喷射及倾倒现象，导致黄某某以及在场多人受伤。黄某某右脚被炸伤，送至医院住院治疗49天。因赔偿事宜协商未果，黄某某遂起诉某烟花爆竹专营店，要求其赔偿医疗费、护理费、营养费、伙食补助费、交通费等共计14万余元。

请思考：本案法院该如何处理？

理论研究

　　侵权责任法中的"归责"是指确认和追究行为人（侵权人）的侵权责任。归责原则是指据以确定侵权民事责任应由行为人承担的理由、标准或者说最终责任归属的决定性要素。不同的归责原则之下，侵权责任承担的准则也不同。

第一节　归责原则概述

一、归责原则的概念

（一）归责的含义

　　归责，是指行为人因自己的行为和物件致他人损害的事实发生以后，依某种根据承担责任。此种根据体现了法律的价值判断，即法律应以行为人的过错还是应以已发生的损害结果为价值判断标准，而使行为人承担侵权责任。它包含以下三层含义。

　　1. 归责的根本含义是确定责任的归属

　　归责的根本含义是决定侵权行为所造成的损害赔偿责任的归属，决定何人对侵权行为的损害结果承担赔偿责任。侵权行为实施以后，对于产生的损害结果，需要有人来承担赔偿责任。这就是责任的归属问题。归责就是将侵权行为所造成的损害后果归于对此负有责任的人。如果没有归责过程，侵权行为所造成的损害后果就没有人来承担，受害人的损害就没有办法得到救济，侵权人的民事违法行为就不能得到制裁。

　　从社会公平正义的角度来看，归责过程不仅是对受害者的一种补偿机制，更是对侵权行为的一种威慑。通过明确责任归属，法律能够有效地维护社会秩序，确保每个个体的行为符合社会的基本道德要求和法律规范。

　　2. 归责的核心是标准问题

　　归责的核心，是在决定何人对侵权行为的结果承担责任时所依据的标准，这种标准是某种特定的法律价值判断因素。归责必须有统一的标准和根据，因此，在侵权责任的归属问题上，必须严格依照统一标准，从而满足公平、正义的要求。侵权责任归属的标准和依据就是法律所确认的法律价值判断因素。这种法律价值判断因素包括过错因素和损害结果因素。侵权行为的归责就是针对侵权行为的不同情况，依据不同的法律价值判断因素，将赔偿责任归属于应当承担责任的人。例如，在过错责任原则下，归责标准是行为人的主观过错；而在无过错责任原则下，归责标准则是行为人所从事的危险活动或行为。不同的归责标准反映了法律在不同情境下对公平与效率的平衡。

3. 归责与责任的区别

归责是一个过程，而责任则是归责的结果。如果将侵权行为的损害事实作为起点，将责任作为终点，归责就是连接这两个点的过程。责任是指行为违反法律，行为人所应承担的法律后果。当侵权行为发生以后，责任并非自然发生，必须有一个确定责任的过程。责任的成立与否，取决于行为人的行为及其后果是否符合责任构成要件，而归责只是为责任是否成立寻求根据，并不以责任的成立为最终目的。

简而言之，归责是动态的，责任是静态的。在归责的过程中需要综合考虑多种因素，而责任则是归责过程的最终结论。

（二）归责原则的概念

归责原则是确定侵权人应承担的侵权损害赔偿责任的一般准则，它是在损害事实已经发生的情况下，为确定侵权人是否需要对其行为所造成的损害承担民事赔偿责任的基本规则。它所解决的是侵权责任的伦理和正义性基础问题。

具体而言，归责原则是侵权责任法的核心逻辑框架，它决定了在何种条件下，行为人需要对他人的人身或财产损害承担法律责任。归责原则不仅涉及法律技术层面的问题，还涉及伦理道德和社会价值的判断。

就过错责任而言，行为人承担侵权责任的基础是其过错（故意或者过失）。过错责任原则强调行为人的主观过错，要求行为人对其故意或过失行为所造成的损害承担赔偿责任。这一原则体现了法律对行为人主观恶意的谴责，同时也鼓励人们在实施行为时尽到合理的注意义务，避免因疏忽大意或故意为之而导致他人受损。

就无过错责任而言，行为人承担侵权责任的基础不是过错而是其他事由，如危险（即引起、保有危险或者对危险有控制力）。无过错责任原则更多关注行为的客观危险性，即使行为人没有主观过错，但只要其行为或活动具有高度危险性并导致损害发生，则仍需承担赔偿责任。这一原则体现了法律对弱势群体的保护，以及对社会公平正义的追求。

而侵权责任法中的"归责原则"，是对各种具体侵权案件的可归责事由（责任基础）进行的一般性抽象，最终归纳出同类侵权责任的基础。我国侵权责任法将承担侵权责任的基础一般地抽象为过错和无过错（危险等）。这种抽象化的归责原则体系，为司法实践中处理各类侵权案件提供了明确的指引。

二、归责原则的意义

侵权责任的归责原则是侵权责任法的"统帅"和"灵魂",是侵权责任法理论的核心。侵权责任归责原则的重要意义有以下几点。

(一)理论上的意义

在理论上,研究侵权责任法,必须先研究归责原则,在此基础上,才能够进一步展开全面研究。没有搞清楚侵权责任的归责原则,就无法掌握侵权责任法理论的钥匙、不能打开侵权责任法理论的大门。

归责原则作为侵权责任法的基础,为法学研究提供了一个核心的分析框架。通过对归责原则的研究,学者们可以深入探讨侵权责任法的内在逻辑、价值取向以及它与其他法律部门的关系。例如,过错责任原则与道德责任的关联,无过错责任原则与社会政策的平衡等,都是侵权责任法理论研究的重要课题。

(二)对国家的意义

国家规定的侵权责任的归责原则,体现了其针对不同种类侵权责任的应对策略:普通侵权责任适用过错责任原则,这体现了侵权责任法的传统规范功能;而机动车交通事故中机动车一方对行人、非机动车一方造成损害,产品致人损害,污染环境与破坏生态致人损害,高度危险致人损害,饲养动物致人损害等侵权责任,则适用无过错责任原则,这体现了现代侵权责任法维护弱者利益、保障社会公平的旨意。

从国家治理的角度来看,归责原则的适用选择反映了国家在不同历史时期和社会发展背景下的政策取向。例如,在工业化初期,过错责任原则可能更有利于鼓励经济发展和技术创新;而在当代社会,随着科技的飞速发展和环境问题的日益突出,无过错责任原则更有利于保护公众利益和生态环境,其适用范围不断扩大。当然,各国根据自己国情,在归责原则的民事立法及政策上会有所不同。这种差异不仅体现了各国法律文化的多样性,也反映了各国在经济发展水平、社会结构和价值观念等方面的差异。

(三)对司法人员的意义

司法人员正确地掌握归责原则,才能在案件受理的开始,便判明原告有无证明被告过错的举证责任、被告可通过何种途径求得免责,以及预先确定赔偿的范围和最高限额等问题,从而正确地主持诉讼,作出符合法律的判决。

在司法实践中,归责原则是司法人员判断侵权责任的重要依据。通过对归责原则的理解和适用,司法人员可以更准确地确定案件的争议焦点,合理分配举证责任,避免因法律适用错误而导致的司法不公。例如,在过错责任案件中,原告需要证明被告的过错,而在无过错责任案件中,被告则需要证明免责事由的存在。这种明确的归责原则体系,有助于提高司法效率,增强司法公信力。

（四）对当事人的意义

从当事人角度来看，归责原则的明确性能够为当事人提供清晰的诉讼指引。当事人如果能够明确自己的案件适用何种归责原则，便可以根据归责原则的要求集中精力收集有利于自己主张的证据，正确地行使诉讼权利和履行诉讼义务，提出合理的诉讼请求等。对于适用无过错责任原则的案件，受害人需要关注行为的危险性和损害结果的因果关系；对于适用过错责任原则的案件，受害人需要关注行为人的主观过错。这种明确的指引有助于当事人更好地维护自己的合法权益，减少不必要的诉讼成本。

三、归责原则的体系

（一）理论观点

1. 单一过错责任归责原则说

单一过错责任归责原则说，不支持在过错责任之外确认任何其他的归责原则，主张通过扩大过错责任来解决侵权责任法领域的新的问题（如高度危险作业致人损害、污染环境致人损害等行为的责任问题）。

该观点认为，过错责任原则是侵权责任法的核心，通过合理解释和扩展过错责任的内涵，可以涵盖大多数侵权责任的认定。例如，认为"过错"包括对危险的疏忽，就可以将一些看似无过错的侵权行为纳入过错责任的范畴。这种观点强调法律的统一性和连贯性，避免因多种归责原则的并存而导致法律适用的混乱。

2. 二元归责原则说

二元归责原则说认为，我国侵权责任的归责原则是二元的而不是单一的。二元归责原则说认为，过错责任原则和无过错责任原则同为我国侵权责任法所确认的归责原则。对于一般侵权行为，适用过错责任原则进行归责；对于特殊侵权行为，适用无过错责任原则进行归责。适用无过错责任原则的，需要法律作出特别规定（如《民法典》第 1166 条）。二元归责体系能够更好地平衡法律的公平与效率，既维护了传统侵权责任法的核心价值，又能应对现代社会中复杂多样的侵权类型。

3. 多元归责原则说

多元归责原则说学派的内部有许多分歧。有学者主张多元的归责原则，包括过错责任原则、危险责任原则和公平责任原则三种。有学者主张我国侵权责任法所确认的归责原则体系应由过错责任原则、过错推定责任原则和无过错责任原则三个归责原则构成，这三个原则各自调整不同的侵权责任。有学者提出：我国侵权责任法的归责原则体系应当以过错责任原则与严格责任原则为两项基本的归责原则，并以公平责任原则为补充，以绝对的无过错责任为例外。

多元归责原则说强调侵权责任法的灵活性和适应性，认为单一过错归责原则或二元归责原则难以应对现代社会中日益复杂的侵权案件。例如，公平责任原则可以在当事人均无过错的情况下，根据公平理念分担损害后果，体现法律的人文关怀。然而，这种多元体系也可能导致法律适用的复杂化和不确定性，需要在实践中谨慎把握。

（二）二元归责体系之合理性

我国侵权责任法采用了包含过错责任原则和无过错责任原则的二元归责体系，原因有以下几点。

1. 体系的完整性

任何体系都应当具有完整性。过错责任和无过错责任，从逻辑学上来看是一种周延的列举，不存在遗漏的情形，《民法典》所列举的各种具体侵权责任，或属于过错责任，或属于无过错责任。因此，由过错责任原则和无过错责任原则构成的二元归责原则体系是周延的和完整的。

这种完整性确保了侵权责任法的适用范围能够涵盖所有可能的侵权类型，无论是基于过错的侵权行为，还是基于危险活动或特殊情形的侵权行为，都能在法律框架内找到明确的归责依据。这种体系设计既避免了法律漏洞，又为司法实践提供了清晰的指引。

2. 明确的法律依据

归责原则的体系建设应当有明确的法律依据。规定归责原则的法律条文是《民法典》第 1165 条和第 1166 条，这些法律条文分别规定了过错责任原则和无过错责任原则，而没有规定危险责任原则、公平责任原则等。

《民法典》作为我国民事法律的基本法，明确规定了过错责任原则和无过错责任原则是侵权责任法的核心归责原则，为司法实践提供了坚实的法律基础。这种明确的立法选择避免了法律适用中的模糊性，使得司法人员在处理侵权案件时能够依据清晰的法律条文进行判断。

3. 符合当代侵权责任法的发展潮流

二元归责体系符合当代侵权责任法的发展潮流。当代许多国家在侵权责任法的立法和实践中，都采用了过错责任原则与无过错责任原则相结合的模式，以适应现代社会中复杂多样的侵权类型。例如，在产品责任、环境污染责任等领域，适用无过错责任原则已成为国际通行的做法。我国侵权责任法的二元归责体系与国际趋势保持一致，体现了法律的现代化和国际化。

4. 对其他归责形式的合理定位

过错推定、公平责任不宜确立为归责原则。过错推定是过错责任原则运用中的一种特殊形式，在大陆法系中属于过错责任的一部分；而在英美法系中，它属于严格责任的一部分，无独立存在空间。危险责任属于无过错责任的一种形态，应归入无过错责任。公平责任在我国民法中解决的不是侵权责任的承担问题，而是特定情况下如何分担损害后果的问题。

例如，公平责任原则更多地体现为一种补充性的法律机制，适用于当事人均无过错且适用过错责任或无过错责任均不合理的情形。它并非一种独立的归责原则，而是基于公平理念对损害后果进行合理分担的一种特殊规则。这种定位既保持了法律体系的简洁性，又兼顾了特殊情况下的公平需求。

第二节　过错责任原则

一、过错责任原则的概念和特征

（一）过错责任原则的概念

过错责任原则是以过错作为标准，判断行为人是否应对其造成的损害承担侵权责任的归责原则。在一般侵权行为引起的损害赔偿案件中，应当由主观上有过错的一方承担赔偿责任。主观上的过错是行为人承担侵权责任的伦理和正义性基础，也是损害赔偿责任构成的基本要件之一。如果缺少这一要件，即使加害人的行为造成了损害事实，并且加害人行为与损害结果之间存在因果关系，其也不承担赔偿责任。《民法典》第1165条第1款明确规定："行为人因过错侵害他人民事权益造成损害的，应当承担侵权责任。"这一规定清晰地体现了过错责任原则的核心要义。过错责任原则强调行为人主观上的可非难性，即行为人应当对其明知或应知的损害后果承担责任。这种原则不仅符合伦理道德的要求，也体现了法律对行为人行为的规范和约束，促使人们在实施行为时更加谨慎，避免因疏忽或故意导致他人损害。

（二）过错责任原则的特征

1. 过错责任原则的性质是主观归责原则

过错责任原则要求在确定侵权人的责任时，依据行为人的主观心态，而不是依据行为的客观方面。这一特征使过错责任原则与加害责任以及其他客观责任区别开来，坚决地以行为人在主观上有无过错作为归责的绝对标准。行为人在主观上没有可非难性，就无须承担赔偿责任，除此之外没有其他标准。例如，在一个交通事故中，如果行为人已经尽到了合理的注意义务，但不可预见的外力因素导致了事故的发生，那么行为人就不应承担侵权责任。这种主观归责原则体现了法律对行为人内心状态的关注，强调责任的承担必须基于行为人的主观过错，而不是单纯的行为后果。

2. 以过错作为侵权责任的必备构成要件

法律责任必须具备法律规定的一切要件。在适用过错责任原则的情况下，行为人的过错是必备要件之一。如果行为人在主观上没有过错，就缺少了必备的构成要件，就不能构成侵权责任。这意味着，即使行为人的行为造成了损害结果，且行为与损害结果之间存在因果关系，但如果行为人没有过错，就不能认定其应承担侵权责任。例如，在一个产品责任案件中，如果生产者已经按照国家标准生产产品，且尽到了合理的检验义务，但产品在使用过程中因不可抗力使用户受损，生产者不应承担侵权责任。过错作为必备要件，确保了侵权责任的认定公平合理，避免了依据行为后果无端追究行为人责任的情况。

3. 以过错为责任构成的最终要件

过错责任原则将过错作为法律价值判断标准，不仅要求将过错作为侵权责任构成的要件之一，而且要求将过错作为侵权责任构成的最终的、决定性的要件。只有这样，才能彻底贯彻"无过失即无责任"的精神。

【案例 2-1】

甲医生已经尽到了合理的诊疗义务，且没有违反医疗规范，但患者乙因自身的特殊体质引发了不良后果，甲医生不应承担侵权责任。过错作为最终要件，确保了责任的认定更加符合法律的价值取向，避免了对行为人的不公正追究。

二、过错责任原则的适用

（一）适用范围

《民法典》第 1165 条的规定，过错责任原则适用于对一般侵权行为的归责。在法律没有特别规定适用无过错责任原则的情形下，过错责任原则是侵权责任归责的基本原则。只有在法律特别规定适用无过错责任原则的情形下，才不适用过错责任原则。例如，在环境污染责任、高度危险责任等特殊侵权责任认定中，适用无过错责任原则。此外，适用推定过错的情形需要由法律作出特别规定。推定过错是过错责任原则的一种特殊适用方式，它通过法律推定行为人有过错，从而减轻受害人的举证责任。例如，在建筑物倒塌致人损害的案件中，法律推定建筑物的所有人或管理人有过错，除非其能够证明自己没有过错。本章开头的引例 1 中，根据《民法典》第 1165 条过错责任原则，超市作为经营者未履行安全保障义务（货架堆放过高且未固定），其员工明知隐患却未整改，存在过错；该过错行为与王某被砸伤的损害结果存在直接因果关系，故超市应依《民法典》第 1198 条承担全部赔偿责任。

（二）适用方法

过错责任原则的适用方法是指对过错的举证和确定责任的分配方法。过错责任原则有两种适用方法。

1. 谁主张谁举证

通常情况下，受害人一方需要对行为人一方的过错进行举证和证明，而行为人一方无须证明自己没有过错的责任。在这种情况下，受害人需要提供充分的证据证明行为人的过错，包括行为人的故意或过失。例如，在一个交通事故中，受害人需要证明行为人违反了交通规则，或者行为人明知车辆存在安全隐患而未进行修理。这种举证责任分配方式要求受害人承担较重的举证责任，但也符合一般侵权责任的归责原则，即由主张权利的一方承担举证责任。

2. 过错推定中的举证责任倒置

过错推定中的举证责任倒置即推定行为人一方有过错，而由行为人一方证明自己没有过错。在这种情况下，法律推定行为人有过错，行为人需要提供充分的证据证明自己没有过错，否则将承担侵权责任。

例如，在某起动物园动物致人损害的案件中，法律推定动物园有过错，动物园需要证明其已经尽到了管理义务，且动物的致害行为是不可预见的，否则将承担侵权责任。这种举证责任倒置的方式减轻了受害人的举证负担，更有利于保护受害人的合法权益。

三、过错推定原则

（一）过错推定原则的含义和意义

《民法典》第 1165 条第 2 款规定："依照法律规定推定行为人有过错，其不能证明自己没有过错的，应当承担侵权责任。"过错推定的基本方法是依照法律推定行为人有过错，从而实现举证责任的倒置——由行为人一方证明自己没有过错。如果行为人一方不证明或者不能证明自己不存在过错，则认定其有过错并结合其他构成要件要求其承担相应的侵权责任；如果行为人一方能够证明自己没有过错，则不承担民事责任。

过错推定原则的意义在于使受害人处于有利的诉讼地位，切实保护受害人的合法权益，加重加害人的责任，有效地制裁民事违法行为，促进社会的安定团结。

例如，张某驾驶汽车与行人王某发生交通事故，则可依照法律推定张某有过错，张某需要证明自己没有过错，否则将承担侵权责任。这种推定方式不仅保护了行人这一弱势群体的权益，也促使机动车驾驶人更加谨慎，减少交通事故的发生。

（二）过错推定原则的地位和适用

过错推定原则并不是一个独立的归责原则，从本质上讲，过错推定原则仍然是过错责任原则，责任构成还须具备过错责任的构成要件，只是实行举证责任倒置，将举证责任强加给行为人，行为人须证明自己无过错，但其过错责任原则的本质并没有改变。

过错推定原则的适用范围是一些特殊的侵权责任。按照《民法典》的规定，下述情况适用过错推定原则：第一，在关于责任主体的特殊规定中，监护人责任，委托监护人责任，用人单位和劳务派遣单位、劳务用工单位责任，个人劳务关系中的侵权责任，定作人指示过失责任，未尽到安全保障义务责任，无民事行为能力人在教育机构受到损害的责任，适用过错推定原则；第二，在机动车交通事故责任中，机动车造成非机动车驾驶人或者行人人身损害的，适用过错推定原则；第三，在医疗损害责任中，医疗伦理损害责任适用过错推定原则；第四，在饲养动物损害责任中，动物园的动物造成损害的适用过错推定原则；第五，在建筑物和物件损害责任中，建筑物以及建筑物上的搁置物、悬挂物致人损害的，建筑物等倒塌、塌陷致人损害的，堆放物致人损害的，林木致人损害的，障碍通行物损害的以及地下工作物损害的，都适用过错推定原则。其他侵权责任不适用过错推定原则。

总而言之，过错责任原则是侵权责任归责的基本原则，它以行为人的主观过错作为判断其是否承担侵权责任的核心标准，体现了法律对行为人内心状态的关注，强调责任的承担必须基于行为人的主观过错，而不是单纯的行为后果。过错责任原则的适用范围广泛，普遍适用于一般侵权行为，但在特殊侵权行为中，法律可能会根据具体情况适用无过错责任原则或过错推定原则。

过错推定原则是过错责任原则的一种特殊适用方式，它依据法律推定行为人有过错，从而实现举证责任的倒置。这种推定方式减轻了受害人的举证负担，更有利于保护受害人的合法权益，同时也促使行为人更加谨慎地履行义务，防止因疏忽导致他人损害。过错推定原则主要适用于一些特殊侵权责任，如监护人责任、机动车交通事故责任、医疗损害责任、饲养动物损害责任以及建筑物和物件损害责任等。

在侵权责任的认定中，过错责任原则和过错推定原则的适用，既体现了法律对公平正义的追求，也兼顾了对弱势群体的保护和对行为人责任的合理划分。这种归责原则的设计，不仅有助于维护受害人的合法权益，也促进了社会的和谐与稳定。

第三节　无过错责任原则

一、无过错责任原则的概念和特征

（一）无过错责任原则的概念

无过错责任原则是指在法律有特别规定的情况下，以已经发生的损害结果为价值判断标准，对于与该损害结果有因果关系的行为人，不论其主观上有无过错，均须承担侵权赔偿责任的归责原则。《民法典》第1166条规定："行为人造成他人民事权益损害，不论行为人有无过错，法律规定应当承担侵权责任的，依照其规定。"这是《民法典》对无过错责任原则的规定。

对无过错责任的正确理解是：侵权责任之构成，不考虑行为人过错的有无，或者说行为人有无过错对侵权责任的构成和承担不产生影响。基于这一认识，受害人无须就行为人的过错进行举证，行为人也不得以其没有过错为由主张不承担责任或减责。

这一原则的设立，主要是为了更好地保护受害人的权益，使受害人在无法证明行为人过错的情况下，仍能获得赔偿。例如，在一些高度危险作业的案件中，由于行为人从事的活动本身就具有较高的危险性，要求受害人证明行为人的过错几乎是不可能完成的任务。因此，法律通过无过错责任原则，将举证责任转移给行为人，其如果无法证明损害是由受害人故意引起的，就必须承担赔偿责任。

（二）无过错责任原则的特征

无过错责任原则的特征有两个。其一，法律对其适用对象予以特别规定，从而与过错责任原则的适用范围区别开来。这意味着无过错责任原则并非普遍适用，只有在法律明确规定的特定情形下才适用。这种特别规定体现了法律对某些特殊侵权行为的特殊考量，例如在产品责任案件中，由于产品的生产、销售环节涉及众多主体，且消费者在购买产品时往往难以知晓产品是否存在缺陷，法律将产品责任案件纳入无过错责任原则的适用范围，以加强对消费者权益的保护。其二，在侵权责任（填补损害性质的侵权责任方式）的构成要件方面，适用无过错责任原则的案件，不考虑行为人的过错。适用无过错责任原则案件中侵权责任由侵权行为（或准侵权行为）、损害及二者之间的因果关系三项要件构成。这与过错责任原则有着明显的区别，过错责任原则要求侵权责任的构成必须以行为人的过错为要件，而无过错责任原则则完全排除了过错这一要件。

另外，我们所说的无过错或不考虑过错，是指不考虑行为人的过错，而不是不考虑受害人的过错。同时，行为人不得以无过错作为不承担责任的理由；至于案件中考虑受害人的过错，进而减轻行为人的赔偿责任的情况，实则与归责原则无关。例如，某起交通事故虽然适用无过错责任原则，但如果受害人存在违反交通规则的行为，如闯红灯等，那么在确定赔偿责任时，仍需考虑受害人的过错程度，从而相应减轻行为人的赔偿责任。这种对受害人过错的考虑，并不是对无过错责任原则的否定，而是为了保证赔偿公平合理。

二、无过错责任原则的意义

适用无过错责任原则的意义，在于加重行为人的责任，使受害人的损害赔偿请求权更容易实现、受到损害的权利及时得到救济。这一点可以在无过错责任原则与过错推定原则的比较中得到证实。应当注意的是，在适用无过错责任原则的情况下，并不是所有的行为人都没有过错。在很多情况下，可以证明或者从损害事实中推定出他们的故意或者过失导致的过错。法律确认无过错责任原则，说明过错不是责任构成要件，行为人无论有无过错，都应当承担赔偿责任。这样就将行为人置于严格责任的监督之下，把受害人置于更为妥善的保护之中。例如，在用人单位承担雇主责任的案件中，即使用人单位已经尽到了一定的管理义务，但由于适用无过错责任原则，只要员工在执行工作任务过程中造成他人损害，用人单位仍须承担赔偿责任。这种严格责任的适用，促使用人单位更加注重对员工的管理和监督，从而减少侵权行为的发生，同时也为受害人提供了更有力的保障。

三、无过错责任原则的适用范围

无过错责任原则的适用范围是指该原则适用于哪些类型的侵权案件。依据《民法典》的规定，无过错责任原则适用于以下类型的案件。

（一）产品责任案件

产品责任是指产品的生产者、销售者等因产品存在缺陷造成他人损害时，应当承担的侵权责任。由于产品的生产、销售环节涉及众多主体，且消费者在购买产品时往往难以知晓产品是否存在缺陷，因此法律将产品责任案件纳入无过错责任原则的适用范围，以加强对消费者权益的保护。本章开头的引例2中，审理该案的人民法院认为，案涉烟花在燃放时存在侧面喷射和倾倒现象，不符合《烟花爆竹安全与质量》（GB 10631—2013）国家标准，具有质量缺陷。根据《产品质量法》第四十三条，因产品存在缺陷造成人身、他人财产损害的，受害人可以向产品的生产者要求赔偿，也可以向产品的销售者要求赔偿。属于产品生产者的责任，产品销售者赔偿的，产品销售者有权向产品生产者追偿。属于产品销售者的责任，产品生产者赔偿的，产品生产者有权向产品销售者追偿。人民法院判决某烟花爆竹专营店向黄某某支付医疗费、护理费、营养费、伙食补助费、交通费等各项损失共计13万余元。此案明确了非直接购买缺陷产品的受害人也有权依法请求生产者、销售者承担赔偿责任的裁判规则。这有利于督促生产者提升产品质量、销售者销售合格产品，从而保护受害人权益。

（二）机动车交通事故责任（机动车一方对非机动车或行人致害）案件

机动车作为一种高速运行的交通工具，具有较大的危险性。在机动车与非机动车或行人发生交通事故时，机动车一方往往处于强势地位，而非机动车或行人则相对弱势。为了更好地保护非机动车或行人的权益，法律规定在机动车交通事故责任中适用无过错责任原则。

【案例 2-2】

在一起机动车与行人相撞的交通事故中，即使机动车一方能够证明自己已经尽到了注意义务，但由于机动车交通事故的归责适用无过错责任原则，机动车一方仍需对行人的损害承担赔偿责任，除非其能够证明行人是故意造成事故的。

（三）环境污染和生态破坏责任案件

环境污染和生态破坏行为往往具有隐蔽性、长期性和复杂性，受害人很难证明行为人的过错。因此，法律将环境污染和生态破坏责任案件纳入无过错责任原则的适用范围，以加强对环境和生态的保护，同时也为受害人提供更有力的救济。

【案例 2-3】

某工厂长期向河流排放污染物，导致附近居民的健康受到损害。在这种情况下，即使工厂能够证明自己已经采取了一定的环保措施，但由于该案件适用无过错责任原则，工厂仍需对居民的损害承担赔偿责任。

（四）高度危险责任案件

高度危险作业是指从事对周围环境具有较高危险性的活动，如民用核设施的运行、高压电的使用等。由于这些活动本身就具有较高的危险性，一旦发生事故，后果往往非常严重。为了更好地保护公众的安全，法律规定在高度危险责任案件中适用无过错责任原则。

【案例 2-4】

某民用核设施发生泄漏事故，导致周边居民受到辐射伤害。在这种情况下，即使核设施的运营者能够证明自己已经采取了严格的安全措施，但该案件由于适用无过错责任原则，其仍需对居民的损害承担赔偿责任。

（五）饲养动物致人损害案件（动物园的责任除外）

一些饲养动物具有一定的危险性，尤其是大型动物或具有攻击性的动物。为了更好地保护公众的安全，法律在饲养动物致人损害案件中适用无过错责任原则。

【案例 2-5】

某人饲养的狗咬伤了他人。在这种情况下，即使饲养人能够证明自己已经尽到了管理义务，但由于该案件适用无过错责任原则，饲养人仍需承担赔偿责任。

动物园的动物致人损害案件不适用无过错责任原则，这是因为动物园作为公共场所的管理方，其责任适用过错推定原则，以区别于一般饲养动物致人损害案件。

（六）用人单位和用人个人承担雇主责任的案件

用人单位和用人个人在其员工执行工作任务过程中，对员工的行为具有一定的管理和监督责任。为了更好地保护受害人的权益，法律在用人单位和用人个人承担雇主责任的案件中适用无过错责任原则。

【案例 2-6】

员工李某在执行工作任务过程中将他人打伤。在这种情况下，即使用人单位能够证明自己已经对李某进行了必要的管理和教育，但由于该案件适用无过错责任原则，用人单位仍需对受害人的损害承担赔偿责任。

（七）监护人承担监护责任的案件

监护人对被无民事行为能力人、限制民事行为能力人负有法定的监护责任，应当对被监护人的行为进行管理和监督。为了更好地保护受害人的权益，法律在监护人承担监护责任的案件中适用无过错责任原则。

【案例 2-7】

8 岁的张某在监护人未在场时抛掷石块致人受伤。这种情况适用无过错责任原则，张某的监护人需对受害人的损害承担赔偿责任。

第四节 公平责任原则

一、公平责任原则的概念和特征

（一）公平责任原则的概念

公平责任原则是这样一种归责原则：当事人双方在对造成损害均无过错，但是按照法律的规定又不能适用无过错责任的情况下，由人民法院根据公平的观念，在考虑被侵权人的损害、双方当事人的财产状况及其他相关情况的基础上，判令侵权人对被侵权人的财产损失予以适当补偿，由当事人公平合理地分担损失。

【案例 2-8】

甲在一栋居民楼下的花坛里坐着休息时，被楼上抛出的物体砸中受伤。由于无法确定具体是哪一户居民所为，法院根据公平责任原则，判定事发时所有开着窗户的住户平均分担甲的医疗费用。这种情况下，虽然无法确定具体的责任人，但通过对公平责任原则的适用，可以使受害人的损失得到一定程度的弥补，同时也避免了让无辜的住户承担全部责任，体现了公平正义的精神。

（二）公平责任原则的特征

公平责任原则是一项辅助性原则，应当在其他责任原则难以适用的时候适用。公平责任原则具有独特的归责基础，即根据分担能力来分配责任。可见，公平责任原则是以公平观念作为价值判断标准来确定责任的。总的来说，公平责任原则体现了法律对公平、正义的追求，在双方当事人均无过错且无法适用其他归责原则的情况下，起到了平衡双方利益、实现社会正义的作用。但它并不能成为我国侵权责任法的一个独立的归责原则，因为缺乏法律依据，也不符合对案件的认识规律。公平责任原则的适用更多是基于一种衡平的理念，是对其他归责原则的一种补充和完善，而不是一种独立的、普遍适用的归责原则。

二、公平责任原则的适用范围

（一）公平责任原则的适用范围概述

法律无特别规定时适用。当法律没有明确规定某一类侵权行为适用无过错责任原则，且双方当事人均无过错时，则可考虑适用公平责任原则。

（二）公平责任原则的具体适用情形

1. 无民事行为能力人或限制民事行为能力人致人损害，监护人已尽到监护责任的情形

在无民事行为能力人或限制民事行为能力人致人损害，且监护人已尽到监护责任的情况下，双方可以根据公平原则分担损失。

【案例 2-9】

精神疾病患者突然发病伤人，监护人已按医嘱严格监管。监护人已经尽到了监护责任，但由于损害已经发生，根据公平责任原则，监护人可以与受

害人协商或通过法院判决，对受害人的损失进行适当补偿。这种处理方式既考虑了监护人的责任，又兼顾了受害人的权益，体现了公平责任原则的灵活性。

2. 紧急避险造成损害的情形

如果损害是由自然原因引起的，紧急避险人虽然不承担民事责任，但可以根据公平原则给予受害人适当补偿。

【案例 2-10】

在一场突发的山洪中，甲为了躲避洪水，闯入乙的房屋，导致乙的房屋受损。虽然甲的行为属于紧急避险，不承担民事责任，但甲应当根据公平责任原则，对乙的损失给予适当补偿，以体现公平性。这种补偿并不是基于过错，而是基于对双方利益的平衡和对公平正义的追求。

3. 见义勇为遭受损害的情形

见义勇为者因保护他人民事权益使自己受到损害，在没有侵权人、侵权人逃逸或者无力承担民事责任的情况下，受益人应当给予见义勇为者适当的补偿，这体现了公平责任原则的精神。

【案例 2-11】

甲在救助落水儿童时不幸受伤，而落水儿童的父母无力承担甲的医疗费用。在这种情况下，受益人（如落水儿童的父母或其他受益人）应当根据公平责任原则，对甲的损失给予适当补偿。这种补偿不仅是对见义勇为行为的肯定，也是对公平正义的维护。

4. 其他双方均无过错但造成损害的情形

以下几种情形，如不可抗力致利益损害，或者一方是为对方利益、共同利益而致使自身利益受损等情形，也可以适用公平责任原则。

【案例 2-12】

甲在乙的仓库中堆放了一批货物，因不可抗力导致仓库倒塌，货物受损。在这种情况下，双方均无过错，但应当根据公平责任原则，由双方共同分担损失。这种处理方式既符合公平正义的理念，也有利于维护社会和谐。

三、适用公平责任原则应考虑的因素

（一）受害人的损害程度

人民法院在考虑适用公平责任原则时，会评估受害人的损害程度，包括财产损失、精神损害等。对损害程度的评估是确定补偿数额的重要依据。例如，受害人的财产损失可以通过评估其实际价值来确定，而精神损害则需要根据受害人的具体情况（如受伤程度、心理创伤等）进行综合判断。只有准确评估受害人的损害程度，才能确保补偿的合理性和公正性。

（二）当事人的财产状况

当事人的经济状况也是人民法院在适用公平责任原则时需要考虑的因素之一。人民法院会综合考虑双方当事人的财产状况，来确定补偿的数额和分担的比例。例如，如果一方当事人经济状况较好，而另一方经济困难，人民法院可能会在补偿数额上适当倾斜，以减轻经济困难一方的负担。这种考虑不仅体现了公平原则，也有利于避免补偿责任过重导致一方当事人陷入经济困境。

（三）其他相关因素

除了受害人的损害程度和当事人的财产状况外，人民法院还会考虑其他相关因素，如双方当事人的关系、损害发生的原因、社会影响等，以确保判决的公正性和合理性。例如，在一起邻里纠纷导致的损害案件中，人民法院可能会考虑双方的邻里关系，以及纠纷发生的具体原因，从而在补偿数额和责任分担上作出更合理的判决。此外，社会影响也是一个重要的考量因素，特别是在涉及公共利益或社会关注度较高的案件中，人民法院的判决不仅要体现公平正义，还要考虑到对社会的引导作用。

每章一练

一、判断题

1. 侵权归责原则是关于侵权责任"归责"的基本规则，即行为人因何种事由被要求承担责任。　　　　　　　　　　　　　　　　　　　　　　　　　　　（　　）

2. 在侵权责任法中，过错责任原则是唯一适用的归责原则，其他原则均不适用。
　　　　　　　　　　　　　　　　　　　　　　　　　　　　　　　（　　）

3. 无过错责任原则是指，不管行为人是否有错，都应当承担责任，如产品责任。
　　　　　　　　　　　　　　　　　　　　　　　　　　　　　　　（　　）

二、单项选择题

1. 在侵权责任法中，以下哪一项原则强调行为人应对其行为所造成的损害后果承担责任，而不考虑其主观过错？（　　　）

A. 过错责任原则　　　　　　　　　　B. 无过错责任原则

C. 公平责任原则　　　　　　　　　　D. 因果责任原则

2. 适用过错推定原则时，举证责任通常如何分配？（　　）

A. 受害人承担证明行为人过错的责任

B. 行为人承担证明自己无过错的责任

C. 双方共同承担证明责任

D. 由人民法院根据具体情况决定举证责任分配

3. 以下哪一项原则体现了在双方当事人均无过错时，根据公平观念来分配责任的归责原则？（　　）

A. 过错责任原则   B. 无过错责任原则

C. 公平责任原则   D. 连带责任原则

三、案例分析题

1. 老李在自家阳台上养了一些花，某日一阵大风将花盆吹落，正好砸中了路过的行人小张，导致小张受伤。小张要求老李承担侵权责任。老李则辩称，花盆是被大风吹落的，属于不可抗力，自己不应承担责任。

请问，本案应如何适用侵权责任归责原则？

2. 小红是一名中学生，她在学校操场上参加学校组织的体育活动时，不慎被一名正在踢足球的同学小杰踢飞的足球击中头部，导致受伤。小红的家长认为学校和小杰均应承担侵权责任，要求他们赔偿医疗费用和精神损失费。学校则辩称，他们已经尽到了教育管理职责，且体育活动本身具有风险性，不应承担责任；小杰的家长则认为，小杰并非故意踢伤小红，且小红是在学校组织的活动中受伤，小杰的家长也不应承担责任。

请问，本案应如何适用侵权责任归责原则？

第二章习题答案

一般侵权责任的构成要件

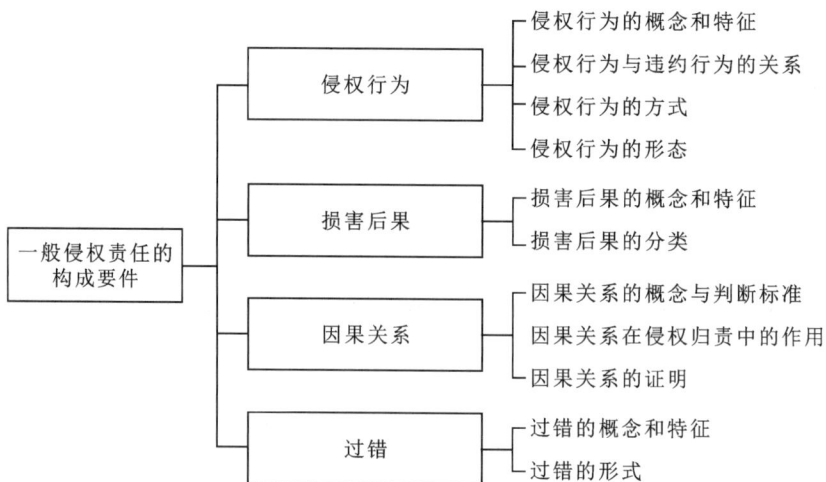

一般侵权责任的构成要件
- 侵权行为
  - 侵权行为的概念和特征
  - 侵权行为与违约行为的关系
  - 侵权行为的方式
  - 侵权行为的形态
- 损害后果
  - 损害后果的概念和特征
  - 损害后果的分类
- 因果关系
  - 因果关系的概念与判断标准
  - 因果关系在侵权归责中的作用
  - 因果关系的证明
- 过错
  - 过错的概念和特征
  - 过错的形式

学习目标

本章内容是侵权责任法的重要基础，学习者必须了解侵权责任的构成要件包括一般侵权责任的构成要件和特殊侵权责任的构成要件，并能理解二者的区别；掌握一般侵权责任的四个构成要件分别是哪些，理解每个构成要件的基本理论、规范体系和具体规则，并能在实际案件中正确分析运用。

引例1

张某受其表姐李某邀请回老家游玩，因老家地处偏远农村，天气寒冷，李某负责每天给张某搬火盆取暖，中午将火盆搬来，晚上负责搬走。（火盆使用的燃料为无烟煤，使用不当容易一氧化碳中毒。）事发当日，李某忘记将火盆搬出，导致张某一氧化碳中毒，第二天13时左右被发现，经诊断为"一氧化碳中毒"，陷入重度昏迷状态。

请思考：本案中，李某的行为构成侵权责任吗？

引例2

黄某养了一只大型金毛犬，2019年4月5日下午，黄某让其店员帮忙在小区周围遛狗，店员遛狗时与正在散步的李婆婆相遇，由于没有系绳，金毛犬将其扑倒摔伤，事发后黄某带李婆婆到医院治疗。李婆婆被确诊为肱骨骨折，需住院治疗，黄某垫付了8000元医疗费。25天后，李婆婆出院，治疗费用合计11万余元。

同年10月，李婆婆因病到医院治疗，被诊断为心力衰竭，于同月因呼吸循环衰竭、多器官功能衰竭死亡。李婆婆的儿子周某找到黄某，认为其母的去世与被黄某的狗扑伤有直接关联，要求黄某赔偿李婆婆医疗费、丧葬费、死亡赔偿金等费用共计46万余元。因双方赔偿金额协商不一致，周某向法院提起诉讼。法院委托司法鉴定所对李婆婆被狗扑伤后的伤残等级，以及李婆婆被狗扑伤与其死亡原因进行因果关系及参与程度进行了鉴定。

鉴定意见为：李婆婆因严重肝功能障碍导致多器官功能衰竭而死亡，不排除被狗扑倒受伤后，其营养不良这一情况，对肝脏疾病发展有一定加促作用，考虑参与度为1‰至5‰。

请思考：本案中，黄某应对李婆婆的死亡承担侵权责任吗？

理论研究

侵权责任的构成要件是指确定行为人承担侵权责任的必备条件。行为人实施侵权行为，给他人的民事权益造成损害后，需确定行为人是否需要承担侵权责任以及承担什么样的侵权责任，这时，必须参考一定的条件和标准，这些条件和标准就是侵权责任的构成要件。

侵权责任构成要件可分为一般构成要件和特殊构成要件。侵权责任的一般构成要件是就一般侵权行为而言的。适用过错责任原则确定责任时，应具备一般侵权责任的构成要件，生活中多数普通的侵权行为均属此类。而特殊侵权责任则需根据法律的特殊规定来确定其责任的构成要件，例如，按无过错责任原则时，需要具备的要件与一般侵权责任的构成要件略有不同，其不以行为人有过错为构成要件。本章将就侵权责任的一般构成要件做详细阐述。在学界，关于侵权责任的一般构成要件有"三要件说""四要件说""六要件说"等主张。我国理论上通常以"四要件说"为准，认为一般侵权责任的构成要件包括以下四个：行为人实施了侵权行为；侵权行为造成了损害后果；侵权行为与损害事实之间有因果关系；行为人主观上有过错。以上四个要件需要同时满足，缺乏任何一个构成要件，则不构成一般侵权行为，行为人也不承担侵权责任。

第一节　侵权行为

一、侵权行为的概念和特征

侵权行为又称加害行为，是指行为人违反法律规定，侵害他人民事权益，并造成损害结果，依法应承担民事责任的行为。在现代社会，不侵害他人的民事权益是任何一个民事主体都应遵守的普遍性义务。没有合法依据或法律授权，任何人都不得实施损害他人民事权益的行为，否则就可能承担一定的法律后果。侵权行为需符合以下特征。

（一）侵权行为具有违法性

侵权行为作为侵权责任的构成要件，违法性是其必不可少的前提性要素，有些国家将之命名为"不法行为"，足见侵权行为与违法性的密切联系。违法性是指加害行为违反了国家相关法律规定，对他人受到保护的民事权利或利益加以侵害，与一定的法律秩序产生了直接或者间接的冲突，违法性直接体现了侵权行为概念的内涵，表现了侵权行为的本质。如果不是加害人对受害人的合法权益实施了一定的违法侵害行为，也就没有所谓的损害及其法律救济的必要性。违法性包含以下三层内涵。

1. 违反法定义务

违反法定义务包括两种情况：其一，违反绝对权的不可侵义务。在自然人、法人作为他人所享有的绝对权利的法定义务承担者时，依法须履行不得侵害该权利的义务，侵害该绝对权，属于违反法定义务的行为，如侵害他人人格权、物权、知识产权等，都具有违法性；其二，第三人违反合法债权的不可侵义务。第三人对他人之间的债权并无特定义务，但是负有不可侵义务，违背债权的不可侵义务，也具有违法性。

2. 违反以保护他人为目的的法律

在法律规范体系中，存在法律直接规定对特定类型权利或利益予以特别保护之情形，违反这种法律也属于违法行为。如规定特别保护的其他人格利益、死者人格利益等的法律，都是以保护他人为目的的法律，任何人得不得违反。如《民法典》第1198条规定："宾馆、商场、银行、车站、机场、体育场馆、娱乐场所等经营场所、公共场所的经营者、管理者或者群众性活动的组织者，未尽到安全保障义务，造成他人损害的，应当承担侵权责任。"

【案例3-1】

某大型商场举办开业促销活动，吸引了大量顾客前来抢购，因顾客人数太多，商场未落实好安保措施，发生踩踏事件，多人因此受伤。商场在运营的同时，还应尽到对顾客或活动参加者的人身财产安全保障义务，未能尽到该义务，造成顾客或活动参加者人身损害的，属于违反了以保护他人为目的的法律的情形，具有违法性。

3. 故意违背善良风俗致人损害

违法不仅指违反法律规定，还包括故意违反道德观念、善良风俗而使得他人遭受损害，故意违反道德观念的行为也具有违法性。

（二）侵权行为以行为为基本要素

侵权行为这一构成要件中包含行为这一基本要素。行为是自然人、法人及非法人组织等民事主体受其意志支配，并以其自身来控制、管领物件或他人的一种身体上的动静。了解行为要注意以下几点。

第一，行为的实施者是"人"，只有"人"才能成为行为的主体，这里的"人"是《民法典》所规定自然人、法人及非法人组织。故物件致损案件里的物件、动物致损案件里的动物等都不能成为行为主体，物件、动物最多只能作为人的行为效果的传递工具。

第二，自然人、法人及非法人组织行为的基本形式是自身的动作或活动，如行为人实施殴打他人、致他人人身权利受损的行为，行为人将他人财产损坏、致他人财产权利受损的行为都属于自身的动作。此外，自然人、法人及非法人组织控制、管理物件或他人的动作，也属于以上主体的行为，当由其控制、管理的物件或他人致人损害时，也构成侵权责任，即替代责任。包括无民事行为能力人致人损害等行为应归纳为其所有人、管理人或监护人的行为，应视为所有人、管理人或监护人行为的延伸。

【案例 3-2】

某日刮起大风，将李某摆放在阳台上的花盆吹倒，花盆从阳台上坠落导致路人张某头部受伤。李某为花盆的管理人，其未将花盆放置在安全位置才致花盆坠落，损害了张某身体，砸伤行为归为李某所致，所以李某须承担侵权责任。

第三，行为是自然人、法人及非法人组织有意识的行为，这是行为与事件、状态的区别，所谓有意识的行为是指行为人的思想能够感知、控制身体的行为，人无意识的身体动静不能构成侵权行为。

【案例 3-3】

王某在睡梦中辱骂他人，是一种不受意识支配的举动，不是侵权行为。

（三）侵权行为是一种主观上有过错的行为

一般情况下，侵权行为大多是行为人因为主观上有过错而侵害他人民事权益的行为，故传统侵权责任法奉行的基本原则是具有过错才承担责任。法律规定在特殊情况下的归责才不要求行为人主观有过错，如环境污染责任、高度危险责任等。

（四）侵权行为的法律效果是依法承担侵权责任

侵权行为造成他人损害，必然构成损害赔偿法律关系，应当承担以损害赔偿为主的侵权责任。当然，视情况而定，也包括其他民事责任的承担。

二、侵权行为与违约行为的关系

在我国，民事方面的违法行为主要包括侵权和违约两大类，二者关系密切，有时会产生竞合，容易发生混淆。因此，需要将二者的联系与区别予以明确。

（一）联系

1. 侵权行为与违约行为均属于民事违法行为

根据《民法典》，在构成要件方面，侵权行为和违约行为都须具有过错、行为和因果关系。在有些情况下，一个行为可能会同时构成侵权和违约，产生责任竞合。如旅客运输中，承运人一方的车辆紧急刹车导致旅客受伤，承运人既违背了安全运输旅客的合同义务又侵犯了旅客的人身权。根据相关规定，在发生竞合的情况下，应当由受害人作出选择：请求行为人承担违约责任或侵权责任，一旦选择其中之一，另一请求权即告消灭。

2. 侵权行为与违约行为都要承担民事责任

侵权行为和违约行为的法律后果都是承担民事责任，既要制裁违法行为，也要救济受害人。

3. 侵权行为与违约行为的民事责任承担方式存在共性

侵权责任的主要承担方式是损害赔偿，辅以返还财产、恢复原状等；违约责任的主要承担方式是继续履行和损害赔偿，二者都有损害赔偿这种责任方式，赔偿的原则和具体内容大致相同。

（二）区别

1. 产生的前提不同

侵权行为的行为人与受害人之间不存在相对法律关系，只存在绝对法律关系，如人身法律关系和物权法律关系等；而违约行为的当事人之间存在相对法律关系，即合同法律关系。

2. 违反义务的性质不同

侵权行为违反的是法定义务、绝对义务，即法律保护的民事主体的人身权利和财产权利，任何人都负有不得侵犯的强制的不作为义务，属于法律规定；而违约行为违反的是约定义务、相对义务，往往是基于当事人双方意思而成立的义务，属于互相约定。当然违约行为也包含违反法定义务，如法律规定当事人之间互相通知的义务。

3. 行为主体不同

侵权行为的主体一般情况下是不特定的，任何民事主体都可能成为侵权人，包括完全民事行为能力人、限制民事行为能力人和无民事行为能力人，行为人无民事责任能力，不影响受害人享有的损害赔偿请求权的实现；而违约行为的主体是特定的合同当事人，由于合同当事人必须具备相应民事行为能力，因此违约行为的主体只能是具有相应民事行为能力的人，无民事行为能力人不能成为违约行为的主体。

4. 承担的法律责任不同

侵权行为承担的法律责任有损害赔偿（财产损害赔偿、人身伤害赔偿及精神损害赔偿）、返还财产、恢复原状等；违约行为承担的法律责任包括赔偿、违约金、定金，实际履行等责任形式，但不包括精神损害赔偿。

三、侵权行为的方式

侵权行为这一构成要件中包括了行为这一基础要素，行为是自然人、法人及非法人组织等民事主体受其意志支配，并以其自身或者控制、管领的物件或他人的一种身体上的动静，其中，动是指"作为"，静则为"不作为"。故根据行为性质的不同，可将其划分为两种方式：作为和不作为。侵权行为则可以分为作为的侵权行为和不作为的侵权行为。

（一）作为的侵权行为

作为是侵权行为的主要行为方式。通常情况下，侵权行为人直接对受害人实施的某种积极的加害行为即为作为。根据法律的一般规定，人们对于他人受到法律保护的合法民事权益负有不得侵害的法定义务，如他人的人身权、财产权等，行为人违反不得侵害的义务而积极主动地加以侵害，即构成作为的侵权行为，如某人超速驾车撞伤他人、高空抛物砸中行人致其受伤等。

（二）不作为的侵权行为

不作为是指行为人应当负有某种法定义务而未尽到此义务。由于法律规定而使行为人对他人合法民事权益负有义务，而行为人未履行此种义务致人损害的，构成不作为的侵权行为。

【案例 3-4】

某施工队在路上挖坑，忘记设置防护装置，导致行人小张掉入坑内受伤。施工队违反法律规定应当设置防护措施而未设置防护措施的行为就是不作为的侵权行为。

在某些情况下，即使没有法律的专门规定，由于行为人的先前行为或者在特别环境条件下，无积极作为义务的行为人会转化为有积极义务的人，对这种积极作为义务的违反也构成不作为的侵权行为，如本章开头的引例 1 "火盆案"中，李某为张某搬火盆烤火的行为属于先前行为，该行为的实施使得李某负有防止张某烤火中毒的义务，其应当做好防范措施，而未做到，此行为也构成不作为的侵权行为。

此外，业务上或职务上的要求也使得行为人负有义务，如消防员负有救火的义务、物业负有小区巡逻安全保障义务等，都属于业务或职务上的义务，如义务人违反职责未能尽到义务，则构成不作为的侵权行为。

四、侵权行为的形态

侵权行为的形态是指侵权行为的不同表现形式。按照不同的标准，侵权行为可划分为以下几种形式。

（一）按归责依据，分为一般侵权行为和特殊侵权行为

一般侵权行为，是指行为人基于主观过错实施的，应具备侵权责任一般构成要件和适用一般责任条款的致人损害的行为，承担的责任是自己责任；特殊侵权行为是指欠缺侵权行为的一般构成要件而成立，并适用过错推定和公平责任原则的侵权行为，承担的责任为自己责任或替代责任。

（二）按行为主体数量，分为单独侵权行为和数人侵权行为

单独侵权行为是指单独一个主体所实施的侵权行为；数人侵权行为是指两个或两个以上的行为人侵害他人合法民事权益的行为。

（三）按行为方式，分为积极侵权行为和消极侵权行为

积极侵权行为就是以作为的方式积极主动地实施侵害他人民事权益的行为；消极侵权行为就是以不作为的方式被动消极地侵害他人民事权益的行为。

第二节　损害后果

一、损害后果的概念和特征

损害后果是指行为人的侵权行为对受害人的民事权益造成的一种不利后果。具体表现为受害人的死亡、人身伤害、社会评价降低、精神痛苦以及财产利益和非财产利益的减少或灭失等。无损害则无责任，损害后果是侵权责任的必要构成要件之一。损害后果具有以下特征。

（一）损害后果是侵害合法权益所引发的结果

受害人所受的损害能够获得法律上的救济，是因为其合法权益受到不法侵害。因此法律要对不法行为人施加制裁，并为受害人提供法律保护。许多国家法律规定，只有在合法权益受到侵害的情况下，才可认为损害发生，如侵害他人姓名权、名誉权等。《民法典》侵权责任编保护的权益十分广泛，但并没有将非法权益纳入保护范围，非法权益被侵害或剥夺，原则上不能寻求法律的保护。

（二）损害后果具有可确定性

损害后果在客观上能够被认定，具有客观真实性，不是臆想的、虚构的、尚未发生的现象。如怀疑别人泄露自己隐私而遭受的精神痛苦就具有不确定性。损害的确定性包括如下内容。

1. 损害后果是已经发生的事实

未来可能损害的利益或尚未发生的损害不具有确定性，但行为人的行为对他人权利的行使构成妨碍，虽未形成实际财产损失，仍可能构成损害。

2. 损害后果是客观存在的，而不是当事人主观臆想出来的

司法实务中，在认定损害时需要考虑损害是否已经发生并真实存在。

（三）损害后果具有可救济性

为了使法律救济现实可行，受害人权益受损的不利后果必须有法律上补救的可能和必要。

首先，损害后果发生后，必须达到一定程度，才具有被救济的可能。法律常常要求人们容忍来自他人行为的轻微损害，或对轻微损害后果不要求承担法律责任，因为

在日常生活中，轻微损害时常存在，有的甚至无可避免，故并非所有损害都能获得法律的救济，不然人们的社会行为将会受到不必要的限制，不利于经济发展。

【案例 3-5】

在餐馆工作的李某因厨房炒菜的声音太大，不能忍受，认为噪声损害其身体健康。但厨房炒菜会发出声音是无可避免的，噪声要达到一定的分贝才构成噪声污染造成的损害的事实，否则无法获得法律的救济。

其次，损害后果本质上是侵害行为所产生的不利后果，如果行为人因实施正当行为，而产生当事人所不能接受的损失，该损失不能认为是不利后果，所以即使当事人不能接受该后果，也不能构成损害后果。

【案例 3-6】

李某新开的奶茶店配方味道好，服务态度也非常热情，每日门庭若市，导致隔壁古某的奶茶店生意不佳。古某认为其生意变差、利润下滑的结果是李某造成的，欲要找李某索赔。本案中，因正当竞争造成的营业额下降，虽然损失也很确定，但不能认为是遭受损害而产生的不利后果，故古某无法获得法律救济。

二、损害后果的分类

（一）根据侵害对象的不同

根据侵害对象的不同，损害后果可以分为财产损害和非财产损害。

1. 财产损害

财产损害也称有形损害或经济损失，是指具有财产价值，能够用金钱加以衡量和计算的损害，如使他人财产减少和消灭，或致他人人身伤残和死亡进而引发的财产损失等，是可以用货币来计量的。如，甲因被狗咬伤住院产生的医疗费、营养费、误工费；乙的车辆被他人砸坏产生的修理费；等等。

2. 非财产损害

非财产损害也称无形损害或精神损害，是指对民事主体的精神活动构成的一定损害，既包括受害人的人身权益受到侵害而发生的生理和心理上的痛苦，也包括受害人的正常精神活动受到干扰而导致的精神痛苦和精神利益丧失或减损。非财产损害主要有两个来源：一是人体的生理活动受到侵害，受害人在身体权、健康权等受到侵害的情况下因肉体的不舒适感而产生了一定精神痛苦，如甲因被打致残无法正常生活，产生精神上的痛苦；二是人的心理活动受到侵害，受害人在人身权益如公民姓名权、肖像权、名誉权、荣誉权、隐私权等受到侵害时，产生恐惧、悲伤、怨愤、绝望、羞辱等不良情绪，这种损害具有无形性，不能以金钱计算和衡量。

【案例 3-7】

高中生石某在某餐馆吃饭时，餐桌上正在使用的卡式炉的燃气罐发生爆炸，致使石某面部、双手深Ⅱ度烧伤。经司法鉴定所鉴定：石某遗留面部及双手片状疤痕对其容貌有较为明显的影响，且其劳动能力部分受限，丧失率为30%。身为一名花季少女，石某除了肉体痛苦、劳动力受限，其精神上还要遭受伴随终身的遗憾和痛苦，对此种损害，餐厅必须给予抚慰和补偿。

非财产损害往往存在于人的内在精神之中，轻微的精神损害一般不能主张损害赔偿，可要求行为人采取其他方式承担侵权责任，如恢复名誉、消除影响、赔礼道歉等方式。只有造成严重的精神损害才能主张赔偿，此种界限在司法实务中只能通过各种具体的手段作出鉴别以推定其客观真实性及严重程度。此外，每个人的心理承受能力不同，引发的心理创伤或痛苦也不同，如果精神上的损害赔偿可以普遍适用，将导致责任漫无边际，影响人们行为的积极性，所以法律对非财产损害的认定有严格要求。

此外，值得注意的是，《民法典》对侵犯具有人格象征意义的特定纪念物品能否获得更多的赔偿做了规定：具有人格象征意义的特定纪念物品是一种寄托了人的精神或者是能够给特定的人以精神满足的物，它可以没有实际的使用价值，更准确地说它的使用价值已经退居其次，但是该物品给主体带来的满足感超越了物品本身的价值。假如该物品被他人损毁，造成的精神上的损害或将远远大于物品实际的损害价值，如已故父母的唯一照片、在旅游景点煞费苦心拍摄的纪念照、结婚庆典上拍摄的录像带、几代祖传的祭祀器皿等均寄托了较强的精神价值，失去将造成严重精神损害。故《民法典》第1183条第二款规定："因故意或者重大过失侵害自然人具有人身意义的特定物造成严重精神损害的，被侵权人有权请求精神损害赔偿。"特定纪念物品有人格象征意义，包含着人格利益因素，当该财产受到损害时，会造成财产所有人或者占有人的人格利益损害，产生无形的精神痛苦，因此，被侵权人有权请求精神损害赔偿。

3. 财产损害和非财产损害的区别

（1）是否可以用金钱进行衡量。

财产损害可以用金钱衡量，可以客观、具体地列举出所受的金钱上的损失。如《民法典》第1179条规定："侵害他人造成人身损害的，应当赔偿医疗费、护理费、交通费、营养费、住院伙食补助费等为治疗和康复支出的合理费用，以及因误工减少的收入。"非财产损害不能以金钱衡量，往往要用主观方法进行评价。

（2）赔偿是否需要严格的法律依据。

财产损害一般应予全面赔偿，受害人的全部财产损失行为人都应予以赔偿。但非财产损害，只有当法律明确规定应给予赔偿时方须赔偿。

（3）赔偿主体不同。

自然人能请求财产损害赔偿和非财产损害赔偿，而法人或非法人组织只能请求财产损失，不应请求精神损害。法人或非法人组织是没有生命的社会组织，对法人的人格权进行侵害主要会使法人遭受财产损害，而非精神损害。故法人或非法人组织无权请求精神损害赔偿。

（4）赔偿方式不同。

财产损失的赔偿方式主要是恢复财产关系原状。非财产损害的赔偿方式，主要是对受害人人身、精神损害予以慰抚，也是对行为人进行制裁。当然，抚慰受害人的精神痛苦的物质条件也可以用金钱来衡量和支付。

（二）根据因果关系的不同

根据因果关系的不同，损害后果可以分为直接损害与间接损害。

1. 直接损害

直接损害也称具体损害。是指对受害人的人身权益、财产权益本身所造成的损害。这种损害可以从客观形式上反映受损前后的变化。如某人四肢健全，因车祸失去一条腿，这种损害是从外部可以明显观察到的。

2. 间接损害

间接损害也称后续损害，是指由权益被侵害引发的利益上的损失，包括减少的收入、失去的利润以及物品使用功能的丧失等。如某人因车祸致死，其死亡导致其无法赡养老人，这就是间接损害。

3. 直接损害和间接损害的区别

（1）因果联系的程度不同。

直接损害是侵害行为直接造成的，联系最为密切；间接损害与侵害行为的关系则不那么密切。

（2）现实性的不同。

直接损害损失的是一种既得利益，表现为当下的健康损伤、财产损坏等，而间接损害损失的是未来可得利益，是将来可能取得财产的丧失，不是现实利益。

（3）责任承担方式有所不同。

直接损害的责任承担方式，可以采用损害赔偿方式也可采用停止侵害、恢复原状等方式。间接损害的责任承担方式则一般采用金钱赔偿方式，无法采用恢复原状等方式来承担责任。

第三节　因果关系

一、因果关系的概念与判断标准

（一）概念

侵权责任法中的因果关系，是指侵权行为与损害事实之间存在前因后果的客观联系。行为人的行为是原因，受害人的损害事实是结果。所谓的"因"，指的是引起损害事实的各种现象，如行为人、第三人所实施的行为以及其他各种介入因素等；而受害人遭受的人身和财产等方面的损失，便是因果关系中的"果"。只有当二者存在因果关系的时候，行为人才应承担相应的民事责任。民事主体只能为自己实施行为的损害后果承担责任，没有因果关系的侵权责任是不成立的，因此，因果关系是侵权责任构成要件的必备因素。

侵权责任法中的因果关系的表现形式较为复杂，大致有以下几种。

1. 一因一果

一因一果指的是一个侵权行为导致一个损害后果，这种因果关系较为简单，其原因和结果都只有一个，原因是造成单一的损害的因素，结果是受害人单一的损害后果。

2. 一因多果

一因多果指的是一个加害行为导致多种损害结果，其中原因是单个的加害行为，而结果却为数个受害人的损害后果或一个受害人的数个损害后果。

【案例 3-8】

某货车司机违章驾驶，撞伤行人后又冲入路边将农民种植的西瓜损毁。其中司机的违章驾驶行为是单一的加害行为，而损害后果却是多个，既有行人的人身损伤，又有农民的财产损害。

3. 多因一果

多因一果指的是多个侵权行为导致了一个损害后果。其中原因是多个行为人的加害行为，结果为受害人单一的损害后果。

4. 多因多果

多因多果指的是几种侵权行为对未有损害或者已有损害的对象互相作用，发生混合的多种结果。其中原因是复数，结果也是复数，原因是多个行为人的多个加害行为，结果为一个受害人的多项损害后果或者多个受害人的损害后果。

因果关系是侵权责任的构成要件，无论适用哪种归责原则，因果关系都是责任认定不可或缺的因素，行为与损害后果之间确定存在因果关系的，就有可能构成侵权责任，没有因果关系就必然不构成侵权责任。《民法典》第 1165 条第 1 款规定："行为人因过错侵害他人民事权益造成损害的，应当承担侵权责任。"这表明，他人民事权益的损害应当是行为人造成的，其行为应当与损害之间具有因果关系。此外，《民法典》第1230 条规定："因污染环境、破坏生态发生纠纷，行为人应当就法律规定的不承担责任或者减轻责任的情形及其行为与损害之间不存在因果关系承担举证责任。"如果行为人无法证明其行为与结果不存在因果关系，便可能承担侵权责任。这是因果关系推定规则在侵权责任认定中的运用。

（二）判断标准

因果关系具有复杂性和多样化等特征，因此，在理论上判断因果关系的标准的学说有多种。

1. 条件说

条件说认为，所有可能导致结果发生的条件都是原因，所有的原因与结果都具有相同的因果关系。

2. 相当因果关系说

相当因果关系说认为某一特定原因引发某一特定结果，并不能说明原因和结果之间就具有因果关系。只有在同一条件下，该原因仍然能使该结果发生，才能认定该原因与结果之间存在因果关系。

3. 近因说

近因说认为使结果产生的原因有很多，只有与结果关系最密切的才是引起结果发生的原因。如果一个行为与结果的发生有必然联系，只能认定该行为与结果之间具有事实上的因果关系，只有当这个行为与结果之间具有最密切的联系，才能认定该行为与结果之间具有法律上的因果关系。

4. 高度盖然性说

高度盖然性，即根据事物发展的高度概率进行判断的一种认识方法，它是人们在对事物的认识达不到逻辑必然性条件时不得不采用的一种认识手段。此说法认为认定行为与结果之间是引起和被引起的关系的时候，存在无法判断行为与结果之间是否具有引起与被引起的关系的情况，因此，只要求行为的结果发生的可能具有高度盖然性即可。

侵权责任因果关系的判断，主要取决于发生的损害结果是否和侵权行为有关系，如果损害结果是侵权行为造成的，是存在必然联系的，就可以判断为有因果关系。

二、因果关系在侵权归责中的作用

（一）确定责任的成立

因果关系确定的首要目的是确定责任，也就是确定被告的行为及其物件与行为结果之间是否具有因果关系，即责任成立的因果关系。责任成立的因果关系是责任认定中的构成要件，无论采用何种归责原则，因果关系都非常重要，它是认定责任的前提与基础。在适用无过错责任原则的情况下，责任成立的因果关系的确定就更为重要了。因此，在考察侵权责任构成要件时，应当首先考察责任成立的因果关系，然后才考察过错。除了在特定情况下，必须实行因果关系推定以外，责任成立的因果关系一般都需要由受害人举证证明，然后由法官根据受害人的举证加以判断。在本章开头的引例2中，由于黄某饲养的宠物致李婆婆摔伤，产生了行为和结果之间的因果关系，黄某应承担侵权责任，李婆婆住院期间产生的医疗费用11万余元应由黄某承担。

（二）排除责任的承担

因果关系的确定就是要明确谁的行为或物件与损害结果之间具有因果关系，并使其对结果负责。按照责任自负原则，除非存在法定的免责事由，否则任何人只对自己的行为以及根据法律规定的由其负责的物件或他人行为承担责任，而要确定责任，必须确定引起损害后果发生的真正原因。如果某人的行为或物件与结果之间没有因果联系，且不能采取因果关系推定的方法使被告负责，则该人就不应当对损害结果承担责任。从这一意义上来看，因果关系具有排除责任承担的功能。例如，在财产损失的赔偿范围方面，也存在因果关系上的限制，即只有在损害结果和行为人的行为之间具有因果联系的情况下，行为人才对这些损害后果负赔偿责任。如对于纯经济损失，一些学者认为缺乏因果联系，原则上不予以赔偿。法律上的因果关系不能像哲学上的因果关系那样无限延伸，而必须从归责的需要出发正确地切割因果关系链，使不应当负责的行为人被免除责任。本章开头的引例2中，双方争议的焦点在于黄某是否应该赔偿李婆婆第二次入院治疗至死亡期间产生的费用，这种情况需要运用因果关系的关联度即行为导致结果的原因力强弱，来判断宠物扑伤人在第二次住院中的"参与度"，以确定或排除侵权责任。引例2中，司法鉴定结果由法院委托出具，依据充分、程序合法，鉴定意见显示，无法证明李婆婆的死亡结果与被宠物扑伤行为有关，即宠物扑伤的原因力不强，故基本排除了黄某承担李婆婆第二次住院产生的相关费用的侵权责任，并以1%至5%的"参与度"给予后期赔偿。

（三）确定责任的范围

责任范围实际上就是要解决损害赔偿的范围和原因力的问题，因果关系对于损害赔偿范围的确定具有重要意义，这不仅表现在因果关系是区分直接损害与间接损害的关键因素，而且是对损害赔偿范围作出限定的标准。在数人共同侵权案件中，在数人的过错程度大体相当或难以确定过错程度的情况下，责任的大小取决于原因力的强弱。例如，数人共同实施了殴伤他人的侵害行为，在行为的实施过程中，有人直接挥拳，有人在旁边呐喊助威。在分摊内部责任时，如果难以区别直接挥拳者和呐喊助威者的过错程度，则可以从各个行为和损害结果的因果关系的强弱方面着手来判断各方承担责任的大小。

三、因果关系的证明

根据"谁主张，谁举证"的一般原则，证明损害是由被告的行为或物件是造成的举证责任应由原告承担。如果因果关系不确定，过错的认定和责任的确定也就失去了存在的基础，因此，因果关系的证明是归责的先决条件。

原告举证证明有因果关系存在以后，被告可以反证，即证明其行为与损害结果之间不存在因果关系，或因果关系过于遥远。但是，在一些特殊的侵权中，法律严格限定了被告否认因果关系存在的事由，从而加重了被告的责任。例如，《民法典》第1237条规定："民用核设施或者运入运出核设施的核材料发生核事故造成他人损害的，民用核设施的营运单位应当承担侵权责任；但是，能够证明损害是因战争、武装冲突、暴乱等情形或者受害人故意造成的，不承担责任。"因此，在此类责任中，被告只有举证证明损害是由"受害人故意造成的"，才能否定因果关系的存在。再如，《民法典》第1245条规定："饲养的动物造成他人损害的，动物饲养人或者管理人应当承担侵权责任，但能够证明损害是因被侵权人故意或者重大过失造成的，可以不承担或者减轻责任。"这就是说，被告只有证明损害是"被侵权人故意或者重大过失"造成的，才可以不承担责任或者减轻责任。

第四节　过错

一、过错的概念和特征

长期以来，关于过错的概念及认定，存在学说上的分歧，这一分歧的核心在于，侵权责任法中的过错是主观过错还是客观过错。

主观过错说认为，过错是行为人主观上应受非难的一种心理状态，故意和过失是行为人的基本过错方式，在实施侵权行为时，不同的行为人对其行为及后果所持的态度不同，这就决定了不同的行为人的过错程度是有区别的。

客观过错说是与主观过错说相对应的一种理论，客观过错说认为，过错并非人们内心可非难的一种心理状态，而是指行为人违反了某种行为标准，此种标准可能是法律规定的行为人应当作为或不作为的义务，也可能是指一个合理的人或者善良管理人应当尽到的义务或注意程度等。违反了该行为标准就表明行为人具有过错，无须探究其内心状态。过错并非在于行为人的主观心理态度是否具备应受非难性，而在于其行为本身是否具有应受非难性。行为人的行为若不符合某种行为标准即为有过错。

我国传统民法体系中，主观过错说长期占主导地位，其认为过错是指行为人实施侵权行为时的主观心理状态。通常情况下，行为人因过错侵害他人民事权益，应当承担侵权责任，只要法律没有明确规定不以过错为要件，过错就是行为人承担侵权责任的必备要件。过错包含以下特征。

（一）过错是一种主观状态

自然人必须具有能认识、判断事物及其性质的意识，并能决定控制自己行为的心理内容。即使是过失，行为人也应知晓此行为是不正当的、不良的。无行为能力人因为不具备正常的意识和判断能力，也就不存在过错。如果不考虑行为人的主观状态，就让行为人承担法律责任，很难实现对行为人的教育和惩罚效果。

（二）过错是受行为人主观意志支配的外在行为

过错是通过行为表现出来的，意志转化为行为才会受法律调整，并且只有这种行为是不符合法律和道德的，才是有过错的。

二、过错的形式

过错的形式体现为行为人在其行为中表现出来的特定主观状态。不同的过错形式在行为表现上具有显著差异，反映的过错程度不同，这一特征对于确定侵权行为责任和责任的范围具有一定意义。过错包含故意和过失两种形式。

（一）故意

故意是指行为人知道或应当知道自己的行为将会引发不利侵害后果，但主观上仍然希望或放任结果的发生。故意包括两种类型。

1. 直接故意

直接故意是指行为人预见到了自己行为将会引发不利后果，但希望该后果发生的一种特定主观状态，即行为人的行为以致害他人为目的。

【案例3-9】
某甲欲教训某乙，将毒蘑菇炒成菜给乙吃，导致乙中毒的损害后果发生。

2. 间接故意

间接故意是指行为人预见到了自己行为将会引发不利后果，但放任该后果的发生。行为人的行为虽不以致害他人为目的，但主观上体现为一种漠不关心、无所谓的状态，表示其仍能接受致害他人的结果。

【案例 3-10】

某甲欲教训某乙，将毒药倒入某乙家中的米缸内，某乙全家食用后均中毒住院。在这个案例中，某甲对某乙的中毒结果，在主观上是直接故意，而对某乙家人的中毒后果，在主观上表现为间接故意。

（二）过失

过失是因疏忽或轻信而使自己未履行应有的注意义务的一种状态。过失往往是不希望损害后果发生，但却因未尽到应尽的注意义务而导致损害后果发生。

1. 过失的类型

过失包括两种类型。

（1）疏忽大意（疏忽）的过失。

疏忽大意的过失是行为人应预见或能够预见到不利后果，但是却没有预见的一种心态。

【案例 3-11】

某商场知道拖地后地面湿滑可能会导致顾客滑倒，但因工作忙碌，忘记采取措施也未放置提醒信息，导致顾客滑倒摔伤。

（2）过于自信（懈怠）的过失。

过于自信的过失是行为人预见到了，但轻信自己能避免不利后果的一种心态。

【案例 3-12】

叶某自认为驾驶技术高明，为了赶路，他在公路上频繁变道，结果和张某的车发生了碰撞，导致了张某的损失。

过失发生时，行为人常常没有预见其行为会发生危害他人的后果，实际所发生的损害不是行为人所追求的。从归责的角度来看，确认民事过失的核心不在于行为人是出于疏忽大意还是过于自信而使其对行为的结果未能预见或注意，关键在于行为人违反对他人的注意义务并造成他人的损害，所以应根据行为人的行为来考察其是否具有过失并进行归责。

2. 过失中违反应尽的注意义务的类型

（1）普通人的注意义务。

普通人的注意义务是指在正常情况下，一般人能够注意到的情形。如果一般人在类似情况下也能预见到某种后果，那么行为人就有责任避免这种后果发生。违反此义务的过失行为通常被视为重大过失。

（2）应与处理自己事务为同一注意义务。

这种注意义务要求行为人在行为过程中要像处理自己的事务所尽注意义务一样。如果行为人能证明自己在主观上已经尽到了注意义务，则认定其无过失。违反此义务的过失行为通常被视为一般过失。

（3）善良管理人的注意义务。

善良管理人的注意义务比前两种义务的标准更高，要求行为人像一位合理、谨慎的人那样行事，其行为要符合特定职业或领域内的诚实、理性人通常具有的经验能力和技术水平。违反此义务的过失行为通常被视为轻过失或轻微过失。

3. 过失从程度上分为三层

（1）轻微过失。

轻微过失是指按照专业人士的标准判断行为人是否尽到注意义务。行为人的轻微过失一般会导致责任的承担；受害人的轻微过失不会影响行为人责任的成立，但会影响行为人责任范围的确定，受害人具有轻微过失时，一般可以适用过失相抵规则减轻行为人的责任。

（2）一般过失。

一般过失也称为具体轻过失。它是行为人没有遵守法律法规要求，且未达到一个具备谨慎态度的行为人应尽的注意标准，是最为常见的过失形态，通常所说的过失均指一般过失。

（3）重大过失。

重大过失是指行为人严重违反了一般的注意义务，不具有一般人所具有的起码的谨慎态度，其主观上的可非难性较强。重大过失是相对于轻微过失或一般过失而言的。重大过失首先表现为一种主观上的极不谨慎状态，但此种状态需要根据客观的标准来评价。例如，行人翻越设有隔离护栏的封闭道路横穿道路，被车辆撞伤。再如，受害人攀越高压电线，被高压电击伤。在恶意程度上，故意显然要大于过失，具有更为强烈的可谴责性，从而成为一定类型的侵权损害赔偿案件所需考虑的因素。当然，一般的侵权诉讼仍然以补偿损害为主要目的，并不需要特别区分故意和过失，而仅以存在过错作为侵权责任成立的要件。

每章一练

一、判断题

1. 侵权责任构成要件只有四个，即侵权行为、损害、因果关系和过错。　　（　　）

2. 对非法权益的侵害或剥夺，不可以寻求法律的保护。　　（　　）

3. 没有因果关系就无法构成侵权责任。 （　　）

4. 侵权责任法只适用于因故意行为造成的损害赔偿责任。 （　　）

二、单项选择题

1. 王某在去动物园游玩期间，受到一只猴子的攻击，导致其脸上被划了好几道划痕，经医治，花费治疗费用 3000 元，但仍留下一些印迹，给王某造成了极大的精神痛苦。王某的损害属于（　　）。

A. 财产损害　　　　　　　　　　　　B. 非财产损害

C. 既有财产损害又有非财产损害

2. 甲怀孕后，一直在某妇幼保健院（三甲医院）固定由产科乙医生检查、保健。乙每次检查均很认真、仔细，确定甲怀的是单胞胎。生产时，才发现甲怀的是三胞胎，由于事前没有采取相应的措施，导致三胞胎成为死胎。下列哪一说法正确？（　　）

A. 乙医生对产检认真仔细，其没有过错

B. 乙医生作为产科医生，在其知识领域内未检查出问题，存在过失

C. 乙医生主观上存在故意

三、案例分析题

1. 2021 年 6 月，在广东工作的张某交付快递公司托运的毕业证书被弄丢，于是向快递公司索赔。但快递公司只答应按照行业标准赔偿，即未经保价的快件如发生遗失，最高只能赔付邮费的 3 倍，赔付 36 元，林某遂向人民法院提起诉讼。

问：你认为林某可就什么损害后果提起赔偿？

2. 2016 年 12 月 30 日上午，某医院检验科主管技师汪某在医院"封闭抗体治疗"服务项目培养室独自收集、提纯培养后的整批次共 34 份淋巴细胞时，未认真做操作前的检查、准备工作，操作开始后在发现备用的一次性吸管不够的情况下，抱着侥幸心理，认为患者都已通过传染病筛查，于是严重违反相关法规制度关于"一人一管一抛弃"的规定，重复使用同一根吸管交叉吸取、搅拌、提取上述培养后的淋巴细胞，致使该批次淋巴细胞被交叉污染。随后，汪某将受污染的淋巴细胞交由护理部医护人员，对 34 名男性的配偶实施皮内注射，致使 5 人感染了 HIV 病毒。

问：汪某在该起事故中是否存在过错？属于哪一种类型的过错？其程度如何？

第三章习题答案

共同侵权行为与责任

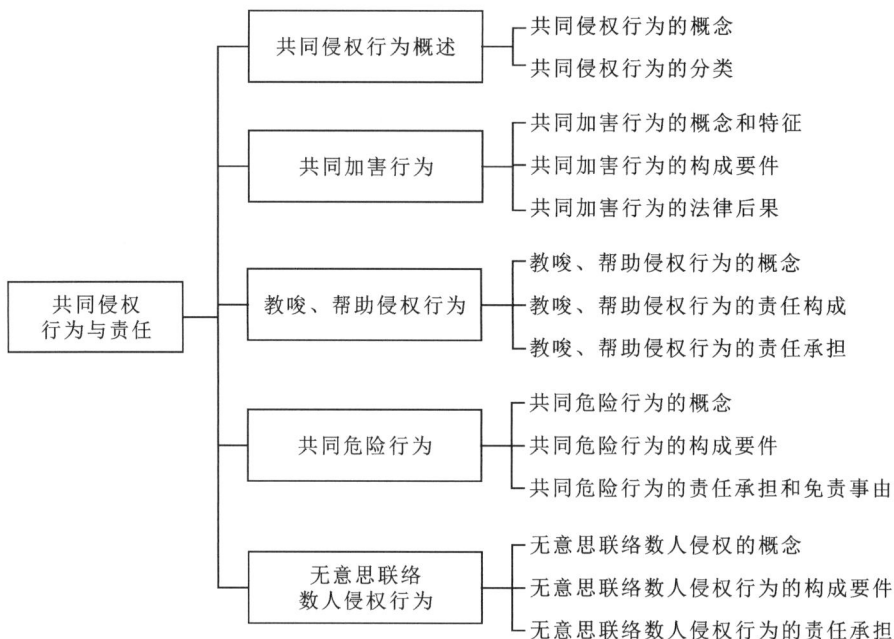

　　掌握共同加害行为的概念和特征；了解教唆、帮助侵权行为的概念与责任承担；了解共同危险行为的概念、特征和免责事由；理解无意思联络的数人侵权行为的构成要件与责任承担。

　　2010 年 1 月 15 日，张某从外地回家，因其怀有身孕行动不便，下火车后遂乘坐李某驾驶的出租车。途中，李某发现和自己同一出租车公司的徐某驾驶的出租车多次鸣笛挑衅，并快速超过了自己的车。心里很不服气的李某遂加大油门，又超过了徐某，徐某心里更不服气，又强行超过了李某……如此反复几次。最后，二人驾驶的车辆相撞，致张某受伤，并撞坏了路边的一根电线杆。经交警部门认定：该事故是当事人故意造成的，不属交通事故；各方当事人针对民事赔偿部分存在纠纷的，有权向有管辖权的人民法院提起民事诉讼，通过司法程序解决争议。张某被医院诊断为：先兆流产，多处软组织损伤。张某在医院保胎治疗 24 天后出院，支出医疗费 3400 余元。张某找到李某要求赔偿，但李某称是徐某的车撞翻了自己的车，让张某找徐某赔偿，而徐某认为张某是乘李某的车出的事故，应由李某进行赔偿。无可奈何的张某只好起诉，要求李某、徐某共同赔偿自己各项损失7000余元。

请思考：本案中，李某和徐某的行为构成侵权行为吗？

引例2

徐某为年满16周岁的精神病人（限制民事行为能力人）。某日，年满23岁的田某逗徐某玩，让其拿石头砸人。徐某捡起一块石头向身边的王某砸去，致其头部受伤，缝合3针、住院7天共花费2170元。王某出院后，拿着医疗单据找到徐某的父母和田某，要求其赔偿，但遭到拒绝。王某遂将田某和徐某的父母告上法庭要求其赔偿医疗费。

请思考：本案中，田某行为构成侵权行为吗？是否需要承担侵权责任？

理论研究

一般认为，共同侵权行为是指两个或两个以上的行为人，基于共同的故意或过失，侵害他人人身权利和财产权利的违法行为。构成共同侵权的行为除了需要具备一般侵权行为的构成要件外，还必须具备以下特殊构成要件。一是存在加害行为，且行为人为复数；二是共同实施侵权行为的行为人，在主观上具有共同过错；三是共同侵权行为导致的损害后果具有统一性。在侵权责任法领域，单个的责任主体对某一损害后果单独承担侵权责任为常态，数个独立的主体对同一损害后果承担共同的侵权责任为例外，需要法律加以特别规定。这种由数个主体对同一损害后果承担侵权责任的类型，就是数人共同侵权责任。这是对数人共同侵权责任的广义理解。狭义的共同侵权责任，仅指连带的侵权责任。

第一节　共同侵权行为概述

一、共同侵权行为的概念

共同侵权行为，是指两个或者两个以上的行为人共同故意、共同过失致人损害；或虽无共同故意、共同过失，但其侵害行为直接相互结合，进而引发了同一损害后果。

共同侵权行为造成他人损害时，构成共同致人损害侵权责任。教唆、帮助他人实施侵权行为，也是共同侵权行为。共同侵权行为的概念有广义、狭义之分。广义的共同侵权行为包括狭义的共同侵权行为（共同加害行为），教唆、帮助侵权行为，共同危险行为，无意思联络的数人侵权行为等。狭义的共同侵权行为仅指共同加害行为。本节的内容聚焦广义的共同侵权行为。

数人共同侵权行为的法律特征主要包括以下几点。

（一）主体的复数性

共同侵权行为的主体为二人或二人以上，包括自然人、法人或其他组织。单个侵权人实施的侵权行为，不是共同侵权行为。

（二）过错的共同性

共同侵权行为人一般应具有共同过错。在共同侵权行为中，行为人之间一般必须在主观上存在共同故意或共同过失，即具有共同过错。这种共同过错既可以是共同的故意，也可以是共同的过失，但要求行为人之间有某种意思联络或共同认识。

（三）行为的关联性

共同侵权行为的数个行为人一般都实施了一定的行为，但其行为都是针对同一对象，且在客观上相互联系，共同导致了损害结果的发生。这种共同行为可以是共同的作为，也可以是共同的不作为。

1. 损害结果的同一性

共同侵权行为所造成的损害结果是统一的、不可分割的，能构成一个统一的整体。这种损害结果是数人行为共同作用的结果，而非单一行为所致。如果损害后果并不是同一的，而是可以分割的，如甲打伤受害人的眼睛，乙打伤受害人的脚，则不是共同侵权行为。

2. 责任的连带性

共同侵权行为人要承担对受害人的连带赔偿责任。这意味着受害人有权向共同侵权人中的任何一人或数人请求赔偿全部损失，而任何一个共同侵权人都有义务赔偿受害人的损失。

这些法律特征共同构成的共同侵权行为认定标准，有助于在司法实践中准确区分共同侵权行为与其他类型的侵权行为，从而保护受害人的合法权益。

在本章开头的引例1中，出租车驾驶人李某和徐某二人因互不服气故意"飙车"，双方对该危险行为应有共同的认识，虽然李某和徐某对于损害结果事先没有意思联络，但基于"飙车"行为的性质可以认定二人存在共同过失，应将二人"飙车"致人损害的行为认定为共同侵权，须承担连带赔偿责任。

二、共同侵权行为的分类

根据侵权责任法，共同侵权行为可分为：狭义的共同侵权行为（共同加害行为），教唆、帮助侵权行为，共同危险行为，无意思联络的数人侵权行为。

根据共同侵权人之间有无主观上的共同故意或共同过失，共同侵权行为可分为：有意思联络的共同侵权和无意思联络的共同侵权。前者是指二人及以上共同故意或者共同过失致人损害的情形。数人之间的共同过错，可以是数人都是故意或者过失，也可以是部分人故意、部分人过失。后者是指虽无共同故意、共同过失，但其侵害行为可能直接结合导致同一损害后果发生，仍构成共同侵权行为。

依据共同侵权行为在客观上是否具有关联性，可将其分为：共同故意侵权、共同过失侵权和无意思联络的共同侵权。

第二节　共同加害行为

一、共同加害行为的概念和特征

共同加害行为，即狭义的共同侵权行为，是指两个以上的侵权行为人共同故意或共同过失致他人损害，依法应承担连带责任的侵权行为。《民法典》第 1168 条规定："二人以上共同实施侵权行为，造成他人损害的，应当承担连带责任。"

二、共同加害行为的构成要件

（一）主体的复数性

共同加害行为的主体必须是二人或者二人以上，行为人只有一个时，不可能构成共同加害行为。行为人可以是自然人、法人或其他组织，因此，共同加害可以是自然人的共同侵权，也可以是法人的共同侵权，或者是自然人与法人的共同侵权。

（二）过错的共同性

主观过错的共同性，是指实施共同加害行为的加害人主观上对损害后果的发生存在共同的故意或者过失。"共同"说明侵权人之间具有意思联络，这是区分共同加害和无意思联络的数人侵权的基本标准。

主观过错的共同性具体体现在以下几个方面。

1. 共同故意

数个行为人共同实施侵权行为，故意侵害他人合法权益的，构成共同加害行为。例如，数人为伤害他人而事先计划、分工协作。

2. 共同过失

共同过失是指数个行为人共同从事某种行为时，由于共同的疏忽大意，造成他人损害。共同过失可以分为两种情形：一是各行为人能够预见其行为所造成的共同损害后果，但疏忽大意或过于自信致使损害后果发生；二是数个行为人共同实施某种行为造成他人损害，不能确定行为人对损害结果的发生具有共同故意，但可根据案件的情况，认定数个行为人具有共同的过失。

（三）加害行为与损害后果之间具有因果关系

在共同加害行为中，加害行为与损害结果必须存在法律上的因果关系，如果某个行为人的行为与损害后果之间没有因果关系，就不应与其他行为人一起构成共同侵权。

（四）受害人遭受损害

受害人遭受损害是受害人请求行为人承担侵权责任的一个基本要件。无损害就无救济，如果没有损害，就不存在侵权责任。这里的"损害"并不限于"同一损害"。

【案例 4-1】
甲、乙二人同谋破坏丙的小汽车，甲破坏小汽车的轮胎，乙则向小汽车泼油漆，造成的损害虽不"同一"，但仍构成共同加害行为。

三、共同加害行为的法律后果

根据《民法典》1168条，二人以上共同实施侵权行为，造成他人损害的，应当承担连带责任。连带责任与按份责任不同，按份责任是数个侵权人按照各自的份额承担责任，连带责任是指数个侵权人不分份额地承担责任。数人共同实施侵权行为时，所有侵权人都应当承担赔偿受害人损失的责任，受害人可以要求其中任何一个侵权人承担全部或部分赔偿责任，也可以要求全部侵权人一起承担责任。

第三节　帮助、教唆侵权行为

一、教唆、帮助侵权行为的概念

教唆侵权行为，是指利用一定的方式对他人进行引导、说服，或通过刺激、利诱、怂恿等方法使被教唆者接受教唆意图的侵权行为。比如张三通过请李四吃大餐的利诱方式，引导李四对王五实施侵权行为。

帮助侵权行为，是指为其他共同侵权行为人提供实施侵权行为的便利条件，如提供工具或者指导方法。帮助侵权行为通常是以积极的方式作出的，可以是物质上的，也可以是精神上的，可以在行为人实施侵权行为前，也可以在实施过程中。使有作为义务的人故意不作为也可能构成帮助侵权行为。

一般认为，教唆侵权行为与帮助侵权行为的区别在于：教唆侵权行为的特点是教唆人本人不亲自实施侵权行为，而是唆使他人产生侵权意图并实施侵权行为或危险行为；而帮助侵权行为可能并不对加害行为起决定性作用，只是对加害行为起促进作用。教唆人和帮助人属于完全民事行为能力人。

已废止的《侵权责任法》第9条规定："教唆、帮助他人实施侵权行为的，应当与行为人承担连带责任。教唆、帮助无民事行为能力人、限制民事行为能力人实施侵权行为的，应当承担侵权责任；该无民事行为力人、限制民事行为能力人的监护人未尽到监护责任的，应当承担相应责任。"该法条没有区分教唆人、帮助人到底是无民事行为能力还是限制民事行为能力人，而是做了统一规定，教唆人、帮助人都有侵权责任。《民法典》第1169条延续了原《侵权责任法》第9条的规定。

教唆人与帮助人在符合以下要件时，才可被视为共同侵权行为人。

第一，教唆人与帮助人须有帮助、教唆行为。教唆人或者帮助人故意教唆或帮助他人实施侵权行为，或因过失而未发现他人正在实施侵权行为而予以教唆或者帮助的才可被视为共同侵权行为人。如果他们主观上没有过错，则不构成共同侵权行为。

第二，直接行为人是在教唆人与帮助人的帮助、教唆下实施的侵权行为。即直接行为人的侵权行为与教唆人或者帮助人的帮助、教唆间有相当因果关系。如果被教唆人与被帮助人实施的侵权行为不是教唆的内容或者帮助的对象，而是行为人自己另外实施的，就不应认为教唆人或帮助人与侵权行为人是共同侵权人。教唆行为可以是明确的指示、建议，帮助行为可以是提供物质支持或其他形式的协助。

【案例 4-2】

甲教唆乙入室窃取丙的笔记本电脑，但是乙入室后除窃取电脑外，还将丙的妻子丁打伤，则就丙的电脑被盗这一损害，甲与乙应被视为共同侵权行为人。而就丁被打伤这一损害，乙应单独承担侵权赔偿责任，丁所受的损害与甲教唆乙实施的侵权行为没有相当因果关系，甲并非共同侵权行为人。

第三，行为人在教唆人与帮助人的帮助、教唆下实施的侵权行为，给他人造成损害后果。

【案例 4-3】

25 岁的小张对 7 岁的小王说，那边有一只狗，你用石头砸它，看它会有什么反应，这时候小王的母亲正戴着耳机听歌，没有听到小张和自己儿子的对话，也就没有及时采取阻拦措施，结果小王砸伤狗，致使路人小刘被狗咬伤，花费医药费 1 万元。本案中，完全民事行为能力人小张教唆无民事行为能力人小王砸狗，对路人小刘造成人身伤害，产生 1 万元的损害后果，教唆人小张须承担赔偿责任；小王父母作为监护人，未尽到监护责任，也应承担相应责任。

二、教唆、帮助侵权行为的责任构成

帮助人、教唆人的侵权责任依所帮助、教唆的直接侵权行为人的责任能力而有所不同。

（一）教唆、帮助完全民事行为能力人实施侵权行为

教唆、帮助完全民事行为能力人实施侵权行为需具备以下构成要件。

（1）教唆人、帮助人实施了教唆、帮助行为。

（2）教唆人、帮助人具有教唆、帮助的主观意图。

一般来说，教唆侵权行为与帮助侵权行为都是教唆人、帮助人故意作出的，教唆人、帮助人能够意识到其作出的教唆、帮助侵权行为可能造成的损害后果。被帮助人即使不知道存在帮助侵权行为，也并不影响帮助侵权行为的成立。

（3）被教唆人、被帮助人实施了相应的侵权行为。

教唆侵权行为、帮助侵权行为与被教唆人、被帮助人实施的侵权行为之间必须具有内在的联系。如果被教唆人、被帮助人实施的侵权行为与教唆侵权行为、帮助侵权行为没有任何联系，而是行为人另外实施的，那么，其不应就该行为所造成的损害要求教唆人、帮助人承担侵权责任。

【案例 4-4】

张某在公共汽车上因不慎踩到售票员的脚而发生口角，售票员在张某下车后指着他大喊："抓贼啦！"张某因此被数人扑倒受伤。为此，售票员和动手的行人需要承担责任。

（二）教唆、帮助无民事行为能力人或者限制民事行为能力人实施侵权行为

无论教唆人、帮助人是否知道被教唆人、被帮助人是无民事行为能力人或者限制民事行为能力人，只要其实施了对无民事行为能力人或者限制民事行为能力人的教唆侵权行为或帮助侵权行为，且被教唆人、被帮助人实施了相应侵权行为的，教唆者、帮助者就要承担民事责任。

被教唆、被帮助的无民事行为能力人或者限制民事行为能力人的监护人如果未尽到监护责任，应当承担相应的责任。

三、教唆、帮助侵权行为的责任承担

教唆、帮助侵权行为的责任承担如表 4-1 所示。

教唆、帮助完全民事行为能力人实施侵权行为的，构成共同侵权；教唆侵权、帮助人与被教唆人、被帮助人在侵权责任认定上被视作完全等同，承担连带责任。

教唆、帮助无民事行为能力人或限制民事行为能力人实施侵权行为的，应当承担侵权责任。该无民事行为能力人或限制民事行为能力人的监护人未尽到监护责任的，应当承担相应的责任；监护人尽到监护职责的，不承担民事责任，由教唆人、帮助人单独承担侵权责任。

本章开头的引例 2 中，田某作为成年人教唆诱导徐某实施侵权行为，具有主观过错，应当承担侵权责任。徐某的父母作为限制民事行为能力人徐某的监护人，未尽到监护职责，具有一定过错，应当承担与其过错相对应的赔偿责任。

表 4-1 教唆、帮助侵权行为的责任承担

	教唆、帮助的对象	
	完全民事行为能力人	无民事行为能力人、限制民事行为能力人
应承担的侵权责任	教唆人、帮助人，应当与行为人承担连带责任	原则上不构成共同侵权，由教唆人、帮助人单独承担责任；无民事行为能力人、限制民事行为能力人的监护人未尽到监护责任时，教唆人、帮助人与监护人承担按份责任（原则上单独责任，例外情况下按份责任）

需要注意的是，2024 年 9 月 27 日起施行的《最高人民法院关于适用〈中华人民共和国民法典〉侵权责任编的解释（一）》第 12 条规定："教唆、帮助无民事行为能力人、限制民事行为能力人实施侵权行为，被侵权人合并请求教唆人、帮助人以及监护人承担侵权责任的，依照民法典第一千一百六十九条第二款的规定，教唆人、帮助人承担侵权人应承担的全部责任；监护人在未尽到监护职责的范围内与教唆人、帮助人共同承担责任，但责任主体实际支付的赔偿费用总和不应超出被侵权人应受偿的损失数额。监护人先行支付赔偿费用后，就超过自己相应责任的部分向教唆人、帮助人追偿的，人民法院应予支持。"

依据此规定，假设上述列举的"25 岁的小张教唆 7 岁小王用石头砸狗"一案中，被侵权人小刘合并请求小张及小王的父母承担侵权责任，小张应承担责任，小王父母在未尽到监护职责的范围内与小张共同承担责任。但是小王父母与小张实际支付的赔偿费用总和不应超出被侵权人应受偿的损失数额。小王父母先行支付赔偿费用后，就超过其相应责任的部分可以向小张追偿。

第四节 共同危险行为

一、共同危险行为的概念

共同危险行为，又称"准共同侵权行为"，是指二人或者二人以上共同实施侵害他人民事权益的危险行为，对所造成的损害后果不能判明谁是侵权人的情况。《民法典》第 1170 条规定：二人以上实施危及他人人身、财产安全的行为，其中一人或者数人的行为造成他人损害，能够确定具体侵权人的，由侵权人承担责任；不能确定具体侵权人的，行为人承担连带责任。

二、共同危险行为的构成要件

（一）须二人以上都实施了危及他人人身、财产安全的危险行为

行为主体是复数，才有可能无法确定谁是具体侵权人；数个行为人实施的行为是相同的，即存在多个相同的，能够造成受害人损害的危险行为。

（二）每个行为人实施的危险行为都有可能造成损害后果

如果仅有一个人的行为有可能造成损害后果，就不是共同危险行为。

（三）其中一人或者数人的行为造成他人损害

虽然实施危险行为的是数人，但最终造成损害后果的是其中某一个人的行为或者数人的行为。如果损害是由全部行为一起造成的，且行为人如果有意思联络，就要依据《民法典》第 1168 条之规定承担责任；如果没有意思联络则依据《民法典》第 1171 条或第 1172 条之规定承担责任。

（四）具体侵权人的不可确定性

一般而言，受害人只能请求行为人就其侵权行为所造成的损害进行赔偿，行为人

也仅对其侵权行为所造成的损害进行赔偿。在共同危险行为制度中，数个行为人实施的侵害行为在时间上、空间上存在偶合性，事实上只有一个或数个行为人的行为造成了损害后果。但是，由于受害人无法掌握各个行为人的行为动机、行为方式等证据，无法准确判断哪个行为才是真正的加害行为，为了保护受害人的合法权益，降低受害人的举证难度，避免其因不能指认真正加害人而无法行使请求权，同时由于每个行为人都实施了危及行为，在道德上具有可责难性，所以规定由所有实施危险行为的人承担连带责任。如果受害人能够指认或者人民法院能够查明具体加害人，就不能适用本条规定，只能要求具体加害人承担侵权责任。

三、共同危险行为的责任承担和免责事由

二人以上实施危及他人人身、财产安全的行为，其中一人或者数人的行为造成他人损害，能够确定具体侵权人的，由侵权人承担责任；不能确定具体侵权人的，行为人承担连带责任。

这种连带责任是一种外部责任，是对受害人的责任，是一种法定责任，不能因共同危险行为人的协议而改变。就共同危险行为人内部关系而言，仍是一种按份责任。

某个危险行为实施者仅仅证明自己的危险行为与损害之间没有联系尚不能免责，他还要证明损害到底是由哪一个（或哪几个）危险行为人的行为造成的，方能免责。

在实践中，我们可以举出这样的例子来理解共同危险行为。

【案例 4-5】

三名儿童同时从 22 楼抛掷跳球，其中一个球砸伤了楼下的路人，但无法查明是谁抛掷的球砸中路人。依据《民法典》第 1170 条，三人实际上在实施共同危险行为，且其中一人的行为造成了路人的损害，在不能区分实际侵害人时，三人应承担连带责任。因此，三名儿童的监护人应承担连带赔偿责任。

需要注意的是，若无法确定具体抛物者或无多人共同实施危险行为，则属于从建筑物中抛掷物、坠落物致害责任（适用《民法典》第 1254 条），而非共同危险行为。

第五节　无意思联络数人侵权行为

一、无意思联络数人侵权的概念

无意思联络数人侵权，指两个或者两个以上的行为人事先并无共同的意思联络，但其分别实施的侵害行为偶然结合并造成同一损害结果。无意思联络数人侵权的特点

是：无意思联络数人侵权是数人在主观上既无意思联络，又对后果无共同的认识；偶然因素致使无意思联络人的各个行为结合，造成同一损害后果；使各行为人的行为结合在一起的因素，不是主观因素，而是行为人所不能预见和认识的客观的、外来的、偶然的情况。

二、无意思联络数人侵权行为的构成要件

（一）二人以上分别实施侵权行为

行为主体必须是二人及以上，每个人的行为都必须是侵权行为。"分别"是指实施侵权行为的数个行为人之间不具有主观上的关联性，各个侵权行为相互独立。每个行为人在实施侵权行为前以及实施侵权行为中，与其他行为人无意思联络，也未认识到还有其他人也在实施类似的侵权行为。

（二）数个行为人之间不具有意思联络

数个行为人没有共同的故意或过失，没有事先的关联。如果数个行为人之间具有意思联络，那么无论其行为所造成的损害是一项还是多项，均构成共同加害行为，各行为人都必须为这些后果承担连带赔偿责任。

【案例 4-6】

李某与张某商量前往钱某家中抢劫，并在抢劫的过程中将钱某打伤，最后抢走 10 万元现金。由于李某与张某具有意思联络，因此他们的行为属于共同侵权行为，李某与张某既要对钱某的人身伤害承担连带赔偿责任也要对其财产损失承担连带赔偿责任。

（三）造成同一损害后果

"同一损害"是指数个侵权行为所造成的损害的性质是相同的，都是身体伤害或者财产损失，且损害内容具有关联性。

【案例 4-7】

甲的侵权行为造成了丙左腿受伤，乙的侵权行为也造成了丙左腿受伤，那么甲、乙两人的侵权行为造成的损害就是同一损害。如果甲的侵权行为造成了丙左腿受伤，而乙的侵权行为造成了丙右腿受伤，那么，甲、乙两人的侵权行为造成的损害就不是同一损害，而是不同损害。

（四）数个人的侵权行为偶然结合造成同一损害后果

所谓偶然结合，是指由于数人在主观上并无共同过错，只是因为偶然因素致无意

思联络数人的各行为结合在一起而造成了同一损害后果。损害后果有的是可分的，有的是不可分的，其因果关系的认定具有特殊性。

【案例 4-8】

甲、乙两个人分别从不同方向对同一房屋放火，致使该房屋烧毁，根据两个方向的火势判断，即使不存在两把火中的另一把火，每把火都有可能将整栋房屋烧毁，但事实上两把火共同作用烧毁了该房屋，所以只能说每把火都"足以"烧毁整栋房屋，甲、乙的侵权行为偶然结合造成了同一损害后果。

三、无意思联络数人侵权行为的责任承担

从数人分别实施侵权行为与损害后果之间的因果关系的"原因力"角度进行区分，可以将无意思联络的数人侵权行为分为两类，分别是无意思联络的原因力竞合的数人侵权行为和无意思联络的原因力结合的数人侵权行为。（见表 4-2）《民法典》第 1171 条规定："二人以上分别实施侵权行为造成同一损害，每个人的侵权行为都足以造成全部损害的，行为人承担连带责任。"其针对的是无意思联络的原因力竞合的数人侵权行为。《民法典》第 1172 条规定："二人以上分别实施侵权行为造成同一损害，能够确定责任大小的，各自承担相应的责任；难以确定责任大小的，平均承担责任。"其针对的是无意思联络的原因力结合的数人侵权行为。

（一）无意思联络的原因力竞合的数人侵权行为

这是指：二人以上分别实施侵权行为造成同一损害，任何一个侵害人的侵权行为都足以造成全部损害的，行为人承担连带责任。原因力竞合的核心是每个人的侵权行为都足以造成全部损害。

（二）无意思联络的原因力结合的数人侵权行为

这是指：二人以上分别实施侵权行为造成同一损害，任何一个侵害人的行为都不足以单独造成该损害结果，而必须结合一起共同发挥作用，最终导致损害结果的产生。这种情况难以确定每个侵害人的责任大小的，平均承担责任。

表 4-2　无意思联络的数人侵权行为

实施侵权行为与损害后果之间的因果关系	含义与责任	应承担的责任
无意思联络的原因力竞合的数人侵权行为	含义	任何一个侵害人的单独行为都足以造成该损害后果
	责任	连带责任

实施侵权行为与损害后果之间的因果关系	含义与责任	应承担的责任
无意思联络的原因力结合的数人侵权行为	含义	任何一个侵害人的行为都不足以单独造成该损害结果，而必须结合在一起共同发挥作用才导致该后果或各加害行为分别导致不同的后果
	责任	按份责任

在实践中，我们可以举出以下的例子来理解。

【案例 4-9】

杨某养有一条宠物犬，被其邻居吴某和肖某看不顺眼，吴某和肖某想把该犬除掉。两人未经通谋，在很接近的时间里，分别给该犬投下含大剂量毒药的食物（每一份的剂量都足以毒死该犬）。该犬吃完两份有毒食物（不分先后）即死亡。此时，吴某和肖某的行为构成无意思联络数人侵权行为，二人须承担连带责任，属于原因力竞合的情形。

每章一练

一、判断题

1. 二人以上共同实施侵权行为，造成他人损害的，应当承担连带责任。　　（　　）

2. 共同侵权的行为人必须是两个或两个以上的自然人。　　（　　）

3. 共同危险行为与无意思联络数人侵权一样，行为人彼此之间没有意思联络。

（　　）

二、单项选择题

1. 一小偷利用一楼住户甲违规安装的防盗网，进入二楼住户乙的室内，行窃过程中将乙打伤。下列哪一种说法是正确的？（　　）。

A. 乙的人身损害应由小偷和甲承担连带责任

B. 乙的人身损害只能由小偷承担责任

C. 乙的人身损害应由甲和小偷根据过错大小，各自承担责任

D. 乙的人身损害应先由小偷承担责任，不足部分由甲承担

2. 下列甲、乙承担双方责任的是：（　　）。

A. 甲、乙共同打伤了丙，甲、乙承担的责任

B. 甲、乙共同买下丙的房屋，并约定各欠 4 万元

C. 甲、乙合伙开了一个运输公司，乙在开车途中撞上了丙

D. 甲的羊群冲进了乙的麦田，乙不管不问致使损失扩大

三、案例分析题

1. 甲违章驾车，正常行走的行人乙为了躲避甲的车向路边躲避，结果掉入了正在施工的排水沟中，该施工单位并未设立任何警示标志，乙胳膊摔伤，花去医药费几千元。

问：乙的损失应该由谁来承担？

2. 李某因怨恨同事刘某，故指示 15 岁的赵某、20 岁的孙某将刘某打伤。刘某向人民法院起诉，要求李某等人共同承担连带责任。

问：人民法院应如何判决？

第四章习题答案

第五章

侵权责任的承担方式和责任形态

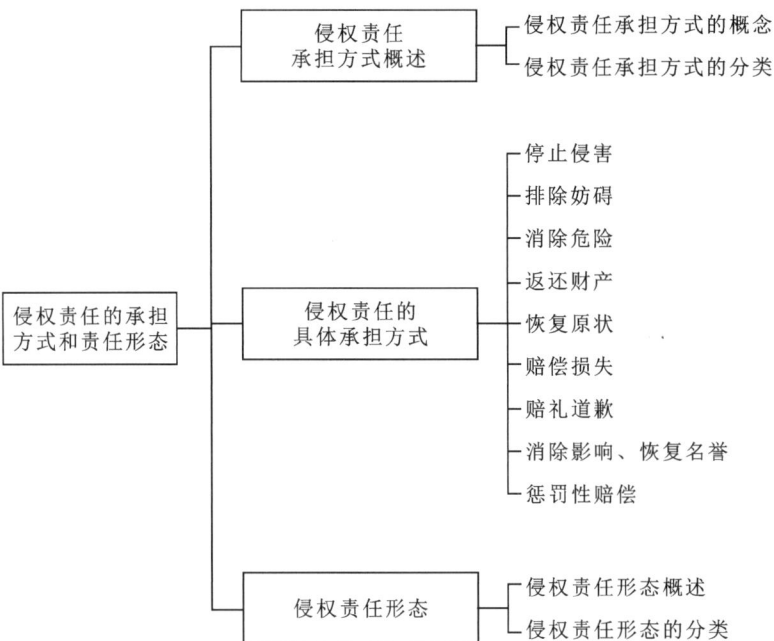

知识体系图

```
                              ┌─ 侵权责任承担方式的概念
              侵权责任
              承担方式概述      └─ 侵权责任承担方式的分类

                              ┌─ 停止侵害
                              ├─ 排除妨碍
                              ├─ 消除危险
                              ├─ 返还财产
  侵权责任的承担    侵权责任的    ├─ 恢复原状
  方式和责任形态    具体承担方式  ├─ 赔偿损失
                              ├─ 赔礼道歉
                              ├─ 消除影响、恢复名誉
                              └─ 惩罚性赔偿

                              ┌─ 侵权责任形态概述
              侵权责任形态      └─ 侵权责任形态的分类
```

学习目标

　　了解侵权责任承担方式的概念和侵权责任承担方式的分类；掌握侵权责任的具体承担方式的相关内容，理解侵权责任形态的规范体系和具体规则，并能在实际案件中正确分析运用。

引例1

　　叶某与胡某系同学，二人都是集邮爱好者。胡某的父亲将自己收藏的一枚极为罕见的邮票交给胡某收藏。该邮票是盖销票，票面盖有"1956.10.16·江西南昌"的邮戳。胡某向叶某说明此事，叶某便要求借看这枚邮票。叶某到胡某家后，认为该邮票真假难辨，要求借走邮票找其老师鉴定真伪；胡某应允，叶某便将该邮票放在书本中夹着带走。事后，胡某多次要求叶某返还邮票，叶某都以邮票丢失需要找寻为借口，长期拖延不还。胡某向人民法院起诉，人民法院以侵占财产为由，判定叶某侵权责任成立，令其限期返还财产，不能按期返还则应按照高于该邮票的市场流通价的数额赔偿原告的财产损失。

请思考：本案中，叶某需要承担何种类型的侵权责任？

引例2

某市区人民法院法官周某办理了原告某县选矿厂诉该县 A 公司经济纠纷案。在诉讼期间，根据某县选矿厂的财产保全申请，主审法官周某查封了被告 A 公司价值 23.01 万元的财产。事后，某市中级人民法院和省高级人民法院认定，区人民法院的保全措施存在"查封时间过长、超标查封和查封财产保管不善"等错误。某市中级人民法院和省高级人民法院据此作出国家赔偿决定，由区人民法院赔偿受害人 A 公司经济损失 103675.3 元。在省高级人民法院的赔偿决定发出后不久，区人民法院监察室发出了"通知"，决定由主审法官周某个人承担这 10 万余元的国家赔偿责任。

请思考：本案中，周法官承担侵权责任方式属于何种侵权责任形态？

理论研究

侵权损害赔偿请求权对应的是侵权责任方式，即侵权人的行为构成侵权责任，受害人则可行使侵权损害赔偿请求权，侵权人将承担与其实施的侵权行为和受害人损害相适应的侵权责任。

第一节　侵权责任承担方式概述

一、侵权责任承担方式的概念

（一）概念

侵权责任承担方式是指被侵权人行使侵权损害赔偿请求权时，应当承担的以损害赔偿为基本内容的侵权责任具体形式。换言之，侵权责任承担方式是侵权人实施侵权行为应当承担的具体法律后果。

《民法典》第 179 条规定了 11 种民事责任承担方式，但是，这些民事责任承担方式所对应的并非都是侵权请求权，更多的是对应物权请求权、违反债的二次请求权、人格权请求权、身份权请求权等固有请求权。而侵权请求权主要是损害赔偿请求权，以及与侵权损害赔偿相关的恢复原状请求权、不登记的动产返还请求权，这些请求权应根据民法调整的财产关系和人身关系的特殊性，按照救济侵权损害后果和制裁侵权人的具体要求，适用具体的侵权责任承担方式。

（二）法律特征

1. 侵权责任承担方式是落实侵权责任的具体形式

侵权责任一旦确认，侵权人就应当承担相应法律后果。侵权责任承担方式必须转化为具体的形式，侵权责任是侵权责任承担方式的抽象，而侵权责任承担方式是侵权责任的具体表现。

2. 侵权责任承担方式是责任与义务、对法律负责和对受害人负责的结合

侵权责任承担方式既是人民法院运用审判权判令侵权人承担责任的方式，也是侵权人应履行的义务。侵权责任是对国家法律负责和对受害人负责的结合，且主要是对受害人负责。

3. 损害赔偿是侵权责任的主要承担方式

侵权责任的主要承担方式是损害赔偿，《民法典》侵权责任编第二章标题为"损害赔偿"，这一安排有力印证了这一核心要点。主要原因在于，侵权责任的基本功能是补偿受害人的损失。侵权行为一般都会造成受害人的损失，但无论是财产损失还是人身伤害和死亡以及精神损害，依法律规定均可以适用赔偿损失的责任方式进行补救。

二、侵权责任承担方式的分类

《民法典》第179条所规定的民事责任承担方式可以分为救济性的责任承担方式、预防性的责任承担方式和惩罚性的责任承担方式。

救济性的责任承担方式，是指以救济受害人为目的的侵权责任承担方式。其最典型、适用最为广泛的责任承担方式是赔偿损失。预防性的责任方式，是指以预防损害的实际发生为目的的民事责任承担方式，如停止侵害、排除妨碍、消除危险等。这些责任方式也具有一定的救济功能，但是仍然以预防性为主。惩罚性的责任方式，是指以惩罚侵权人为目的的民事责任方式。

上述三种责任方式的区别主要表现在以下几个方面。

1. 功能不同

救济性的责任承担方式是为了实现对受害人的完全赔偿，使其恢复到损害没有发

生时的状态。预防性的责任承担方式是为了预防损害的实际发生。而惩罚性的责任承担方式是为了惩罚侵权人，尤其是那些具有重大过错的行为人。

2. 适用范围不同

救济性的责任承担方式适用范围广泛，几乎适用于所有的民事案件。预防性的责任承担方式适用于行为人危及他人人身、财产安全的情形。惩罚性的责任承担方式仅适用于法律有特别规定的情形。

3. 构成要件不同

预防性的责任承担方式（如停止侵害、排除妨碍、消除危险等责任承担方式）的适用并不要求行为人具有过错，也不要求损害结果实际发生。而救济性的责任承担方式的适用一般要求损害结果发生。如适用惩罚性的责任承担方式，则一般要求行为人具有过错。

4. 具体内容不同

救济性的责任承担方式包括恢复原状、赔偿损失、赔礼道歉，消除影响、恢复名誉。预防性的责任方式包括停止侵害、排除妨碍、消除危险。而惩罚性的责任方式就是指惩罚性赔偿。

在侵权责任法的术语中，侵权损害赔偿的概念，通常是指狭义的概念，即侵权损害赔偿责任承担方式。在实际使用中有时也用其广义的概念，即所有与损害赔偿相关的责任承担方式都被称为侵权损害赔偿。

基于以上分析，侵权责任承担方式狭义上可理解为损害赔偿、恢复原状、返还财产。广义上，《民法典》第 179 条规定的 11 种民事责任方式中的大多数责任承担方式都是侵权责任承担方式，但也有几种如支付违约金、继续履行等就不是侵权责任承担方式。本章我们主要学习广义上的侵权责任承担方式。

第二节 侵权责任的具体承担方式

一、停止侵害

停止侵害是指如果行为人实施的侵害他人财产和人身的行为仍在进行中，受害人可依法请求人民法院责令侵害人停止其侵害行为的一种责任承担方式。任何正在实施侵权行为的不法行为人都应立即停止其侵害行为，所以，停止侵害的责任承担方式可适用于各种侵权行为。此种责任承担方式的主要作用在于：能够及时制止侵害行为，防止侵害后果扩大。尤其是在互联网时代，网络侵权具有侵权成本低、损害后果严重等特点，因此，停止侵害这一预防性责任承担方式的适用，将有助于防止侵害后果扩大。当然，停止侵害这一责任承担方式的适用应当以侵权行为正在进行或仍在延续中为条件，对尚未发生的或业已终止的侵权行为则不能适用。

二、排除妨碍

排除妨碍是指行为人实施的不法侵害行为使受害人无法行使或不能正常行使自己的财产权利、人身权利时，受害人有权请求排除其设置的障碍的一种责任承担方式。例如，在通道上施工、设置障碍影响路人通行的，应将障碍除去。若行为人自己不排除妨碍，受害人可请求人民法院责令行为人排除妨碍。受害人在请求排除妨碍时，应注意如下问题。

第一，妨碍行为必须是不正当的，行为人主观上是否预见到了妨害后果，不影响受害人提出请求。但如果妨碍行为是合法的，即正当行使权利的行为，则行为人可拒绝受害人的请求。

第二，妨碍既可以是实际存在的，也可以是将来可能出现的。受害人不仅可以要求对已经发生的妨碍进行排除，也有权请求排除尚未发生但又确有可能发生的妨碍。应该注意，受害人请求排除的妨碍，必须是已经存在或确实可能存在的某种危险，而不是主观臆想、猜测的。

第三，妨碍必须是权利人行使权利的障碍。只要不法行为妨碍他人行使物权、人身权和知识产权等，受害人就可请求排除妨碍。行为人若妨碍他人物权行使，物权所有人以及对被妨碍的财产享有合法占有权的人都有权请求排除妨碍。排除妨碍的费用一般由侵权人负担。

三、消除危险

消除危险是指如果行为人的行为对他人人身和财产安全造成威胁，或存在着侵害他人人身或财产的可能，他人有权要求行为人采取有效措施消除其带来安全威胁的一种责任承担方式。例如，房屋的所有人或管理人不修缮房屋，致使房屋处于随时倒塌、危及他人人身和财产安全状态时，应负消除危险的民事责任。适用消除危险的责任承担方式必须是在损害尚未实际发生，也没有妨碍他人民事权利的行使，但行为人行为又确有可能造成损害的后果，对他人造成威胁时。适用此种责任方式，能有效地防止损害的发生，充分保护民事主体的民事权利。

四、返还财产

返还财产是指人民法院依受害人的请求，判令非法侵占他人财产的行为人将侵占的财产返还给受害人的一种侵权责任承担方式。

（一）法律依据

返还财产作为侵权责任方式之一，其法律依据主要体现在《民法典》第157条，该条规定："民事法律行为无效、被撤销或者确定不发生效力后，行为人因该行为取得的财产，应当予以返还；不能返还或者没有必要返还的，应当折价补偿。有过错的一方应当赔偿对方由此所受到的损失；各方都有过错的，应当各自承担相应的责任。"《民法典》第235条规定："无权占有不动产或者动产的，权利人可以请求返还原物。"《民法典》第179条中，承担民事责任的方式包括返还财产等。本章开头的引例1中的叶某将同学胡某收藏的一枚极为罕见的邮票借走，在胡某多次要求叶某返还邮票时，叶某都以邮票丢失需要找寻为借口，长期拖延不还。叶某的行为明显属于侵占胡某财产，本案中叶某需要承担返还财产的侵权责任。

（二）适用前提

适用返还财产的侵权责任承担方式的一个重要前提是被侵占的财产尚存在并具有返还的价值。如果被侵占的财产已经不存在或者返还不具有经济上的合理性，则不适用返还财产的侵权责任承担方式，而应代之以赔偿损失等侵权责任承担方式。

（三）返还范围

返还的财产不仅包括原物，还包括原物所生的孳息。即，不法占有无论是善意还是恶意，如果不能取得占有物之所有权，就不能取得该物之孳息的所有权。同时，如果侵权人对非法占有的他人财产造成一定损害，导致财产价值贬损的，除了应当返还财产外，还应按该财产的实际价值的贬损程度承担相应的赔偿责任。

（四）与其他责任方式的关系

1. 与恢复原状的关系

恢复原状是指法院依被侵权人的请求，判令毁损他人财产的侵权人通过修理等手段，使受到损坏的他人财产恢复到受损坏前状况的一种侵权责任承担方式。如果财产被侵占且未受损坏，则适用返还财产；如果财产被毁损，则可能适用恢复原状或赔偿损失。

2. 与赔偿损失的关系

当被侵占的财产无法返还或返还不具有经济上的合理性时，侵权人应承担赔偿损失的侵权责任。赔偿损失的数额通常应相当于被侵权人的实际损失。

3. 与返还不当得利的关系

返还不当得利是指没有法律上的正当理由或当事人之间的合法约定而取得不当利

益并致使他人遭受损失时，取得利益者依法承担的民事责任。在某些情况下，如在缔约过失、无效或被撤销的情况下，行为人实施民事行为取得他人财产时，可能存在侵权的民事责任与返还不当得利的民事责任的责任竞合。

（五）适用程序

侵权行为发生后，当事人可以协商解决侵权返还财产的问题。协商不成时，可以向人民调解委员会申请调解，或请仲裁机构进行仲裁，或向人民法院提起诉讼。在诉讼过程中，人民法院将依法审理案件并作出判决。

综上所述，侵权责任法中的返还财产是一项重要的侵权责任承担方式，旨在保护权利人的合法权益并弥补受害人因侵权行为遭受的损失。

五、恢复原状

恢复原状有广义和狭义之分。广义的恢复原状是指恢复权利被侵害前的原有的状态。例如，通过返还财产使财产关系恢复到合同订立以前的状态，通过恢复名誉使受侵害的名誉权得到恢复。狭义的恢复原状是指修复损害的财产，即所有人的财产在被他人非法侵害而遭到损坏时，如果能够修理，则所有人有权要求侵权人通过修理，恢复财产原有的状态。在民事侵权案件中适用的恢复原状，主要是指狭义上的恢复原状。适用此种责任承担方式，应当具备几个条件。

（一）须有修复的可能

恢复原状可以通过多种方式实现，但无论采用何种方式，恢复原状不仅要在实际上可能，而且要在经济上合理，否则，就不应该采取这种方式。

（二）须有修复的必要

如果财产遭损坏后已无法修复，或者虽可修复，但所有人已不需要，则不能适用恢复原状的责任承担方式，而应当折价赔偿。在恢复原状时，应由行为人以自己的费用进行修理，受害人进行监督。

六、赔偿损失

赔偿损失是指行为人因违反合同或侵权行为而给他人造成损害的，应以其财产赔偿受害人的一种责任承担方式。

赔偿损失是适用范围最为广泛的一种责任承担方式，它既可以适用于违约责任，也可以适用于侵权责任。损害赔偿是侵权责任中最基本、最核心的责任承担方式。法律允许受害人向行为人提出赔偿请求，对于有效地保护受害人的利益、维护社会秩序、消除违法行为的后果并预防损害的发生，具有极为重要的意义。本章开头引例1中的叶某侵占胡某财产，叶某需要承担返还财产的侵权责任。如果叶某不能按期返还则应按照高于该邮票的市场流通价值的数额赔偿原告的财产损失，此时，叶某就要承担赔偿损失的侵权责任。

赔偿损失主要具有如下特点。

（一）以损害的发生为前提

有损害才有赔偿，损害是赔偿的基础和前提。就财产损害赔偿来说，救济应当以现实的损害为前提，对未来发生的损害，应当以其他方式加以救济，而无法适用赔偿损失。可见，赔偿损失与停止侵害、排除妨碍等责任承担方式不同，因为后者的承担未必以损害后果的实际发生为前提。赔偿损失责任承担方式所救济的损害既可以是财产损害也可以是精神损害。

（二）赔偿损失主要具有补偿性，一般不具有惩罚性

赔偿损失的目的是使受害人所遭受的实际损害得到弥补和恢复，而且赔偿损失遵循完全赔偿原则，以弥补受害人因他人的不法行为而遭受的损失为目的。一般情况下，赔偿损失的范围划定以实际发生的损害为标准，而不是以当事人的主观过错程度来作为确定赔偿的主要标准，因为赔偿损失一般不是为了处罚过错行为，而是补偿受害人的损失。赔偿损失也不同于惩罚性赔偿，惩罚性赔偿适用于例外情形，其以法律有明确规定为适用前提，而且其适用须具备特定的构成要件。

（三）赔偿损失以赔偿受害人实际遭受的全部损害为原则

所谓完全赔偿，就是指行为人要对受害人所遭受的全部财产损害进行赔偿，而不考虑行为人的主观过错程度。完全赔偿要实现的效果是使受害人的损害恢复到没有侵害发生时的状态。同时，行为人应承担全部的不利后果，对受害人的损失进行完全赔偿，但受害人所获得的赔偿也不应当超出其所遭受损失的范围。大陆法系国家普遍采纳了这一原则。

关于损害赔偿的具体内容，我们将在第六章中展开学习。

七、赔礼道歉

赔礼道歉是指责令行为人向受害人公开认错、表示歉意的一种责任承担方式，主要适用于侵害人身权的情况。赔礼道歉既可由加害人向受害人口头承认错误，也可以由加害人以写道歉书的书面形式进行。当事人在诉讼中以赔礼道歉的方式承担了民事责任的，应当在判决书中写明。赔礼道歉作为一种承担民事责任的方式，与一般道义上的赔礼道歉不同，它是依靠国家的强制力保障实施的。单纯的赔礼道歉虽不会给侵害人的财产带来什么影响，但反映了国家、社会对该人的不法行为的强烈谴责。这种责任承担方式的适用，可以缓和矛盾，促进当事人之间的和睦团结。

八、消除影响、恢复名誉

消除影响是指行为人侵害了民事主体的人格权，应在其影响所及的范围内消除不良后果的一种责任承担方式。恢复名誉是指行为人侵害了民事主体的名誉，应在其影响所及的范围内将受害人的名誉恢复至未受侵害时的状态的一种责任承担方式。消除影响、恢复名誉是行为人侵害民事主体的人身权情况下的一种承担责任的方式。一般来说，在什么范围内造成损害，就应当在什么范围内消除影响。在适用消除影响、恢复名誉的责任承担方式时，应明确消除影响、恢复名誉的范围（如在某地区、某学校等）及方式（采取口头或书面以及其他形式）。

九、惩罚性赔偿

除了以上八种责任承担方式之外，《民法典》第 179 条共计列举了 11 种承担民事责任的方式，并在第 2 款规定："法律规定惩罚性赔偿的，依照其规定。"该规定将惩罚性赔偿确认为民事责任的承担方式。惩罚性赔偿也称为惩戒性的赔偿或报复性的赔偿，它是指人民法院作出决定的赔偿数额超出实际损害数额的赔偿。我国《民法典》第 179 条第 2 款对惩罚性赔偿作出了规定，并实现了《民法典》与其他单行法规则之间的有效衔接，该制度对于弥补损害赔偿的不足、预防损害的发生，具有重要的意义。惩罚性赔偿的特点有以下几个。

（一）功能具有多样性

惩罚性赔偿具有补偿受害人遭受的损失、惩罚和遏制不法行为等多重功能。惩罚性赔偿在性质上是惩罚性的，而不是救济性的，侧重于惩罚，因而与侵权责任法的救济性质相冲突。

（二）惩罚性赔偿的适用情形

惩罚性赔偿仅适用于法律有特别规定的情形。例如：《民法典》第 1185 条规定了对故意侵害知识产权行为的惩罚性赔偿；《民法典》第 1207 条规定了对明知产品存在缺陷而生产、销售行为的惩罚性赔偿；《民法典》第 1232 条规定了对故意污染环境、破坏生态行为的惩罚性赔偿。惩罚性赔偿仅适用于法律明确规定的情形，在法律没有明确规定时，不得适用。

（三）惩罚性赔偿的具体数额的确定

惩罚性赔偿的具体数额由法官综合考量行为人的过错程度、损害后果的严重性、行为人实施侵害行为的情节等各种因素后予以确定。

第三节　侵权责任形态

一、侵权责任形态概述

（一）侵权责任形态的概念与特征

侵权责任形态，是指侵权法律关系当事人承担侵权责任的不同表现形式，即侵权责任由侵权法律关系中的不同当事人按照侵权责任承担的基本规则来承担责任的不同表现形式。

侵权责任形态具有以下法律特征。

1. 侵权责任形态所关注的不是行为的表现，而是行为的法律后果

侵权行为符合侵权责任构成要件要求的，由应当承担责任的当事人承担行为的法律后果。侵权责任形态所关注的问题与侵权行为类型的不同就在于，侵权行为类型研究的是行为本身，而侵权责任形态研究的是侵权行为的后果，即侵权行为所导致的法律后果由谁承担。侵权责任形态所关注的问题也与侵权责任构成的不同，侵权责任构成研究的是依据什么样的准则，符合什么样的条件才能构成侵权责任；侵权责任形态则侧重于解决侵权责任构成之后责任由谁承担的问题。

2. 侵权责任形态表现的是侵权法律关系当事人承担侵权行为的后果的不同形式

与侵权责任形态一样，侵权责任方式研究的也是侵权行为的法律后果，但它研究的是侵权行为后果的具体表现形式，即赔偿损失、停止侵害、赔礼道歉等责任本身的形式。侵权责任形态研究的不是这些责任的具体形式，而是什么人来承担这些责任。因此，侵权责任形态就是侵权责任方式在不同的当事人之间的分配。

3. 这些责任形态是经过法律所确认的、合乎法律规定的侵权责任基本形式

侵权责任形态必须经过法律的确认，不是随意的、任意的形式。它是承担侵权责任的基本形式，而不是具体的责任形式。侵权责任形态只规定侵权责任由当事人自己承担还是由他人承担，是连带承担还是按份承担等。至于由当事人具体承担什么样的责任、承担责任的程度如何，都不是侵权责任形态所关注的。

（二）侵权责任形态的发展历史

1. 罗马法

在先前罗马法的侵权法中，没有侵权责任形态的问题。这是因为，那时候的侵权法都是规定具体侵权行为的，对侵权行为不作概括性、一般性的规定。至于侵权责任，就是谁的行为造成损害就由谁来负责，谁的物件造成损害就由谁负责。

之后，罗马法的制定者逐步意识到了侵权责任形态这个问题。在罗马法对私犯和准私犯的划分中，侵权责任形态成为备受关注的核心要点。罗马法规定的四种私犯，都是为自己的行为负责的侵权行为，对应的责任形态是自己责任。而六种准私犯对应的侵权责任形态，除了审判员判错案件的责任之外，其余都是为他人的行为负责和为自己管领下的物件负责的替代责任。可以看出，罗马法关于私犯和准私犯的划分，体现了对侵权责任形态的关注，初步区别了私犯为自己行为负责的自己责任和准私犯对人及对物负责的替代责任。

2. 法国法

《法国民法典》第一次对侵权责任法进行了一般化立法，将过错责任原则确定为侵权责任法的归责原则，还沿着罗马法开创的私犯和准私犯侵权责任形态划分的道路继续前行，第一次明确提出了侵权行为的两大责任形态，即为自己的行为负责的自己责任和为他人的行为负责以及为自己管领下的物件造成的损害负责的替代责任。该法典第 1382 条和第 1384 条所规定的侵权行为的基本分野，就在于责任形态的不同。这既是对罗马法的继受，也是对罗马法的发展。

3. 德国法

德国法在确立了侵权行为的自己责任和替代责任的基础上，进一步明确了侵权责任的单独责任和连带责任这两种责任形态。同时，在规定了过失相抵规则之后，又确定了双方责任的形态。综合来看，在德国侵权法中，侵权责任形态的体系已经基本完备。

4. 侵权责任形态的新发展

在现代，随着侵权责任法的不断完善，侵权责任的形态变得更为复杂。例如，在分别侵权行为中实行按份责任；在产品责任中实行不真正连带责任；负有保护他人安全的法定义务或者约定义务之人未尽安全保障义务致人损害，要承担的是补充责任，而不是传统意义上的连带责任或者替代责任，这是新的侵权责任形态。

除此之外，过失相抵责任、公平分担损失责任也都有新的发展，法律都作出了明确规定。

（三）侵权责任形态在侵权责任法中的意义

1. 连接侵权责任的构成和方式

侵权责任构成、侵权责任形态和侵权责任方式，是侵权责任法的最基本的责任概念，但三者又各有不同。

2. 落实侵权责任的归属

确认侵权责任之后，要将这个责任落到实处、落实到人，而侵权责任形态就是将侵权责任落实到具体的责任人身上，由具体的责任人承担侵权责任。

3. 实现补偿和制裁的功能

如果没有侵权责任形态，侵权责任就无法落实，侵权责任的补偿功能和制裁功能就无法实现。

二、侵权责任形态的分类

侵权责任形态所研究的内容，是侵权责任在不同的当事人之间的分配。侵权责任形态主要研究的是侵权责任的一般表现形态，分为三个形态序列——自己责任形态和替代责任形态序列，单方责任形态和双方责任形态序列，单独责任形态和共同责任形态序列；另外，还有不真正连带责任形态和补充责任形态等比较特殊的侵权责任形态。

（一）自己责任和替代责任

侵权责任的自己责任和替代责任所表现的是侵权责任是由行为人承担，还是由与行为人有特定关系的责任人以及与物件具有管领关系的人来承担，这也是《法国民法典》确定的自己责任和替代责任形态，是侵权行为形态最一般的表现形式，是侵权责任法规定的侵权责任的最基本的责任形式。如果是行为人自己对自己的行为负责，那就是自己责任。如果是责任人为行为人的行为负责，或者为自己管领下的物件负责，则为替代责任。

1. 自己责任

（1）与自己责任相对应的一般侵权行为。

承担自己责任的基础行为是一般侵权行为。一般侵权行为是指行为人因过错而实施的、适用过错责任原则和具备侵权责任的一般构成要件要求的侵权行为。

一般侵权行为和特殊侵权行为是侵权责任法中相对应的基本范畴。一般侵权行为是侵权行为一般条款概括的、适用过错责任原则、适用侵权责任一般构成原理、责任形式是自己责任的侵权行为形态。一般侵权行为的侵权责任构成要件与特殊侵权责任不同。对于一般侵权行为，法律通常只做概括规定而不做具体列举，原因是一般侵权行为的责任构成要件是统一的。只要是一般侵权行为责任，都适用共同的责任构成要件。一般侵权行为的行为方式，是行为人自己实施行为，即直接行为。特殊侵权行为的行为方式是他人行为或者物件造成损害，由于该他人或者该物件与责任人有某种特定关系，而将这种损害的行为认作责任人的行为，即间接行为。

（2）自己责任的概念和责任形式。

自己责任是指行为人自己承担因自己的过错造成的他人人身损害和财产损害的侵权责任形态。一般侵权行为的责任形态是自己责任。

自己责任的特点：一是，行为人自己实施行为；二是行为人自己实施的行为造成了损害；三是，行为人自己承担其实施行为的损害构成侵权责任。这三个特点，都突出了一个概念，即"自己"，故自己责任就是行为人为自己的行为负责的侵权责任形态。

在一般侵权行为中，行为人和责任人是同一人，行为人为自己实施的行为后果承担责任。即，自己造成的损害，自己承担赔偿责任。即使在共同侵权行为中，如果这种共同侵权行为是一般侵权行为，它的责任形式也不会由于侵权人的数量为多数而有所变化，所有的共同加害人都要为自己的侵权行为后果负责。

（3）自己责任的归责原则。

自己责任适用过错责任原则。在我国侵权责任法中，过错责任原则是一般的归责原则。这一归责原则要求，一般侵权行为必须具备过错要件，无过错就无责任。其特点包括：一是，自己责任不仅应以过错为责任的构成要件，而且应以过错为责任的最终构成要件；二是，自己责任在适用过错责任原则时，实行普通的举证责任，即遵循"谁主张，谁举证"原则，受害人必须就加害人的过错问题举证，否则不能获得赔偿，对过错既不能采取推定形式来确定，也不能实行举证责任倒置；三是，由于自己责任适用过错责任原则，这种侵权责任形态充分体现了民事责任的教育和预防作用，而不像特殊侵权行为对应的替代责任那样，注重对受害人损害的单纯补偿。

2. 替代责任

特殊侵权行为所承担的侵权责任是替代责任。替代责任是指责任人为他人的行为和自己管领下的物件致人损害承担责任的侵权赔偿责任形态。

（1）替代责任的基础行为是特殊侵权行为。

特殊侵权行为的制度渊源可追溯至古罗马法中的准私犯制度以及法国法对准侵权行为相关规定。在罗马法之前的古代立法中，也有关于特殊侵权行为的规定，只是在理论上和立法上没有加以明确。

① 特殊侵权行为的性质和特征。

特殊侵权行为相对于一般侵权行为而言，其特殊的本质就是责任形式为替代责任。可以说，特殊侵权行为的责任形态就是替代责任。

除此之外，特殊侵权行为还具有以下特征：一是归责原则适用的特殊性；一般侵权行为适用过错责任原则，而特殊侵权行为通常适用过错推定责任和无过错责任，以保护受害人的合法权益。二是责任构成要件的特殊性；特殊侵权行为不能按一般侵权行为的责任构成要件确定，而是按法律特别规定。三是举证责任的特殊性；特殊侵权行为一般实行举证责任倒置，其倒置证明的范围并不是全部侵权责任要件，而仅限于过错证明方面。四是其侵权责任形态主要是替代责任。

② 特殊侵权行为的类型。

其一，为他人的行为负责的特殊侵权行为。这是最典型的特殊侵权行为，其显著特征是行为人与责任人相分离，责任人为行为人所造成的损害承担赔偿责任。关于这种特殊侵权责任的研究，学者没有分歧意见。一般学说中所说的替代责任，就是指这种特殊侵权责任。

其二，为自己管领下的物件致人损害负责的特殊侵权行为。这是责任人为自己管领下的物件致损承担赔偿责任的特殊侵权责任。不同学者对这种特殊侵权责任的意见有所不同；有学者认为这种特殊侵权责任不是替代责任，不具有行为人与责任人相分离的特征；也有学者认为在这些特殊侵权行为中，有的还不能认定是为自己管领的物件的损害承担责任，如高度危险作业致害责任和环境污染致害责任。

（2）替代责任的特征。

① 责任人与行为人或致害物相分离。

替代责任的前提是责任人与行为人并非一人，与致害物并无直接联系，即责任人并无致害他人的直接意愿。导致侵害后果产生的是责任人以外的行为人，或是人之行为以外的物件。这种责任人与行为人、致害物相分离的情形，是赔偿责任由责任人替代承担的客观基础。

② 责任人为行为人或致害物承担责任须以其之间的特定关系为前提。

这种特定关系在责任人与行为人之间，表现为隶属、雇佣、监护、代理等身份关系；在责任人与致害物之间，表现为所有、占有、管理等物权关系。从致害的角度上看，这些关系并不表现为直接的因果关系，而是表现为特定的间接联系，没有这种特定的间接联系，或者超出这种特定的间接联系，就失去了责任人承担替代责任的前提。

③ 责任人为赔偿责任主体承担赔偿责任。

在替代责任中，无论致害的是人还是物，权利人请求权的指向，都是未直接致害而与行为人或致害物具有特定的间接联系的责任人。在动物、工作物、建筑物致害时，其所有人、占有人或管理人为义务主体。当与责任人具有特定身份关系的行为人致害时，其责任人为义务主体，受害人的请求权并不指向具体的行为人，在这里不适用连带责任规则，权利人不能向他人求偿，只能向责任人求偿。

（3）替代责任的赔偿法律关系的构成必须具备的要件。

① 替代责任人与行为人或致害物之间须有特定关系。

构成替代责任的赔偿法律关系，责任人和行为人、致害物之间，必须具有特定的关系。这种特定关系，在责任人与行为人之间，表现为隶属、雇佣、监护、代理等身份关系。例如，在用人者责任中，用人单位和其工作人员之间的关系，就是劳务关系，即隶属关系。在监护人责任中，行为人实际上是无民事行为能力人或者限制民事行为能力人，由其监护人承担责任，就是因为他们之间具有亲权关系和监护关系；在责任人与致害物之间，则必须具有管领或者支配的关系，即致害物在责任人的支配之下。

② 替代责任人应处于特定的地位。

在替代责任中，责任人须处于特定地位。具体表现为，替代责任人在与行为人或致害物的特定关系中处于带有支配性质的地位，这一地位决定了替代责任人具有为行为人和致害物的损害后果负责的义务。例如，在对人的替代责任中，责任人对行为人具有支配、管理或者约束的权利，地位明显优越于行为人。用人单位的工作人员在执行工作任务中致人损害，用人单位须承担责任，这是因为用人单位是其工作人员的单位、组织或者团体，二者之间具有隶属的关系，一方是支配者，另一方是被支配者，地位是不平等的。在监护人的侵权责任中，监护人处于管教、管束、教育的地位，双方地位也不是平等的。考察为行为人损害后果负责的责任人的地位，主要是看：双方有无特定关系的事实或合同；行为人是否收到责任人的报酬或受到责任人的抚育；行为人的活动是否受责任人的指挥、监督或监护等约束；行为人是否向责任人提供劳务。如果责任人是组织，行为人是否为责任人事业或组织的组成部分，成为确定责任人特定地位的一个明确的标准。当责任人处于这种特定地位时，责任人应当为行为人或致害物的损害后果负责。就致害物而言，责任人应当处于所有人、占有人、管理人的地位，责任人对于致害物享有支配权，在事实上具有支配致害物的权利。《民法典》关于特殊侵权责任的条文，对于致害物的责任人并没有使用统一的概念，事实上，只要确定是致害物的占有人，即可明确其责任人的地位。

③ 行为人应处于特定状态。

在替代责任中，行为人和致害物还必须处于特定的状态。第一，当行为人属于责任人事业或组织的成员的时候，行为人的特定状态是执行工作任务。第二，当行为人完成定作人要求的任务时，行为人的特定状态是执行定作人的指示。第三，当行为人是被监护人时，其特定状态是被监护人，在监护人的监护之下。致害物的特定状态，应当是在责任人的管领之下。如果致害物归所有权人所有，但不在所有权人的管领之下，而是在使用人的支配之下，则所有权人不是致害行为的责任人，使用人才是致害行为的责任人。例如，动物致害，但是动物并不是在所有权人控制之下，而是出租给他人使用，正在占有、使用的承租人是支配该动物的占有人，该承租人是赔偿责任人。

（4）赔偿关系当事人和赔偿形式。

替代责任赔偿关系的当事人具有其显著特点，即行为人与责任人相脱离，致害物不受责任人的意志支配，赔偿的义务主体是责任人而不是行为人。为他人行为负责的特殊侵权责任，是最典型的替代责任，赔偿权利主体是受害人；赔偿责任主体只能是替代责任人，而不能是行为人。行为人因自己的过错行为致害而由责任人承担替代责任时，责任人承担了赔偿责任之后，具有向有过错的行为人追偿的权利，有过错的行为人应向替代责任人赔偿因自己的过错行为所造成的损失。这种可追偿的替代责任，实际上是在替代责任人承担赔偿责任之后又产生的一个损害赔偿法律关系，赔偿权利主体是替代责任人，赔偿义务主体是过错行为人。在为管领下的物件造成损害负责的替代责任中，由于致害的是物件，责任人需要直接为损害负责，责任人是赔偿法律关系的当事人，承担赔偿义务。受害人可直接向责任人请求损害赔偿。

赔偿形式包括以下几种。

① 不可追偿的替代责任。

这种替代责任是指责任人承担赔偿责任以后，并无追偿因赔偿而造成的损失的对象，即责任完全由责任人自己承担的替代责任。如责任人为致害物损害负责，这种情况就只能由自己承担赔偿损失的后果。监护人为在自己的亲权和监护权支配之下的行为人所造成的损害承担赔偿责任，也是不能追偿的替代责任。

② 可追偿的替代责任。

可追偿的替代责任是指替代责任由于具备一定的条件而使责任人产生追偿权。具备一定的条件，责任人就可以行使自己的追偿权，要求行为人承担替其赔偿损失而造成的损失。追偿权的产生，就是行为人在实施致害行为的时候，在主观上具有过错。行为人因自己的过错行为致害而由责任人承担替代责任的时候，责任人承担了替代责任之后，即可取得向过错行为人的追偿权，过错行为人应向责任人赔偿因自己的过错行为所造成的损失。

在本章开头的引例 2 中，法官周某办理了原告某县选矿厂诉该县 A 公司经济纠纷案，主审法官周某查封了被告 A 公司价值 23.01 万元的财产。事后，某市中级人民法院和省高级人民法院认定，区人民法院的保全措施存在"查封时间过长、超标查封和查封财产保管不善"等错误。某市中级人民法院和省高级人民法院据此作出国家赔偿决定，由区人民法院赔偿受害人 A 公司经济损失 103675.3 元。在省高级人民法院的赔偿决定作出后不久，区人民法院监察室作出了"通知"，决定由主审法官周某个人承担这 10 万余元的国家赔偿责任。本案中，区人民法院承担的侵权责任形态属于替代责任，并且是典型的可追偿的替代责任。

③ 非典型替代责任。

这是指用人单位等因自己的行为造成损害应承担的赔偿责任。这种赔偿责任实际上并不具有替代责任的性质，而是为自己的行为负责，即所谓的自己责任，只是因为法律将它们纳入特殊侵权责任之中，我们姑且将其称为替代责任。它的赔偿形式与普通侵权行为要求并无严格的区别。在用人单位责任中，如果仅仅是用人单位的行为造成受害人的损害，侵害了受害人的合法权利，就应当由用人单位自己承担责任，而不能让其他人承担责任。这种赔偿法律关系实际是自己责任而不是替代责任。

（二）单方责任和双方责任

侵权责任的单方责任形态和双方责任形态，本质上是对法律关系中的责任承担主体作出的区分，即侵权责任究竟是由侵权责任法律关系中的一方负责还是由双方负责。

1. 单方责任

单方责任是指由行为人一方或者由受害人一方承担侵权责任的形态。它主要包括两种情形：一是由行为人单方承担责任，这通常是因为行为人的行为导致了损害的发生，且受害人没有过错；二是由受害人单方承担责任，这主要发生在损害完全是由受害人的过错造成的情况下。

（1）行为人单方责任。

① 行为人责任的适用范围。

普通的行为人侵权行为是行为人责任形态的基础行为之一。普通的行为人侵权行为，是指某个行为人因自己的过错而致受害人遭受损害并应负责，是一般侵权行为的最典型形式，也是最常见的侵权行为形态。其特征如下：一是仅为行为人一方实施的侵害行为；二是受害人没有过错，对其损害的发生既无故意也无过失。三是行为人的侵权行为可能适用过错责任原则，也可能适用过错推定原则。在无过错责任中，行为人的行为构成侵权行为，而受害人一方并没有过错，仅由行为人单方承担侵权责任的，也属于行为人责任。

② 行为人责任的承担。

行为人责任就是完全由行为人自己承担责任的侵权责任形态。行为人可为一人或多人。

【案例 5-1】

张某因王某生意比自己好，一气之下将王某的耳朵打聋。本案中王某没有过错，是单纯的受害人，张某实施了侵害王某健康权的行为，由其承担行为人单方侵权责任。

（2）受害人单方责任。

① 受害人责任成立的基础是受害人过错。

受害人过错是一种单独的侵权行为形态。《民法典》第 1174 条规定："损害是因受害人故意造成的，行为人不承担责任。"不仅如此，受害人的过失如果是损害发生的全部原因，行为人也同样不承担责任。受害人过错亦称非固有意义上的过失、非真正意义上的过失、对自己的过失，指的是损害的发生是由受害人的故意或过失导致的，行为人没有过错。任何人在社会生活中，均应负担注意自身的财产和人身安全的义务；受害人违反这种注意义务造成自身损害的，为有过错。受害人过错与行为人过错的内涵并不相同。行为人的过错意味着行为人违反了法定的不得侵害他人权利的义务，因而具有不法性。而受害人的过错只是对自身利益的不注意状态，不具有违法性。行为人的过错行为具有一定的社会危害性，应受法律制裁；受害人过错只是使行为人不承担赔偿责任，不具有法律制裁的意义。

【案例 5-2】

行人甲故意冲向正常行驶的地铁轨道，列车驾驶员及时采取制动措施仍无法避免损害。因损害是由受害人甲故意造成的，由其承担受害人单方责任，地铁运营方无过错时不承担责任。

② 受害人责任的承担。

受害人过错的法律后果，是受害人自己承担损失，加害人不承担任何责任。

2. 双方责任

双方责任是侵权责任法律关系当事人各方都要承担责任的一种形态。这种分担形态是指对于侵权行为所发生的后果，侵权人应当承担责任，受害人也要承担责任。双方责任主要针对混合过错，即侵权人和被侵权人对损害的发生或者扩大都有过错的情形。在双方责任中，侵权责任会在双方当事人之间进行分配，可能基于公平因素、过错程度以及原因力等标准来确定双方各自应承担的责任份额。

【案例 5-3】

行人闯红灯被超速车辆撞伤，双方均有过错，那么法律可能会酌情减轻行为人的责任，从而构成双方分担责任的形态。

双方责任具有以下特点。

（1）过错或原因力的并存性。

双方责任的核心前提是双方主体对损害结果的发生均存在过错，或者其行为与损害结果之间均存在因果关系，属于加害人与受害人的混合过错。

（2）责任分担的法定性。

双方责任的承担比例要依法根据双方过错程度、原因力大小综合判定，原则上，根据举证责任原则，受害人需要证明自身无过错，如行为人主张受害人有过错也需举证。

（3）法律效果的差异性。

双方责任人按受害人过错比例分担责任，行为人的侵权责任能得到减轻，而受害人因自身过错也要承担相应责任。

（4）社会功能的复合性。

双方责任通过责任分担实现个案公平。一方面过失相抵或责任分担，可避免行为人承担全部责任的不公，体现"责任与过错相适应"的法理；另一方面双方责任还具有预防功能，促使各方尽到应有的注意义务，特别是提醒受害人尽到自我保护义务。

（三）单独责任和共同责任

在行为人单方责任中，侵权责任由行为人承担，这时需要考虑是单独的行为人还是多数行为人的问题，侵权责任的形态会随着行为人的数量的不同而发生变化。如果是单独的行为人，其责任形态就是自己负责或者替代负责的单独责任。

1. 单独责任

（1）单独责任的责任形态。

单独侵权行为，是指一人单独实施的侵权行为，也就是指加害人一人因自己的过错行为致他人损害。单独侵权行为是最常见、最普通的侵权行为。单独侵权行为是相对于多数人侵权行为而言的。所谓的单独和多数人，说的是行为人的数量不同，这是这两种侵权行为的基本区别。一个人，包括一个自然人或者一个法人实施的侵权行为，就是单独侵权行为；而多数人侵权行为是两个或者两个以上的行为人实施的侵权行为。

（2）单独侵权行为构成单独责任。

单独责任由实施侵权行为的人自己承担，自负其责。这是一般侵权行为的单独责任。在特殊侵权行为中，为他人实施的行为承担侵权责任的，或者是为自己管领的物件致人损害负责的，只要行为人是单独的个体，亦为单独侵权行为。在替代责任中，两个以上的行为人造成损害，但责任人是一人的，仍为单独侵权行为，责任形态为单独责任。

【案例 5-4】

未成年的兄弟二人致人损害，其父母承担侵权替代责任，为单独责任，不构成多数人侵权责任。

2. 共同责任

二人以上的行为人承担侵权责任，就是共同形态的侵权责任。侵权责任的共同形态，是在侵权行为的行为人是复数的情况下，侵权责任在数个行为人之间的分配。行为人是复数，其侵权责任要在数个行为人之间进行分配，分别由各个行为人负担。构成共同侵权行为的，共同加害人要承担连带责任。构成分别侵权行为的，数个行为人要承担按份责任。构成竞合侵权行为的，数个行为人则要承担不真正连带责任。

（1）连带责任。

共同侵权行为的法律后果是共同行为人承担连带责任。

侵权连带责任，是指受害人有权向共同侵权行为人或共同危险行为人中的任何一个人或数个人请求赔偿全部损失，而任何一个共同侵权行为人或共同危险行为人都有义务负全部的赔偿责任；若共同行为人中的一人或数人已全部赔偿了受害人的损失，则免除其他共同行为人应负的赔偿责任。《民法典》第 178 条第 1、2 款规定："二人以上依法承担连带责任的，权利人有权请求部分或者全部连带责任人承担责任。连带责任人的责任份额根据各自责任大小确定；难以确定责任大小的，平均承担责任。实际承担责任超过自己责任份额的连带责任人，有权向其他连带责任人追偿。连带责任，由法律规定或当事人约定。"侵权责任法设置连带责任的目的，是加重行为人的责任，使受害人处于优势地位，保障其赔偿权利的实现。例如，共同行为人的数个行为形成一个统一的不可分割的整体，各个行为人的行为都构成损害发生的原因，则各行为人均应对损害结果负连带责任。这种连带责任的确认，能够使受害人的损害赔偿请求权简便易行、举证负担较轻、请求权的实现有充分的保障，受害人不必由于共同行为人中的一人或数人难以确定，或由于共同行为人中的一人或数人没有足够的财产赔偿，而妨碍其应获得的全部赔偿数额。

关于连带责任的适用范围，《民法典》侵权责任编共规定了以下 11 种连带责任。

① 共同侵权行为的连带责任。

《民法典》第 1168 条规定，二人以上共同实施侵权行为，造成他人损害的，应当承担连带责任。

② 教唆、帮助人的连带责任。

《民法典》第 1169 条第 1 款规定，教唆、帮助他人实施侵权行为的，应当与行为人承担连带责任。

③ 共同危险行为的连带责任。

《民法典》第 1170 条规定，二人以上实施危及他人人身、财产安全的行为，其中一人或者数人的行为造成他人损害，能够确定具体侵权人的，由侵权人承担侵权责任；不能确定具体侵权人的，行为人承担连带责任。

④ 网络服务提供者经通知而未采取必要措施的连带责任。

根据《民法典》第 1195 条第 1、2 款的规定，网络用户利用网络服务实施侵权行为的，被侵权人有权通知网络服务提供者采取删除、屏蔽、断开链接等必要措施。网络服务提供者接到通知后未及时采取必要措施的，对损害的扩大部分与该网络用户承担连带责任。

⑤ 网络服务提供者明知内容侵权却未采取必要措施的连带责任。

《民法典》第 1197 条规定，网络服务提供者知道或者应当知道网络用户利用其网络服务侵害他人民事权益，未采取必要措施的，与该网络用户承担连带责任。

⑥ 非法买卖拼装或者报废机动车的连带责任。

《民法典》第 1214 条规定，以买卖或者其他方式转让拼装或者已经达到报废标准的机动车，发生交通事故造成损害的，由转让人和受让人承担连带责任。

⑦ 挂靠机动车发生交通事故致人损害的连带责任。

《民法典》第 1211 条规定，以挂靠形式从事道路运输经营活动的机动车，发生交通事故造成损害，属于该机动车一方责任的，由挂靠人和被挂靠人承担连带责任。

⑧ 盗窃、抢劫或抢夺机动车交通事故的连带责任。

根据《民法典》第 1215 条第 1 款的规定，盗窃、抢劫或者抢夺的机动车发生交通事故造成损害的，由盗窃人、抢劫人或者抢夺人承担赔偿责任。盗窃人、抢劫人或者抢夺人与机动车使用人不是同一人，发生交通事故造成损害，属于该机动车一方责任的，盗窃人、抢劫人或者抢夺人与机动车使用人承担连带责任。

⑨ 遗失、抛弃高度危险物致害的连带责任。

《民法典》第 1241 条规定，遗失、抛弃高度危险物造成他人损害的，由所有人承担侵权责任。所有人将高度危险物交由他人管理的，由管理人承担侵权责任；所有人有过错的，与管理人承担连带责任。

⑩ 非法占有高度危险物的连带责任。

《民法典》第 1242 条规定，非法占有高度危险物造成他人损害的，由非法占有人承担侵权责任。所有人、管理人不能证明尽到高度注意义务的，与非法占有人承担连带责任。

⑪ 建筑物等倒塌、塌陷造成他人损害的连带责任。

《民法典》第 1252 条第 1 款规定，建筑物、构筑物或者其他设施倒塌、塌陷造成他人损害的，由建设单位与施工单位承担连带责任，但是建设单位与施工单位能够证明不存在质量缺陷的除外。

（2）按份责任。

按份责任，是典型的分别承担侵权行为的责任后果。它是指无意思联络的数人实施的侵权行为结合在一起，造成了一个共同的损害结果，每个人按照自己的过错和原因力，按份承担责任的侵权责任形态。《民法典》第 177 条规定："二人以上依法承担按份责任，能够确定责任大小的，各自承担相应的责任；难以确定责任大小的，平均承担责任。"

（四）不真正连带责任和补充责任

1. 不真正连带责任

侵权责任法意义上的不真正连带责任，是指数个行为人基于不同的行为而致使受害人的权利受到同一损害，各个行为人各负全部赔偿责任，并因行为人之一的全部赔偿而使其他责任人的赔偿责任归于消灭的侵权责任形态。

不真正连带责任适用于竞合侵权行为。由于竞合侵权行为分为必要条件的竞合侵权行为、"必要条件＋政策考量"的竞合侵权行为、提供机会的竞合侵权行为和提供平台的竞合侵权行为四种类型，因而不真正连带责任也分为四种类型：一是典型的不真正连带责任；二是先付责任；三是相应的补充责任；四是附条件的不真正连带责任。

不真正连带责任的适用场景包括但不限于以下几种情况。

（1）产品责任。

生产者和销售者因产品缺陷导致消费者损害时，生产者和销售者须承担不真正连带责任。消费者可以向生产者或销售者中的任何一方请求赔偿。

（2）劳务派遣责任。

在劳务派遣期间，被派遣的工作人员因执行工作任务造成他人损害的，由接受劳务派遣的用工单位承担侵权责任；劳务派遣单位有过错的，也须承担相应的责任，此时用工单位和劳务派遣单位之间即构成不真正连带责任。

（3）安全保障义务责任。

经营者、管理者或组织者未尽到安全保障义务，导致他人受到第三人损害的，第三人须承担侵权责任，而经营者、管理者或组织者则须承担相应的补充责任。但在某些情况下，若经营者、管理者或组织者的过错行为与他人的损害有直接关联，且该过错行为独立于第三人行为的，则可能构成不真正连带责任。

2. 补充责任

侵权责任法意义上的补充责任，是指在特定情形下，当主要责任人无法完全承担赔偿责任时，由补充责任人按照一定比例承担相应责任的制度。这一制度的确立，不仅体现了法律的公平与正义，也反映了对受害人权益保护的重视。在侵权责任法的框架下，补充责任的适用范围、条件以及责任的划分，都是我们必须深入研究和准确把握的关键点。它要求我们在处理案件时，既要考虑责任的公平分配，也要确保法律的严肃性和权威性。补充责任的适用，通常发生在多个主体对同一侵权行为负有责任的情况下。主要责任人的行为是造成损害的直接原因，补充责任人的行为是间接原因。

【案例 5-5】

某品牌燃气灶存在缺陷导致消费者权益受损，这种情况下，燃气灶的生产者和销售者商场可能都需要承担相应的责任。在确定补充责任时，我们必须明确责任先后的顺序性和范围的有限性、原则上的追偿性。主要责任人应首先承担赔偿责任，只有在其无法完全赔偿时，补充责任人才需介入。

补充责任的层次性，既符合法律逻辑，也符合社会公平。同时，补充责任的确定还应考虑责任人的过错程度。在侵权行为中，不同责任人的过错程度可能不同，因此，补充责任的承担也应与责任人的过错程度相匹配。

（1）补充责任的特点。

① 顺序性。

受害人需先向主要责任人请求赔偿，若主要责任人不能赔偿、赔偿不足或下落不明时，方可向补充责任人请求赔偿。

② 有限性。

补充责任人承担的责任范围是有限的，即在其过错程度和行为原因力相适应的范围内承担补充赔偿责任。

③ 追偿性。

补充责任人在履行赔偿义务后，原则上享有向终局责任人（即主要侵权人）追偿的权利。例如，民法典第 1198 条第 2 款规定："因第三人的行为造成他人损害的，由第三人承担侵权责任；经营者、管理者或者组织者未尽到安全保障义务的，承担相应的补充责任。经营者、管理者或者组织者承担补充责任后，可以向第三人追偿"。民法典第 1201 条规定："无民事行为能力人或者限制民事行为能力人在幼儿园、学校或者其他教育机构学习、生活期间，受到幼儿园、学校或者其他教育机构以外的第三人人身损害的，由第三人承担侵权责任；幼儿园、学校或者其他教育机构未尽到管理职责的，承担相应的补充责任。幼儿园、学校或者其他教育机构承担补充责任后，可以向第三人追偿。"

（2）补充责任主要适用的情形。

① 教育机构因第三人侵害未成年人，且未尽到管理职责的承担补充责任。

② 监护人对有财产的被监护人造成他人损害承担补充责任。

③ 公共场所或经营场所的经营者、管理者等安全保障义务人因第三人侵权承担补充责任。

在这些情形下，补充责任人的责任通常是根据其过错程度来确定的，并有权在承担责任后向直接责任人追偿。此外，补充责任的承担还应考虑责任人的实际赔偿能力。在确定补充责任时，必须充分考虑责任人的经济状况，确保责任的可执行性。

在司法实践中，正确理解和适用补充责任制度，对于维护法律的公正、保护受害人的合法权益具有重要意义。

每章一练

一、单项选择题

下列哪一项属于侵权责任的承担方式？（　　　　）

A. 继续履行 B. 停止侵害

C. 支付违约金 D. 修理、重作、更换

二、多项选择题

根据我国《民法典》的规定，以下哪些属于侵权责任的承担方式？（　　　　）

A. 停止侵害 B. 排除妨碍

C. 消除危险 D. 返还财产

E. 继续履行 F. 赔偿损失

三、判断题

1. 停止侵害是侵权责任的一种承担方式。 （　　　）

2. 继续履行是侵权责任的一种承担方式。 （　　　）

3. 赔偿损失是侵权责任的一种承担方式。 （　　　）

4. 修理、重作、更换只能用于产品责任中的侵权责任承担。 （　　　）

5. 消除危险只能用于对人身安全的威胁，不能用于对财产安全的威胁。 （　　　）

6. 排除妨碍是侵权责任的一种承担方式。 （　　　）

7. 恢复原状是侵权责任的一种承担方式，但在法律另有规定或当事人另有约定的情况下例外。 （　　　）

四、问答题

1. 对侵权责任承担方式应当怎样理解？
2. 如何理解具体的侵权责任承担方式？

第五章习题答案

第六章

侵权损害赔偿

知识体系图

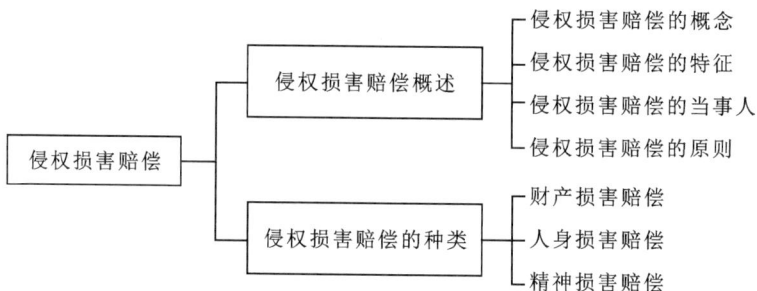

学习目标

　　侵权损害赔偿是民事法律中的重要部分，学习者必须明确侵权损害赔偿的当事人有哪些，还要理解损害赔偿的基本原则，同时要重点掌握三种侵权损害赔偿责任的具体赔偿范围和计算方法，并能活学活用。

引例1

　　某日晚上，李某驾驶一辆小汽车回家，因天黑视线不佳，没有看到躺在机动车道上睡觉的流浪汉石某，将其碾压并致其当场死亡。警方出具了交通事故认定书，认定双方在事故中所起的作用均等，因此双方均需对该事故负责。后来，警方寻找到了石某的父母。

　　请思考：本案中，石某的父母可以因为儿子的死亡向李某要求赔偿吗？

引例2

　　周某与吴某恋爱一年，因性格不合吴某提出分手，分手后，周某对吴某一直心存怨恨，在吴某上班途中，周某用浓硫酸将吴某的脸烧伤，导致吴某毁容，吴某的现男友也与其分手，受到如此打击，吴某悲痛欲绝，对生活失去信心，甚至产生了轻生的念头。

　　请思考：本案中，吴某能否要求周某对其进行精神损害赔偿？

侵权损害赔偿是侵权责任法的核心内容之一，其目的是通过金钱赔偿填平损害、恢复原状或抚慰精神痛苦，实现公平正义。侵权损害赔偿是侵权责任法赋予受害人最重要的救济方式。

第一节　侵权损害赔偿概述

一、侵权损害赔偿的概念

侵权损害赔偿指因侵权行为造成他人民事权益损害时，行为人依法承担的赔偿受害人金钱或实物的侵权责任承担方式。侵权损害赔偿是一种普遍适用的侵权责任方式。

二、侵权损害赔偿的特征

（一）侵权损害赔偿的前提是存在损害

侵权责任法中的损害须同时具备两个条件：一是该损害是由侵权行为客观造成的，而不是尚未发生或主观臆想的，即该损害具有客观性；二是该损害必须为法律所承认，即具有法定性或可救济性。

（二）侵权损害赔偿是财产责任

侵权损害赔偿是财产责任，这是侵权损害赔偿区别于其他侵权责任形式（如赔礼道歉，消除影响、恢复名誉）的根本特征。该责任具有财产性，这是指侵权损害赔偿以经济赔偿的形式出现，以支付损害赔偿金的方式救济受害人。精神损害赔偿也是以赔偿金的形式予以赔付。

（三）侵权损害赔偿以补偿性赔偿为原则，以惩罚性赔偿为例外

按照损害赔偿的功能的不同，可以将损害赔偿分为补偿性赔偿与惩罚性赔偿。补偿性赔偿主要是使受害人的人身权或财产权恢复到未受到侵害之前的状态；惩罚性赔偿的主要功能则是通过使行为人承担超出受害人实际损失的额外金钱的方式惩罚行为人。当然，我国侵权责任法以补偿性赔偿为主，损害赔偿金的主要功能在于赔偿受害人因侵权行为所遭受的损失，惩罚性赔偿只有在极少数情况下才适用，如产品质量责任、环境污染责任等。

（四）侵权损害赔偿具有优先性

行为人同时承担侵权损害赔偿责任与刑法、行政法中的财产责任时，若行为人的财产不能同时满足前三种责任，应当优先承担对受害人的侵权损害赔偿责任。《民法典》第187条规定："民事主体因同一行为应当承担民事责任、行政责任和刑事责任的，承担行政责任或者刑事责任不影响承担民事责任；民事主体的财产不足以支付的，优先用于承担民事责任。"其立法依据为国不与民争利。

三、侵权损害赔偿的当事人

（一）赔偿权利主体

在侵权责任法中，有权提起损害赔偿请求的主体（即赔偿权利人）通常包括以下类型。

1. 直接受害人

（1）民事权利受损的自然人。

一般情况下，因侵权行为直接遭受人身或财产损害的自然人属于典型的直接受害人。如交通事故中被撞伤的行人、名誉权受侵害的个体等。

（2）胎儿。

在涉及遗产继承、接受赠与等利益保护时，胎儿被视为具有民事权利能力。如果侵权行为导致胎儿出生后残疾，如医疗过错导致产伤发生，出生后可主张赔偿。

（3）死者近亲属。

当受害人生命权被侵害，也就是因侵权行为导致死亡时，其近亲属，包括父母、子女、配偶等，具备法律赋予的权利，可以向行为人主张侵权责任。其法律依据是《民法典》第1181条规定："被侵权人死亡的，其近亲属有权请求侵权人承担侵权责任。"另外，当死者的人格利益，如姓名、肖像、名誉等利益受侵害时，其近亲属有权提起损害赔偿。关于这一点，《民法典》第994条规定：死者的姓名、肖像、名誉、荣誉、隐私、遗体等受到侵害的，其配偶、子女、父母有权依法请求行为人承担民事责任；死者没有配偶、子女且父母已经死亡的，其他近亲属有权依法请求行为人承担民事责任。

本章开头的引例1中，流浪汉石某被李某碾压导致死亡，根据法律规定，其父母作为近亲属可以成为赔偿权利主体，向李某要求损害赔偿。

（4）法人及非法人组织。

侵权行为造成法人及非法人组织财产损害的，行为人要承担赔偿责任，如公司的厂房、设备被他人损坏，公司有权请求行为人对其进行赔偿；法人及非法人组织的人格权如名誉权、姓名权等受损的，往往会导致其自身财产利益受损，故也有权请求损害赔偿。《民法典》第 1013 条规定了法人、非法人组织享有名称权，有权使用、变更、转让或者许可他人使用自己的名称。《中华人民共和国反不正当竞争法》第 6 条、第 17 条规定，擅自使用他人企业名称造成混淆的，构成不正当竞争，被侵权方可主张赔偿实际损失，并可能适用惩罚性赔偿。所以因财产权、名誉权等受侵害的法人或非法人组织，如公司、合伙组织等，可主张财产损害赔偿。值得注意的是，法人不享有精神损害赔偿的请求权。

【案例 6-1】

甲公司因公司名称被乙冒用导致客户流失、订单减少，实际影响到的是公司的利润，因此，甲公司有权就名称权被侵害带来的实际损失请求乙赔偿。

2. 间接受害人（代位求偿主体）

（1）被扶养人。

受害人因侵权行为死亡或丧失劳动能力时，其生前或伤前实际扶养且无劳动能力的人，如未成年子女、无收入配偶、年迈父母等可主张生活费赔偿。这些被扶养人需要符合以下法律要件：一是需证明扶养关系的存在及依赖性；二是赔偿范围限于受害人原本承担的扶养份额。

（2）支付医疗费、丧葬费的第三人。

根据《最高人民法院关于审理人身损害赔偿案件适用法律若干问题的解释》第 5 条规定，实际为受害人垫付医疗费．丧葬费的单位或个人，如雇主、亲友等，有权向行为人追偿已支付的费用。

3. 特殊情形下的请求权主体

（1）无民事行为能力人或限制民事行为能力人的法定代理人或监护人。

当未成年人、精神病人等无民事行为能力人或限制民事行为能力人遭受不法侵害时，为保护其合法权益，其法定代理人，如父母、监护人等有权代为提起损害赔偿。但有例外情形：如果监护人怠于行使权利，其他有监护资格的人或组织可申请撤销其监护资格，并代为提起损害赔偿。

（2）国家或集体组织。

当国有资产受到侵害时，国有资产管理部门可代表国家主张损害赔偿；在集体财产受侵害时，农村集体经济组织或村民委员会可代表集体主张损害赔偿。

（3）检察机关。

我国公益诉讼制度规定，在生态环境遭到损害、食品药品安全受到威胁等情况下，若无适格主体起诉，检察机关可代为提起公益诉讼以获得修复赔偿。《民法典》第 1234 条规定："违反国家规定造成生态环境损害，生态环境能够修复的，国家规定的机关或者法律规定的组织有权请求侵权人在合理期限内承担修复责任。侵权人在期限内未修复的，国家规定的机关或者法律规定的组织可以自行或者委托他人进行修复，所需费用由侵权人负担。"《中华人民共和国民事诉讼法》第 58 条进一步规定，人民检察院在履行职责中发现破坏生态环境和资源保护、食品药品安全领域侵害众多消费者合法权益等损害社会公共利益的行为，在没有相应的机关和组织提起诉讼，或者相应的机关和组织不提起诉讼的情况下，可以向人民法院提起民事公益诉讼。

（4）单位员工侵权案件中的用人单位。

员工因执行工作任务致他人损害，用人单位赔偿后，可向有故意倾向或重大过失的员工追偿。

（二）赔偿责任主体

侵权赔偿责任主体是指依法应当承担侵权损害赔偿责任的个人、法人和非法人组织。根据《民法典》及相关司法解释，责任主体可分为一般侵权责任人和特殊侵权责任人。一般侵权责任人即直接实施侵权行为的人，行为人因过错直接侵害他人民事权益，如故意毁坏他人财物、过失致人伤害等行为导致他人合法权益受损的，应当承担侵权责任。特殊侵权责任人将在本书第二编特殊侵权中进行具体学习，在此不赘述。侵权责任人可分为以下两种。

1. 单独侵权责任人

指行为人的人数为一人，属于单一责任，在损害赔偿的规定方面相对简单，由一人进行赔偿。

2. 共同侵权责任人

指行为人的人数为数人，在数人共同实施侵权行为的情况下，各责任人可能都需要承担包括损害赔偿在内的侵权责任，属于复合责任。

四、侵权损害赔偿的原则

（一）全面赔偿原则

全面赔偿也叫全部赔偿或完全赔偿，即赔偿是为弥补受害人的损失，应当以侵权行为所造成的实际损失的大小为依据，对受害人予以全部赔偿；若受害人的损失难以确定，则以侵权人获得的利益为标准进行赔偿。适用全面赔偿原则应注意以下问题。

1. 确定损害赔偿数额时以实际损害作为标准，全部予以赔偿

在一般情况下，要特别注意不能以行为人过错程度的轻重作为确定损害赔偿数额的依据，也不能以行为的社会危险性的大小作为依据，只能以财产的实际损失作为标准。然而，在精神损害赔偿责任的确定中，加害人的主观过错程度是重要考量因素，加害人故意或者重大过失，是其需要承担较重赔偿责任的根据。此外，要注意最高赔偿限额的问题。《民法典》侵权责任编第八章规定了高度危险责任，列举了多种高度危

险责任的情形，并在第 1244 条规定：承担高度危险责任，法律规定赔偿限额的，应依照其规定，但是行为人有故意或者重大过失的除外。故在此情况下，受害人并不能获得与实际损害数额一致的全部赔偿。

2. 全部赔偿包括直接损失和间接损失

全部赔偿指的是行为人不仅要赔偿直接损失，还要赔偿确定的间接损失。间接损失只要是当事人已经预见或者能够预见的利益，并且是可以期待、必然得到的，就应当予以赔偿。

3. 全部赔偿应当包括受害人为恢复权利、减少损害而支出的必要费用

受害人因权利受侵害，为恢复权利、减少损害而支出的费用，是应当予以赔偿的。

4. 全部赔偿只针对合理的损失，不合理的损失不应予以赔偿

对于受害人借故增加开支，扩大赔偿范围的做法，应当予以谴责，不应当予以赔偿。如购买豪华骨灰盒、丧葬活动铺张浪费等。

【案例 6-2】

刘某的儿子在学校跟人打架，将同学小江眼睛打伤住院两天，住院期间，刘某支付了全部医疗费，并送去很多营养品。小江出院后，其父亲要求刘某再赔偿其 2000 元的误工费，刘某认为医疗费全是自己承担的且营品的价值远高于 2000 元，不需要再赔。本案中，刘某的儿子打伤了小江，刘某应承担侵权责任，应以小江的实际损失为依据进行全面赔偿，医疗费、其父的误工费都是实际的财产损失，送营养品的行为和损害赔偿不冲突。

（二）损益相抵原则

损益相抵，是指受害人在遭受损失的同时也得到利益的，应将其所得到的利益从应得的赔偿金额中扣除。受害人得到的利益仅限于经济利益或者可以用金钱计算的财产性质的利益，不包括感情、精神利益。

1. 损益相抵原则的构成要件

（1）须有侵权损害赔偿之债成立。

损益相抵原则是在侵权损害赔偿之债中计算实际损失大小时适用的一个原则，若侵权赔偿之债不存在，则不能适用，所以损益相抵原则的适用以侵权责任成立为前提。

（2）须受害人受有利益。

该利益既包括积极利益，也包括消极利益。积极利益为受害人现有财产的增加部分，消极利益则为受害人应当减少而没有减少的利益（应减少的财产类损失）。

（3）须损害事实与所得利益之间存在因果关系。

通常认为，虽然损益相抵原则不以相当因果关系为绝对标准，但是受益和损害事实之间必须具有某种因果关联。

2. 适用损益相抵原则应注意的问题

（1）在适用范围方面。

损益相抵原则是适用于一切损害赔偿情况的原则。侵权导致的损害赔偿和违约导致的损害赔偿都可以适用。

（2）在功能方面。

损益相抵原则是确定侵权损害赔偿责任范围大小及如何承担问题的原则。它不是解决损害赔偿责任应否承担的规则，而是在损害赔偿责任已经确定应由行为人承担的前提下，确定行为人应当怎样承担民事责任，究竟应当承担多少赔偿责任的规则。

（3）在具体内容方面。

损益相抵原则所确定的具体内容是从损害额内扣除因同一原因而产生的利益额所得到的差额。

（4）在适用程序上。

损益相抵原则应当由法官依职权酌情适用。

（三）过失相抵原则

过失相抵，是指在受害人对损害的发生或扩大也有过失时，可以适当减轻或者免除行为人赔偿责任的法律原则。我国《民法典》第1173条规定："被侵权人对同一损害的发生或者扩大有过错的，可以减轻侵权人的责任。"行为人只应对自己过错造成的损害负赔偿责任，而不能要求其对他人过错造成的损害负责。适用过失相抵原则应当具备以下条件。

1. 对于损害的发生或者扩大，受害人有过错

所谓过错，是指受害人应当认识到自己的行为可能导致损害的发生或者使损害扩大，而没有采取有效措施避免损害的发生或者扩大。

2. 受害人的行为是损害发生或者扩大的共同原因

对于损害结果的发生，受害人的行为必须是必不可少的共同原因之一，这种情况下才能适用过失相抵原则；对于损害结果的扩大，受害人的行为实际上也是共同原因。

3. 过失相抵的责任分担

过失相抵的责任分担，就是在具备过失相抵的要件时，法官可以不必依当事人的

主张，而依其职权减轻行为人的赔偿责任。过失相抵的适用包括两个步骤：一是比较过错，二是比较原因力。

（1）比较过错。

比较过错亦称比较过失，是指在与有过失中，通过确定并比较行为人和受害人的过错程度，以决定责任的承担和责任的范围。

比较过错的方法是，确定双方当事人的过错程度的比例，从而确定责任范围。对损害后果应负主要责任者，其过错比例为51%～95%；对损害后果应负同等责任者，其过错比例为50%；对损害后果应负次要责任者，其过错比例为5%～49%；过错比例5%以下的，免除其赔偿责任，不进行过失相抵。

在与有过失中，通常是根据注意义务的内容和注意标准判定双方过失的轻重。首先要确定双方当事人所负有的注意内容，如果一方当事人在损害发生时应负有特殊的注意义务，而该当事人不仅没有履行此种特殊的注意义务，连一般人所应尽的注意义务都没有做到，其过失就比一般过失重。如果双方当事人并不应负有特殊的注意义务，就应按照"合理人"的标准衡量双方的行为，把双方的行为与一个合理的、谨慎的人的行为进行比较，以判定双方的过失和过失程度。如果一方当事人的行为与一个合理的、谨慎的人的标准相距较远，则过失较重；相距较近，则过失较轻。

通常衡量过失轻重的标准是：第一，受害人具有故意或重大过失，行为人只有轻微过失，行为人的过错比例为5%以下；第二，受害人具有故意或重大过失，行为人有一般过失，行为人的过错比例为5%～25%；第三，受害人具有故意，行为人有重大过失，行为人的过错比例为25%～50%；第四，受害人和行为人均具有故意或者重大过失，且程度相当，行为人的过错比例为50%；第五，受害人具有重大过失，行为人具有故意，行为人的过错比例为51%～75%；第六，受害人具有一般过失，行为人具有故意或者重大过失，行为人的过错比例为75%～95%；第七，受害人只有轻微过失，行为人具有故意或重大过失，行为人的过错比例为95%以上。

上述标准中，若行为人承担50%的过错比例，行为人和受害人应负同等责任；行为人承担5%～49%的过错比例，行为人应负次要责任；行为人承担51%～95%的过错比例，行为人应负主要责任；行为人承担5%的过错比例，通常可以考虑免除行为人赔偿责任；行为人承担95%以上的过错比例，行为人可能要承担全部的赔偿责任，因为在这种情况下，可以实行过失相抵。

（2）比较原因力。

在确定与有过失的责任范围时，过错程度是重要考量因素，原因力的影响亦须重视，原因力比较是确定过失相抵责任范围的重要一环。

原因力是指在构成损害结果的共同原因中，每一个原因行为对于损害结果发生或扩大所发挥的作用力。与有过失中的损害结果，是由行为人和受害人双方的行为造成的，这两种行为对于同一个损害结果来说，是共同原因，每一个作为共同原因的行为，都具有对损害事实的发生或扩大的原因力。

原因力对于责任范围的影响具有相对性。这是因为，虽然因果关系在侵权责任的构成中是必要要件，具有绝对的意义，不具备则不构成侵权责任，但与有过失责任分担的主要标准，是双方过错程度的轻重。原因力对于与有过失责任范围的相对性影响，主要表现在以下几方面。

第一，当双方当事人的过错程度无法确定时，应以各自行为的原因力大小，确定各自责任的比例。例如，在适用无过错责任原则进行归责时，可依受害人行为的原因力大小，确定是否减轻行为人的赔偿责任。在双方当事人过错程度难以确定比例时，也可依双方行为的原因力大小的比例，确定责任范围。

第二，当双方当事人的过错程度相等时，各自行为的原因力大小对赔偿责任起"微调"作用。双方原因力相等或相差不悬殊的，双方仍承担同等责任；双方原因力相差悬殊的，应适当调整责任范围，赔偿责任可以在同等责任的基础上适当增加或减少，成为不同等的责任。

第三，当行为人依其过错应承担主要责任或次要责任时，双方当事人行为的原因力可以对过失相抵责任的确定起"微调"作用。原因力相等的，依过错比例确定赔偿责任；原因力不等的，依原因力的大小相应调整主要责任或次要责任的比例，确定赔偿责任。

（四）衡平原则

衡平原则是指结合当事人经济状况、过错程度等调整责任比例，确定侵权损害赔偿范围，避免因机械适用规则显失公平。例如，如果加害人的经济状况不好，全部赔偿以后将使其本人及其家属的生活陷于极度困难时，可依据具体情况适当减少其赔偿数额。适用衡平原则应当注意以下问题。

第一，适用衡平原则的前提是已经确定了赔偿责任，在此基础上，在判定赔偿责任大小时，可适用这一原则。

第二，衡平原则的适用，在顺序上应当安排在全部赔偿、损益相抵和过失相抵等规则适用完毕之后。

第三，适用衡平原则时，应当考虑为行为人及其家属留下必要的生活费用。适用衡平原则的结果，是减轻赔偿责任，减轻行为人的负担，对行为人有利。其承担责任的极限，在于承担责任以后还必须保留行为人及其家属的必要生活费用，而不能让其因负担赔偿责任而陷入极度贫困。必要生活费用的标准，应当根据当地实际情况而定，但又不能像确定生活救济标准那样准确，原则上是让行为人在承担责任之后还能够正常生活。

第二节 侵权损害赔偿的种类

一、财产损害赔偿

（一）财产损害赔偿的概念

财产损害是指行为人实施侵权行为侵害他人财产，使财产权的客体遭到破坏，财产使用价值和价值贬损、减少或者完全丧失，或者破坏了财产权利人对于财产权客体的支配关系，从而使财产权利人的财产利益受到损失，即财产权利人拥有的财产价值减少和可得财产利益丧失。侵害他人财产权造成他人财产损失的，应当赔偿损失。

（二）财产损害赔偿的范围

1. 现有财产损失的赔偿

现有财产损失也称直接损失，是指现实存在的财产的减少。如，财产被彻底毁坏、部分损坏所支付的修复费用。现有财产减少的因果关系比较清楚，也较容易计算，行为人需通过支付一定的金钱对因侵害行为而损害的财产进行赔偿。

2. 可得利益损失的赔偿

可得利益的损失也称间接损失或未来利益的损失，只有在损害发生时已经具备实现的条件，且只是由于损害的发生才丧失的利益，才能主张可得利益赔偿。可得利益损失的主要表现形式有以下几种。

（1）营业利润损失。

营业利润损失又分两种情况。一种是损害的发生致使营业停止，如出租汽车被损坏而停止营运；另一种是损害的发生致使营业利润下降，如由于假冒商标大量出现在市面上，商标注册人的市场份额被挤占，利润大大下降。前一种情形，赔偿范围限于经营者在现有的营业条件下从事正常经营所能够获得的利润。其计算方法有两种，一种是以该营业者在损害发生前一段合理的时间内的平均利润为参数来计算，另一种是以损害发生时与该经营者条件相当的经营者的经营利润作为参数来计算。损害的发生致使利润下降的情况，主要发生在侵害知识产权以及其他不正当竞争行为的侵权案件中，损失的计算比较困难。按照现行商标法、专利法、著作权法的有关规定，商标权、专利权、著作权被侵害的赔偿额，可以按被侵权人因侵权所减少的利润计算，也可以按侵权人侵权的违法所得计算。以上两种方法都难以计算时，可以参照许可使用费的倍数合理确定，赔偿额可以包括权利人为制止侵权行为所支付的合理开支。

（2）孳息损失。

侵占、毁损他人财产，不仅会造成他人被侵占、毁损财产本身的损失，而且会造成基于该财产所产生的孳息的损失。如：侵占他人资金造成利息损失；盗窃他人奶牛造成他人牛奶销售收入的减少；等等。

（三）对财产损害赔偿的计算方法

1. 市场价格法

财产损害发生后，是以报价、进货价，还是以市场价来赔偿？《民法典》第1184条做了规定：侵害他人财产的，财产损失按照损失发生时的市场价格或者其他合理方式计算。因为，财产损害本质上就是变相交易，行为人造成财产损害后赔偿一定的金钱，实际上是变相的购买其造成的损害。正因如此，在计算赔偿金额时应按照市场价。当然，还有其他计算损害赔偿的合理标准。比如，有些物品自身价格并不贵重，但被赋予了特殊意义，按市场价格来计算就不太合理（如大学生的毕业证、恋爱时的信物等），应考虑按其他合理方式计算。

【案例6-3】

姚某在旅游途中，前往某玉石市场参观，在唐某经营的摊位上拿起一只翡翠手镯，经唐某同意后试戴，并问价。唐某报价18万元（实际进货价8万元，市价9万元），姚某感觉价格太高，急忙取下，不慎将手镯摔断。对此损失，姚某应按市场价9万元进行赔偿。

2. 修复成本法

修复成本法指在财产遭受损害后，以合理修复该财产至损害发生前状态所需的费用作为赔偿标准。如果修复费用高于财产原有价值，则赔偿上限为该财产的原价值（即市场价值）。如果财产已使用多年，须按折旧后的实际价值计算。如已使用多年的车辆、设备等，受损后的修复费用不得高于其折旧后的实际价值。也就是说，修复费用的赔付以财产损害发生时的市场价值为上限，超出部分不予支持。这种计算方式既考虑了受害人的利益，也体现了侵权责任的合理性，通过专业评估和合理的计算方式，可以确保赔偿金额的准确性和公平性。

3. 收益折现法

收益折现法适用于计算未来利益损失，是指通过预测未来一定期限内因侵权行为损失的利益，并按照合理折现率将其折算为当前价值，从而确定赔偿金额的计算方法。计算时可基于历史数据和市场预测等信息，估算受害人未来可获得的年收益额。选择合理的折现率时，要考虑风险水平、行业特点等因素，然后将每年的预期年收益额按照折现率进行逐年的折现，得出每年的折现值，再将所有年份的折现值进行累加，得出折现值总和。根据具体情况和人民法院在案件审理中的判断，从总的折现现值中减去合理的残值部分，即为侵权人应当承担的赔偿金额。

收益折现法在司法实践中具有高度专业性，需结合经济学原理与法律规则综合适用。其合理运用能够精准填补受害人的未来损失，体现侵权责任法的补偿功能。

【案例 6-4】

甲公司盗用乙公司专利技术，人民法院参考乙公司过去 3 年的许可费收入，结合专利剩余有效期（8 年），按 5% 折现率计算未来 5 年损失，确定赔偿金额为 1200 万元。

二、人身损害赔偿

（一）人身损害赔偿概念

人身损害赔偿，是指民事主体的生命权、健康权、身体权受到不法侵害，造成伤亡以及其他损害时，要求行为人以财产赔偿等方法进行救济和保护的侵权责任法律制度。

（二）人身损害赔偿范围和计算方法

《民法典》第 1179 条规定："侵害他人造成人身损害的，应当赔偿医疗费、护理费、交通费、营养费、住院伙食补助费等为治疗和康复支出的合理费用，以及因误工减少的收入。造成残疾的，还应当赔偿辅助器具费和残疾赔偿金；造成死亡的，还应当赔偿丧葬费和死亡赔偿金。"同时结合《最高人民法院关于审理人身损害赔偿案件适用法律若干问题的解释》，人身损害的赔偿范围和计算方法的确定分为以下几种情况。

1. 致人伤害的赔偿范围

被受害人人身受到伤害，但并未出现残疾或者死亡后果时，行为人应当赔偿如下费用。

（1）医疗费。

医疗费是被受害人为了治疗损伤或者损伤所引起的疾病而支出的费用，包括挂号费、医药费、检查费、治疗费、住院费、继续治疗费、康复费等。具体医疗费用应当根据医疗机构出具的医药费、住院费等收款凭证，结合病历和诊断证明等相关证据确定。

（2）护理费。

护理费是指被侵权人因损害而导致自身行动能力以及自理能力降低，需要家人或其他亲友的照顾和护理而产生的相关费用。护理费的计算一般依据护理人员的收入状况和护理人数、护理期限等进行确定。其中应当注意的是，实际护理人数一般由医院根据受害人的具体损伤情况来具体确定。

（3）交通费。

交通费是指受害人为了治疗损伤，以及相关护理人员为了陪同照顾受害人而往返于医院所产生的交通费用。

（4）康复费。

康复费是指受害人的损伤治疗完成后，为了让身体功能恢复到良好状态而支出的费用。例如，受害人皮肤烧伤后，进行进一步植皮修复手术所需支付的费用，就属于康复费。

（5）因误工减少的收入。

因误工减少的收入是指受害人从遭受伤害到完全治愈期间，因无法从事正常工作而实际减少的收入。一般而言，误工费应当根据受害人的误工时间长短、收入情况等因素计算。误工时间根据受害人接受治疗的医疗机构出具的证明确定。受害人因伤致残持续误工的，误工时间可以计算至定残日前一天。受害人有固定收入的，误工费按照实际减少的收入计算；受害人无固定收入的，按照其最近三年的平均收入计算；受害人不能举证证明其最近三年的平均收入状况的，可以参照受诉法院所在地相同或者相近行业上一年度职工的平均工资来计算。

应当注意的是，医疗费、护理费、交通费等必须是受害人治疗损伤所必需的、合理的支出。这也体现了平衡侵权人与被侵权人权益的原则。

2. 致人残疾的赔偿范围

因侵权致人残疾，行为人应赔偿的费用除了上述医疗费、护理费、交通费以及误工费之外，还应当承担以下费用。

（1）受害人的残疾生活辅助器具费。

受害人的残疾生活辅助器具费，是指受害人因侵权行为而造成身体机能部分或者全部丧失，因此需要配置相关辅助器具来弥补和提供其活动能力而产生的费用。如行为人的行为导致受害人失去双腿，受害人伤愈之后为了能够正常生活需要安装假肢等器具，产生的相关费用就是残疾生活辅助器具费。

（2）残疾赔偿金。

残疾赔偿金，是指受害人因人身遭受损害致残，失去全部或者部分劳动能力时，行为人应当给予受害人的经济补偿。因此，残疾赔偿金的功能在于弥补受害人劳动能力丧失而造成的损害。在具体计算残疾赔偿金时，根据《民法典》第 1180 条精神和 2021 年《最高人民法院关于进一步推进人身损害赔偿标准城乡统一试点工作的通知》中的明确规定，相关的死亡和残疾赔偿金应"按照受诉法院所在地上一年度城镇居民人均可支配收入标准"计算，取消农村户籍单独计算规则，实现城乡赔偿标准统一。这一规定在全国相继推广适用。故实务中一般是根据被侵权人丧失劳动能力的程度以及伤残等级，参考侵权行为受诉法院所在地的上一年度城镇居民人均可支配收入，结合法律规定的固定赔偿期限进行计算。但在计算残疾赔偿金时，不能简单地一刀切，还要考虑侵权行为是否对受害人造成职业妨碍，其劳动就业是否受到严重影响等因素进行综合认定。

3. 致人死亡的赔偿范围

行为人的侵权行为致人死亡时，行为人除赔偿治疗费、与抢救治疗有关的交通费外，还应当赔偿被侵权人的丧葬费和死亡赔偿金。

（1）丧葬费。

丧葬费是指被受害人死亡后，其近亲属为办理丧葬事宜而支出的费用，一般包括运尸费、火化费、骨灰盒的购买及存放费用，以及雇请丧葬人员所花费的人工费等。丧葬费按照受诉法院所在地上一年度职工月平均工资标准，以六个月总额计算。

（2）死亡赔偿金。

死亡赔偿金是指行为人的侵害行为造成受害人死亡时应当承担的一种特别的经济赔偿责任。这是对死亡后果本身的赔偿，不包括为救治受害人所花费的医疗费用、护理费用和其他相关费用，也不包括丧葬费。

关于死亡赔偿金的计算方法，参见上文中残疾赔偿金额的规定，城乡赔偿标准统一，应"按照受诉法院所在地上一年度城镇居民人均可支配收入标准"乘以相应的年限进行计算。

三、精神损害赔偿

（一）精神损害赔偿的概念和特征

精神损害赔偿，是指受害人就其精神损害所获得的金钱赔偿。《民法典》第1183条明确规定，侵害自然人人身权益造成严重精神损害的，被侵权人有权请求精神损害赔偿。具体涵盖生命权、健康权、身体权、姓名权、肖像权、名誉权、荣誉权、隐私权、人身自由权等人格权利。精神损害赔偿有如下特点。

1. 它以人身权益受损为前提

精神损害，也称非财产损害，只有人身权益受到伤害时才可以请求精神损害赔偿，如因侵权产生悲伤、绝望、抑郁、疼痛等。仅财产权受损不能请求精神损害赔偿。

2. 它是金钱赔偿

精神损害赔偿是通过金钱赔偿的方式实现的，旨在使受害人得到安慰，从而达到救济受害人的目的。

3. 其价值认定方面具有主观性和不确定性

精神损害存在于主观内在，且在感知方面存在个体差异，因此其认定标准和赔偿数额不便统一设置。

4. 要求损害达到严重程度

是否赔偿精神损害，主要决定于侵权行为对受害人的精神损害的严重程度。一般的或轻微的精神损害，人民法院不予支持，但可以根据具体情况判令行为人承担停止侵害、恢复名誉、消除影响、赔礼道歉等责任。

5. 精神损害赔偿需在侵权诉讼中一并提出，单独起诉不予受理

本章开头的引例 2 中，周某和吴某分手后，周某用浓硫酸将吴某的脸毁容，其行为严重侵害吴某的健康权，并给吴某带来了巨大的精神损害，已经达到严重程度，吴某可以在人身损害赔偿诉讼中一并提出精神损害赔偿要求以获得抚慰。

（二）精神损害赔偿的功能

精神损害赔偿着眼于对主体精神或肉体所承受痛苦的赔偿，因此其具有以下功能。

1. 精神抚慰的功能

虽然精神痛苦无法用金钱衡量，但通过特定金钱给付在一定程度上可以让受害人的内心获得慰藉。

2. 补偿功能

精神损害赔偿能够减轻受害人因侵权行产生的生活压力和负担。

3. 惩戒功能

一般情形下，精神损害赔偿的数额大小与行为人的主观过错程度大小、侵权行方式是否恶劣等因素密切相关。

（三）精神损害赔偿的适用范围

根据最高人民法院的相关司法解释，下列权利或利益遭受侵害时可适用精神损害赔偿。

（1）侵害他人的人格权，包括对生命权、健康权、身体权、姓名权、名称权、肖像权、名誉权、荣誉权以及隐私权。

（2）侵害他人的监护权或其他亲属权。

（3）侵害死者的名誉、隐私、姓名、肖像、遗体、遗骨等人格利益。

（4）侵害他人具有人格象征意义的特定纪念物品致其永久性灭失或毁损。

需要注意的是，法人和非法人组织不得主张精神损害赔偿，但法人或者其他非法人组织在名称、名誉、荣誉等人格权及相关合法权益等受到他人侵害而出现财产损失时，可请求财产上的损害赔偿。

（四）精神损害赔偿的数额确定

精神损害具有一定的主观性和不确定性。因此，在具体认定精神损害赔偿数额时，应当结合个案进行具体认定。我国司法实务一般将下列因素纳入考虑范围。

1. 行为人的过错程度

若行为人的主观恶性较大，故意或恶意侵害他人权益，那么人民法院一般倾向于判令其承担数额较大的精神损害赔偿金，以体现法律的惩罚功能。

2. 行为人实施侵权行为的方式、手段、场合等具体情节

行为人的具体侵权情节不同，其行为的主观恶性和行为的社会危害性也不同。例如，行为人侵犯他人的名誉权是发生在私人场合还是公众场合、侵权手段是一般的还是极其恶劣的、是用口头传播还是利用大众媒体传播等，所造成的影响不尽相同，给受害人带来的心理痛苦程度也是不同的，损害程度也不同。因此，侵权人实施侵权的方式、手段、场合等具体情节是确定精神损害赔偿数额的重要因素。

3. 行为人造成损害结果的严重程度

侵权造成的后果越严重，精神损害也就越严重，侵权人的赔偿责任也更重。

4. 行为人的获利情况

之所以要考虑行为人的获利情况，是因为在有些情况下，受害人可能仅遭受了精神损害，没有经济上的损失，但行为人获得了利益。如果不考虑行为人的获利情况而允许行为人赔偿后仍然获得利益，显然不合理，无法体现精神损害赔偿对行为人的惩戒功能与对受害人的抚慰功能。

5. 行为人承担责任的经济能力

根据最高人民法院的相关司法解释，行为人的经济能力是受诉法院在确定其承担的精神损害赔偿数额时要考虑的因素，如果让不同财产状况的人赔偿同等的金额，有可能使富有的行为人得不到惩戒，而相应的受害人也得不到抚慰。

6. 受诉法院所在地居民的平均生活水平

受诉法院所在地居民的平均生活水平会影响人民法院对精神损害赔偿数额的判定，这主要是因为精神损害赔偿的补偿和抚慰功能的实现在一定程度上取决于受害人对金钱的态度，而这种态度又与当地的平均生活水平有关。一般来说，物质生活条件会影响人们的精神世界观，包括对精神损害的感知和感受。

每章一练

一、判断题

1. 侵权损害赔偿是财产责任。 （　　　）
2. 财产损害发生后，是以进货价来进行赔偿的。 （　　　）
3. 只要有精神损害，就必须赔偿。 （　　　）
4. 未来发生的利益损失不能获得赔偿。 （　　　）

二、多项选择题

1. 有权提起损害赔偿请求的主体包括（　　　）。

A. 被人造谣的王某　　　　　　　　B. 被人殴打致死的李某的配偶

C. 名称权被侵害的甲公司　　　　　D. 为受害人李某垫付医疗费的张某

2. 下列哪些费用可以获得赔偿？（　　　）

A. 医疗费　　　　　　　　　　　　B. 营养费

C. 误工费　　　　　　　　　　　　D. 护理费

三、案例分析题

沈某父母在城里打工，沈某随同在城里上学。某日，沈某和方某、林某等十五人一起坐校车回家。途中校车与一辆卡车发生碰撞，事故中包括沈某、方某、林某在内的十个花季少年当场死亡。卡车所在的物流公司同意对方某、林某的家人赔偿20万元，而只同意赔偿沈某家人9万元。物流公司的说法是因为死亡人户籍不一样（方某、林某是城镇户口，沈某是农村户口），所以赔偿标准不同，农村户口的就是比城镇户口低。

问：物流公司的说法正确吗？

第六章习题答案

第七章

侵权责任中的免责和减轻责任事由

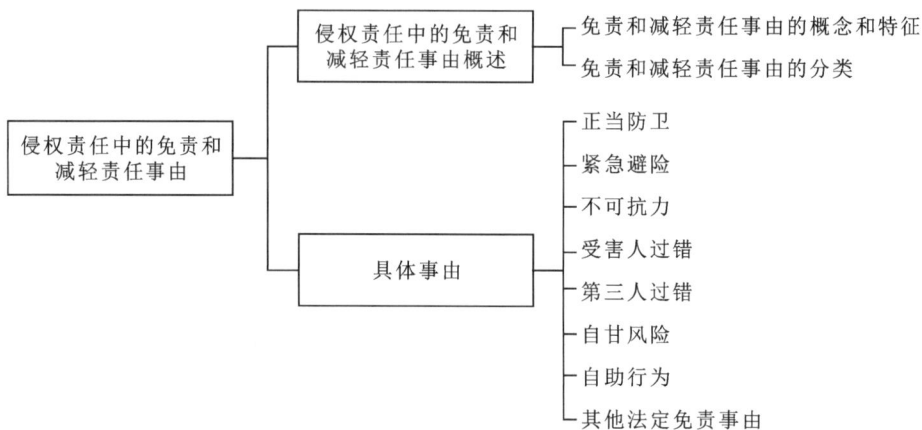

学习目标

　　了解侵权责任中的免责和减轻责任事由的概念、特征。系统掌握各类免责、减责事由，如正当防卫、紧急避险、受害人过错、自甘风险等，并了解每种免责事由的构成要件和适用范围。能够熟练运用免责、减责事由的相关法律规定，对具体案件中的免责、减责问题进行正确分析。

引例

　　苏某是一名货车司机，有一次他送货到重庆。苏某知道重庆是有名的"雾都"，出发前对车辆进行检查时，发现雾灯出现故障，但他认为自己已经开车多年，各种情况都曾遇到过，即使有雾，他也是可以认清道路的，如果放慢行驶就不会发生什么交通事故，因此没有对此情况作出处理就上路了。不料，到了重庆，当地真的下起了大雾。因能见度过低，防雾灯无法正常使用，苏某不小心撞上了行人张某。

　　请思考：苏某开车撞伤他人，可以因大雾而主张免责吗？

理论研究

　　侵权责任法作为规范民事主体权益冲突的基础性法律制度，其免责与减责机制的设计始终面临着自由保障价值与秩序维护价值的动态平衡。本章围绕"侵权责任免责和减责事由"展开系统性学习，探究免责、减责制度的具体事由和构成，帮助大家理解在何种情况下，行为人可以免除或减轻其因侵害行为可能承担的责任。

第一节　侵权责任中的免责和减轻责任事由概述

一、免责和减轻责任事由的概念和特征

（一）概念

免责和减轻责任事由又称责任抗辩事由，是指侵权责任法中的不承担责任或者减轻责任的特定事由。责任抗辩事由有广义和狭义之分。广义的责任抗辩事由是指在侵权案件中，行为人一方针对受害人一方的指控和请求所提出的一切有关不承担或者减轻其侵权责任的主张。而狭义的责任抗辩事由仅指行为人一方针对受害人一方的指控和请求所提出的因具备特定的抗辩事由而不承担或者减轻其侵权责任的主张。

一般来说，某一侵权案件中侵权责任的任何一个构成要件缺失，则该侵权案件均属于可适用免责事由或者说不承担责任的情形，行为人一方可能因此不承担侵权责任。这是广义的抗辩事由所包含的内容。但责任抗辩事由的一般原理主要关注的不是某一侵权责任的构成要件具备与否的问题，而是狭义的责任抗辩事由，即由法律专门规定的影响（不承担或者减轻）行为人一方的侵权责任的特定抗辩事由。《民法典》总则编第八章"民事责任"对于不可抗力（第180条）、正当防卫（第181条）、紧急避险（第182条）等不承担民事责任的抗辩事由作出了规定。此外，《民法典》对于与有过错（第1173条）、受害人故意（第1174条）、第三人过错（第1175条）、自甘风险（第1176条）和自助行为（第1177条）等不承担侵权责任或者减轻侵权责任的抗辩事由也作出了规定。

（二）特征

1. 对抗性

免责和减轻责任事由的对抗性是指，该责任事由是专门针对受害人一方的请求，具有部分或全部抵消受害人一方之请求的功能。

2. 客观性

免责和减轻责任事由的客观性是指，该责任事由是客观存在的事实，而不是当事人的主观臆想，应由行为人一方加以举证和证明。

3. 法定性和适用范围的特定性

免责和减轻责任事由的法定性和适用范围的特定性是指，客观事实能否成为免责和减轻责任事由应依据法律规定，而不是由法官的自由裁量或当事人的主张决定；不同种类的抗辩事由适用于哪些类型的侵权案件，也应依据法律做明确规定。

二、免责和减轻责任事由的分类

（一）正当的免责和减轻责任事由与外来的免责和减轻责任事由

正当的免责和减轻责任事由是指，损害虽然是行为人的行为所致，但其行为具有合法性，如正当防卫、紧急避险等，因此行为人可依法不承担责任。外来的免责和减轻责任事由是指，损害不是行为人的行为所致，而是其行为以外的独立原因造成，如不可抗力，因此，行为人的行为与损害结果之间如果不存在因果关系，行为人不应承担相应的侵权责任。

（二）一般免责和减轻责任事由与特殊免责和减轻责任事由

一般免责和减轻责任事由是由法律作出一般性规定的，是普遍适用于各种侵权案件的不承担或者减轻责任的特定事由。它包括如下几类：其一，基于行为人的行为的，具有正当性的免责和减轻责任事由，主要有正当防卫、紧急避险、依法执行职务等；其二，基于客观事件的免责和减轻责任事由，主要指不可抗力；其三，基于受害人或者第三人过错的免责和减轻责任事由。特殊免责和减轻责任事由，是指具体适用于特殊类别侵权案件的不承担或者减轻责任的特定事由。这类特殊免责和减轻责任事由的侵权责任法没有在"一般规定"中进行规定，而是由规定某类侵权责任的法律条款作出具体规定的。

（三）绝对免责和减轻责任事由与相对免责和减轻责任事由

绝对免责和减轻责任事由，是指只要存在该特定的免责和减轻责任事由，就当然、绝对地免除行为人的民事责任，而无须考虑其他因素，尤其是不考虑行为人的主观方面和受害人是否同意。相对免责和减轻责任事由，又称附条件的免责和减轻责任事由，是指在存在该特定免责和减轻责任事由时，得酌情考虑减轻或者免除行为人的侵权责任，但是要考虑其他相关因素，尤其是行为人的主观方面、行为的方式和场合等。

（四）不承担责任的免责和减轻责任事由与减轻责任的免责和减轻责任事由

前者是指可以完全免除行为人的侵权责任的免责和减轻责任事由；后者则指只能部分免除行为人的侵权责任，即减轻侵权责任的免责和减轻责任事由。

第二节　具体事由

一、正当防卫

（一）正当防卫概述

正当防卫是一般免责、减责事由，指的是当公共利益、他人或本人的人身或者其他利益遭受不法侵害时，行为人所采取的防卫措施。《民法典》第181条规定："因正当防卫造成损害的，不承担责任。正当防卫超过必要的限度，造成不应有的损害的，正当防卫人应当承担适当的民事责任。"正当防卫是保护性措施，是一种合法行为，对于因此造成的损害，防卫人不负赔偿责任。

（二）正当防卫的条件

正当防卫的条件是指某项行为被确认为正当防卫所应具备的全部主、客观情况。这些条件都是必要的，缺一不可的，这些条件的总和便构成正当防卫的充分、必要条件。正当防卫的条件主要表现在四个方面：对象条件、目的条件、时间条件、限度条件。

1. 正当防卫的对象条件

正当防卫的对象条件是指正当防卫行为具有针对的具体对象。正当防卫的具体对象包括正当防卫所针对的行为与其所针对的行为人（行为的实施者）。

（1）正当防卫是针对不法侵害行为进行的。

第一，正当防卫的构成必须有不法侵害行为这一事实存在。这种不法侵害行为既可能是侵害防卫人自己的合法权益，也可能是侵害社会公共利益或他人的合法权益。第二，侵害行为具有不法性。不能对合法行为（如依法执行公务的行为）实施防卫行为。第三，不法侵害一般是人（自然人或法人）实施的，但有时也可以是由饲养动物实施的，因此，正当防卫主要是针对人或饲养动物的。

（2）正当防卫是针对不法侵害行为的实施者的。

第一，防卫行为只能针对实施不法侵害行为的本人，而不可针对其家属或其他任何第三人。第二，在共同侵权的情形中，防卫行为可以针对共同侵权人的一部分人或所有人。第三，对于无民事行为能力人或限制民事行为能力人实施防卫应当更为慎重。

正当防卫是针对不法侵害行为的实施者所采取的必要措施，既可以是针对其人身的（如健康、自由），也可以是针对其财产的。选择不法侵害行为人的人身哪一方面或财产哪一部分作为防卫的具体对象，取决于以下因素：其一，是否足以制止不法侵害、保护合法权益；其二，防卫人实施防卫之可能与便利；其三，防卫限度；其四，社会公共利益和善良风俗。

2. 正当防卫的目的

正当防卫的目的，是指防卫人通过实施防卫行为所要达到的目标或后果。目的的合法性是正当防卫的必备条件之一，也是正当防卫作为侵权责任法上的免责和减轻责任事由的根据及正当防卫权的存在基础。

在我国，正当防卫的目的应当是保护防卫人本人、他人的合法权益或公共利益。通过目的判断行为是否属于正当防卫有以下几个标准。

第一，有防卫人本人、他人的合法权益或公共利益之存在。

第二，出于加害对方之目的，对其进行挑拨、激怒或引诱，然后实施侵害，貌似"正当防卫"，实则不具备正当防卫的目的之合法性和正当性。

第三，在相互的非法侵害（如打架斗殴）行为中，因为都有侵害他人的不法目的，所以一般不能认为其中一方或双方属于正当防卫。但一方已明确放弃侵害，另一方仍穷追不舍、继续加害，放弃侵害的一方不得已而进行反击，亦可以认定为正当防卫。

第四，如果某人错误地认为防卫是必要的，但实际后果完全不同于其所追求的目的，则行为人原则上应负赔偿责任。

3. 正当防卫的时间条件

正当防卫的时间条件，是不法侵害正处于已经开始并且尚未结束的进行状态。如果侵害行为尚未开始、尚未危及合法利益，或侵害行为已经结束、危害结果已经发生，就不能进行正当防卫。

一般来说，不法侵害已经开始，可以理解为侵害人已经着手直接实行侵害行为。例如，杀人犯持刀向受害人砍去、强奸犯对妇女施以暴力或暴力威胁等。但是，实践中的具体案件往往十分复杂，有些情况下，虽然不法侵害尚未着手实行，但它对客观的现实威胁已经十分明显，不实行正当防卫，就可能丧失防卫的时机。在这种情况下，进行正当防卫也是适宜的。

不法侵害尚未结束，是指不法侵害行为或其导致的危险状态尚在继续中，防卫人可以用防卫手段予以制止或排除。具体来说，不法侵害尚未结束，可以是不法侵害行为本身正在进行中，例如纵火犯正在向房屋泼汽油；也可以是行为已经结束而其导致的危险状态尚在继续中，例如抢劫犯已抢得某种财物，但其尚未离开现场。在上述两种情况下，防卫人的防卫行为均可有效地制止不法侵害行为，或排除不法侵害行为所导致的危险状态。有些情况下，虽然不法侵害所导致的危险状态尚在继续中，但正当防卫行为并不能将其排除，则应视为不法侵害已经结束。例如，投毒犯向井中投毒后逃跑，已经造成了可能使人畜中毒的危险状态，就无法通过杀死或伤害投毒犯的防卫手段来排除，对之采取正当防卫也就失去了适时性。

2020 年 9 月最高人民法院、最高人民检察院、公安部印发的《关于依法适用正当防卫制度的指导意见》第 6 条规定："正当防卫必须是针对正在进行的不法侵害。对于不法侵害已经形成现实、紧迫危险的，应当认定为不法侵害已经开始；对于不法侵害虽然暂时中断或者被暂时制止，但不法侵害人仍有继续实施侵害的现实可能性的，应当认定为不法侵害仍在进行；在财产犯罪中，不法侵害人虽已取得财物，但通过追赶、阻击等措施能够追回财物的，可以视为不法侵害仍在进行；对于不法侵害人确已失去侵害能力或者确已放弃侵害的，应当认定为不法侵害已经结束。对于不法侵害是否已经开始或者结束，应当立足防卫人在防卫时所处情境，按照社会公众的一般认知，依法作出合乎情理的判断，不能苛求防卫人。对于防卫人因为恐慌、紧张等心理，对不法侵害是否已经开始或者结束产生错误认识的，应当根据主客观相统一原则，依法作出妥当处理。"

4. 正当防卫的限度条件

正当防卫的限度条件，是指防卫的方式和强度的适当性。防卫的方式和强度是密切联系的，比较温和的防卫方式一般所能达到的强度有限，相反，比较激烈的防卫方式则能达到很高的强度。防卫所使用的力量强度须与侵害强度相适应。防卫超过必要的强度，则可能构成防卫过当。

（三）正当防卫的效果与防卫过当的民事责任

1. 正当防卫的效果

在必要限度内进行正当防卫，即使给被防卫人造成损害，防卫人也不承担民事责任。但是如果防卫超过必要的限度，造成不应有的损失，则防卫人应当承担适当的民事责任。

2. 防卫过当的民事责任

防卫过当，即防卫超过必要限度，是指防卫人实施的防卫行为虽然符合正当防卫的对象条件、目的条件和时间条件，但不符合正当防卫的限度条件，或者选择的防卫方式不当或使用的力量过度，从而造成被防卫人（实施不法侵权行为的行为人）过重的或不应有的人身或财产损失。

我国法律规定，防卫超过必要限度造成不应有的损害的，防卫人应当承担适当的侵权责任，而不是完全赔偿责任。"适当的民事责任"应当被理解为一种减轻或从轻的侵权责任。在轻重两种民事责任均可适用时，选择轻者；在涉及财产责任时，应当扣除防卫在必要限度内的损害部分，再确认"适当"的赔偿数额。

【案例 7-1】

　　林某经营一家小超市。一天，林某发现有小偷在超市内掏顾客钱包，林某便拿起一个空酒瓶猛击小偷头部，小偷被送入医院救治，虽无生命危险，但经鉴定构成伤残 8 级。本案中，小偷被发现掏顾客钱包时，并没有行凶、抢劫等危及人身的暴力行为，林某只需要大声呵斥或将其扭送派出所就可以制止侵权行为，但其猛击小偷头部，使其构成 8 级伤残，该行为明显超出了正当防卫限度，林某需要承担适当的侵权责任。

二、紧急避险

（一）紧急避险概述

　　为了使本人或者第三人的人身或财产或者公共利益免遭正在发生的、实际存在的危险而不得已采取的一种损害他人人身或财产的行为，称为紧急避险。《民法典》第182 条规定："因紧急避险造成损害的，由引起险情发生的人承担民事责任。危险由自然原因引起的，紧急避险人不承担民事责任，可以给予适当补偿。紧急避险采取措施不当或者超过必要的限度，造成不应有的损害的，紧急避险人应当承担适当的民事责任。"

　　作为一种正当的免责和减轻责任事由，紧急避险与正当防卫既有一些相似之处，也有一些原则性的区别。其相似之处表现为：都是为了保护公共利益，以及本人或他人的合法民事权益，即其目的条件是一致的；都是对正在发生的侵害（或危险）采取相应措施，即其时间条件是一致的；法律要求正当防卫在必要限度内进行，紧急避险也不得超过必要限度，因此，二者的限度条件也是一致的。

　　正当防卫与紧急避险二者的主要区别有以下几点。第一，正当防卫主要是针对他人的不法侵害行为，即侵害大多是人的行为（有时也来自饲养动物的危险）；紧急避险中的危险既可能是由他人之行为造成的，也可能由自然原因引起。第二，正当防卫所施加的对象是行为人的人身或其财产；紧急避险则是施加于第三人，造成第三人人身或财产的损失，即二者的对象条件不同。第三，任何人均不对必要限度内的正当防卫负赔偿责任；但即使是必要限度内的紧急避险，受害的第三人原则上也应从受益一方获得补偿，也即二者的法律后果不同。

（二）紧急避险的必要限度与效力

1. 紧急避险的必要限度

紧急避险不得超过必要限度，各国法律均对此有所规定。这里涉及一个权衡将要保护（即避免受到损失）的利益与实施紧急避险行为将要损害的利益之间的轻重问题。其基本规则是"两利相权取其重，两害相权取其轻"：如果其所保护的利益大于所造成的损害，则认为紧急避险符合"必要限度"的要求；反之，则认为紧急避险超过了"必要限度"的要求。如果两种利益均属财产性质，则可以用计算具体数额的办法来进行比较。但是，如果其中之一或二者均为人身性质，则其比较二者的轻重就很困难。

本书认为比较的标准有如下几种：高度重视人的生命、健康和人格尊严；公共利益优先；发挥公序良俗、公共道德作为辅助判断标准的积极作用。

2. 紧急避险的效力

行为人在必要限度内实施紧急避险行为时，如果其保护的利益大于所造成的损害，那么其行为就具有正义、合理性。但是，与正当防卫使不法侵害行为人（危险之制造者）的人身或财产遭受损失不同的是，紧急避险会使没有过错的第三人遭受人身或财产上的损失。对于这种损失，是否应当赔偿（补偿）？在何种程度上给予赔偿？应当由谁赔偿呢？

（1）紧急避险行为人的补偿。

关于行为人在必要限度内实施紧急避险行为，造成第三人损害，行为人应否承担赔偿责任的问题，有三种学说。第一，赔偿肯定说。该学说认为原则上应当赔偿。第二，赔偿否定说。绝大部分大陆法系民法典规定，行为人对必要限度内的紧急避险所造成的损害不负赔偿责任。第三，折中说或公平补偿说。其基本观点是：为了保护本人或第三人免遭现有和重大危险而对他人造成损害者，仅在法官认为公平的范围内予以赔偿。

（2）受益人的补偿。

如果危险是由自然原因引起的，且紧急避险人采取的措施并无不当（主观上没有过错，客观上没有超过必要限度），则由受益人对受害人予以补偿。

（3）险情引起者的责任。

我国法律规定，因紧急避险造成损害的，由引发险情的人承担民事责任。险情引起者所应承担的民事责任一般以财产性责任为限，其范围应当是对被侵权人的全部损失进行赔偿。

（三）紧急避险超过必要限度和措施不当的后果

1. 紧急避险超过必要限度和措施不当的概念

紧急避险超过必要限度，是指行为人的避险行为虽然符合紧急避险的对象条件、时间条件和目的条件，但不符合其限度条件，避险行为所造成的损害大于其所保护的公共利益或本人、他人的合法权益。紧急避险措施不当，是指行为人为避险而采取的方法和措施不能或不适合处理当时当地的险情。紧急避险超过必要限度不同于紧急避险措施不当。前者的基本思路和方法是正确的，只是未能正确地把握"度"的要求；后者的基本思路和方法是错误的，即采取的有关措施不能或不适合处理当时当地的险情。紧急避险超过必要限度或采取措施不当，均可能造成不应有的财产或人身损失。

2. 紧急避险超过必要限度和措施不当的后果分析

依法律规定，因紧急避险超过必要的限度，或者采取的措施不当造成不应有损害的，紧急避险人应当承担适当的民事责任。在此，有必要对"适当的民事责任"之适用进行具体分析。

（1）险情是由自然原因引起的。

如果险情是由自然原因引起的，紧急避险人不承担民事责任，可以给予适当补偿。

（2）险情是由第三人引起的。

如果险情是由第三人引起的，紧急避险人只需对超过必要限度部分的损害承担适当的民事责任，险情的引起者应对被侵权人在紧急避险的必要限度内的损失承担全部赔偿责任。

（3）险情是由避险行为人引起的。

如果险情是由避险行为人自己引起的，他应对因采取措施不当或超过必要的限度造成不应有的损害承担适当的民事责任。

三、不可抗力

（一）不可抗力的概念和特征

《民法典》第180条规定："因不可抗力不能履行民事义务的，不承担民事责任。法律另有规定的，依照其规定。不可抗力是不能预见、不能避免且不能克服的客观情况。"这种客观情况通常包括自然灾害、政府行为、社会异常事件等。不可抗力的特征在于以下几点。

1. 不可预见性

不可预见性强调的是注意标准方面，即事件的发生超出了行为人的预期，在现有的科技水平下，无法预测事件的发生。另外，对某件事的预知能力因人而异，应该以一般理性人的预知能力为标准。

2. 不可避免且不能克服性

不可避免且不能克服表明事件的发生和事件所造成的损害具有必然性，已经超出了当行为人的控制能力范围。当事人已尽到最大的努力并采取了一切可以采取的措施，仍然不能避免某种事件的发生，也无法避免事件造成的损害。

（二）不可抗力的分类

实践中，不可抗力可以分为以下三类。

1. 自然原因的不可抗力

自然原因的不可抗力是指达到一定强度的自然现象，如地震、台风、洪水、海啸、火山爆发、山体滑坡、雪崩、泥石流等。但是并非一切自然灾害都构成不可抗力而成为免责事由，其必须符合不可预见性、不可避免且不能克服等要件。

2. 社会原因的不可抗力

社会原因的不可抗力是指由于社会矛盾激化而构成的不可预见、不可避免且不能克服的客观情况，如战争、武装冲突等。

3. 国家因素的不可抗力

国家权力的行使及其后果，有时也是人们不可预见、不可避免且不能克服的。行政机关的抽象行政行为符合不可抗力的标准，即普通民众对行政机关制定颁布法规规章的行为无法预见，而且没有能力事前预防或者事后避免，加之行政行为具有强制性，因而也不能克服。如政府紧急征收、交通管制、疫情防控等措施。实践中，不可抗力的国家因素往往在合同关系领域发生，较少在侵权责任领域发生。

（三）不可抗力作为侵权责任免责事由的效果

1. 不可抗力对过错侵权责任的抗辩效果

不可抗力对损害发生和扩大的原因力不同，所达到的抗辩效果也不同。如果不可抗力是损害发生和扩大的唯一原因，行为人不承担民事责任，不可抗力可以成为免责的抗辩事由；如果不可抗力不是损害发生和扩大的唯一原因，而只是部分原因，则行为人主张不可抗力只能免除部分民事责任，对于剩余的部分，可按照相关当事人的过错进行分配。

2. 不可抗力对无过错侵权责任的抗辩效果

在以无过错责任为归责原则的侵权案件中，相关法律制度对被告的责任要求更为严格。首先，有些情形下，不可抗力不具有免责效力。如《民法典》侵权责任编第八章"高度危险责任"规定的情形，原则上不能以不可抗力作为抗辩事由。其次，不可抗力的界定范围有严格限制。虽然允许行为人以不可抗力作为抗辩事由主张不承担责任或者减轻责任，但是要对不可抗力的界定范围进行限制。再次，要求规定当事人的特别义务。不可抗力可以作为免责和减轻责任事由，但是要求主张方履行特别义务，尤其是在避免和减少损失方面的义务。最后，不可抗力作为部分原因。当不可抗力构成损害发生和扩大的部分原因时，一般根据其原因力的大小适当减轻被告的责任。

本章开头的引例1中，大雾本身属于自然原因的不可抗力，但是损害的发生却不是因不可抗力引起的。理由在于：苏某在上路之前已经发现防雾灯损坏，但未修理，致使防雾灯在遇到大雾天气后无法使用。并且当大雾导致路况很差时，苏某完全可以采取停车的措施以避免危险，但他没有采取这一措施，反而继续前行，最终导致交通事故的发生。苏某对事故发生存在过错，应当对自己的过错行为承担侵权责任，而不能以不可抗力为由主张免责。

四、受害人过错

（一）受害人过错的概念和形式

受害人过错，是指损害的发生或扩大不是行为人的过错，而是受害人的过错所致。《民法典》第1174条规定："损害是因受害人故意造成的，行为人不承担责任。"这项规定与传统侵权责任法规则以及民法理论有所不同。传统理论认为，这种规则应当是受害人过错而不是受害人故意。在适用过错责任原则与过错推定原则的情况下，受害人具有故意或者过失，且其故意或者过失是造成自己损害的全部原因的，则构成免责事由。在适用无过错责任原则的情况下，受害人故意引起损害，即可构成免责事由。而该条仅规定受害人故意是免责事由，内容偏少，不能容纳受害人有过失的情形。在司法实践中，构成受害人故意的，当然应当按照该条规定免责；但在适用过错责任原则以及过错推定原则的情况下，受害人由于自己的过失引起损害且过失为损害发生全部原因的，也应当免除行为人的责任。

（二）受害人过错的类型

1. 受害人故意

受害人故意，是指受害人明知自己的行为会引生损害自己的后果，而希望或放任此种结果发生。受害人故意造成损害的发生，且受害人的行为是损害发生的唯一原因，应免除行为人的责任。在适用过错责任原则的情况下，如果受害人具有故意，而行为人只有轻微过失，则行为人也可以免责。在适用无过错责任原则情况下，只要是受害人故意造成损害的，行为人即可免责。

【案例7-2】

行人无视交通信号灯，故意冲向正常行驶的车辆，导致自己受伤，这种情况下，车辆驾驶人无须承担侵权责任。

如果行为人引诱、诱惑受害人故意从事某种行为，使受害人遭受损害，则应当认为损害是由行为人的故意而非受害人的故意造成的。

【案例 7-3】

甲对乙谎称某人将拒绝收购乙的一批彩电，使得乙将其彩电廉价处理。在此情况下，加害人甲故意引导受害人乙损害自身财产，造成乙的损失，甲应承担侵权责任。

此外，无民事行为能力人的故意不被视为法律上的故意。如果无民事行为能力人造成自身损害的同时，行为人也有轻微过失，行为人也应当承担适当的责任。

2. 受害人重大过失

受害人重大过失，是指受害人对于自己的人身和财产安全毫不顾及，造成了自身的损害。根据《民法典》和有关单行法的规定，如果损害完全是受害人的重大过失所致，行为人对损害的发生没有任何过错，则行为人不承担民事责任。受害人的这种重大过失应当作为免责事由，但其前提必须是行为人没有过错。如果行为人有过错，则只有在行为人存在轻微过失的情况下，才可以免除其责任，在其余场合则应按照过失相抵规则处理。

3. 受害人过失

受害人过失，是指在行为人致受害人受损害过程中或造成损害以后，受害人对损害的发生与扩大有过失。《民法典》第 1173 条规定："被侵权人对同一损害的发生或者扩大有过错的，可以减轻侵权人的责任。"根据过失相抵的原则，受害人应当在其过失范围内承担侵权责任，同时减轻行为人的责任。

五、第三人过错

（一）第三人过错的概念和特点

第三人过错，是指除受害人和行为人之外的第三人，对受害人损害的发生或扩大具有过错。第三人过错的主要特征是主体上的特殊性，其过错形式则与其他类型的过错没有区别，包括故意和过失。

《民法典》第 1175 条对第三人过错进行了规定："损害是因第三人造成的，第三人应当承担侵权责任。"此外，《民法典》第 1198 条、第 1201 条、第 1233 条和第 1250 条等分别规定了第三人过错的特殊规则，这些情况不适用第 1175 条的规定。

第三人过错的特点有以下几个方面。

1. 过错主体是第三人

第三人是过错的主体，即造成损害的不是行为人或受害人任何一方。狭义上的第三人过错，是指第三人的过错是损害发生或者扩大的唯一原因；广义上的第三人过错，则是指第三人与行为人共同引起损害的发生或者扩大。对于这两种情况中的任何一种，都是第三人在主观上具有过错。同时，该第三人不能被认定属于加害人一方或属于受害人一方。

2. 第三人与当事人没有过错联系

如果第三人和行为人之间基于共同的意思联络（如第三人为行为人的帮助人）而致受害人损害的，将作为共同侵权行为人承担连带责任。

3. 第三人过错是免除行为人责任的依据

若损害结果的发生完全是由第三人的故意或过失行为所导致，且行为人自身不存在任何过错，亦未与第三人存在共同故意或过失的合谋，那么根据相关法律规定，行为人可据此主张免除其应承担的侵权责任，以维护其合法权益。

（二）第三人过错的一般规则

第三人过错的法律后果是，第三人承担赔偿责任，免除行为人的赔偿责任。其适用条件如下。

第一，第三人过错为损害发生的唯一原因，行为人对此没有过错的，行为人应当免责，而由第三人承担责任。《民法典》第 1175 条所指的就是这种情形。

第二，如果第三人的过错与加害人的过错构成损害发生的共同原因，则第三人的过错只是减轻行为人的赔偿责任的事由，不再适用第三人过错免责的规则。

（三）第三人过错的特殊规则

《民法典》第 1198 条、第 1201 条、第 1204 条、第 1233 条、第 1250 条、第 1252 条、第 1253 条分别规定了第三人过错的特殊规则。这些第三人过错的特殊规则分为以下三种情形。

1. 第三人过错实行不真正连带责任

《民法典》规定，以下两种存在第三人过错的情形，适用不真正连带责任的规则，而不适用由有过错的第三人直接承担责任的一般性规则。

第一，第三人的过错造成环境污染和损害的，受害人可以向污染者请求赔偿，也可以向第三人请求赔偿。污染者赔偿后，有权向第三人追偿。这样规定的目的在于更好地保护受害人的权益，使其受到的损害能够及时得到救济。

第二，第三人的过错致使饲养动物造成他人损害的，被侵权人可以向动物饲养人或者管理人请求赔偿，也可以向第三人请求赔偿。动物饲养人或者管理人赔偿后，有权向第三人追偿。第三人的过错致使动物造成他人损害的，也不适用第三人过错的一般规则，不是由第三人直接承担责任，而是赋予被侵权人选择的权利，实行不真正连带责任。

2. 第三人过错实行补充责任

《民法典》还规定，以下两种存在第三人过错的情形，适用补充责任规则，而不适用由有过错的第三人直接承担责任的一般性规则。

第一，在违反安全保障义务侵权责任中，第三人的行为造成他人损害的，由第三人承担侵权责任。经营者、管理者或者组织者未尽到安全保障义务的，承担相应的补充责任，即先由第三人承担侵权责任，如果第三人不能承担或者不能全部承担责任，则由未尽到安全保障义务的经营者、管理或者组织者承担相应的补充责任。

第二，无民事行为能力人或者限制民事行为能力人在幼儿园、学校或者其他教育机构、学习、生活期间，受到幼儿园、学校或者其他教育机构以外的人员即第三人的人身损害的，由第三人承担侵权责任；幼儿园、学校或者其他教育机构未尽到管理职责的，承担相应的补充责任。

3. 第三人过错实行先付责任

第一，在产品侵权责任中，因运输者、仓储者等第三人的过错使产品存在缺陷，造成他人损害的，产品的生产者、销售者赔偿后，有权向第三人追偿。

第二，在物件致害责任中，建筑物、构筑物或者其他设施及其搁置物、悬挂物发生脱落、坠落造成他人损害，所有权人、管理人或者使用人证明自己没有过错的，先由其承担侵权责任。所有权人、管理人或者使用人赔偿后，能确定其他责任人（第三人）的，有权向其他责任人追偿。

第三，在物件致害责任中，建筑物、构筑物或者其他设施倒塌造成他人损害的，有其他责任人即第三人的，也应先由建设单位与施工单位承担连带责任，但是建设单位与施工单位能够证明不存在质量缺陷的除外；建设单位、施工单位承担了赔偿责任之后，有权向其他责任人（即第三人）追偿。

六、自甘风险

（一）英美法系侵权责任法中自甘风险的一般规则

在英美法系侵权责任法中，自甘风险也叫作危险的自愿承担、自愿者非为不当规则，即在原告提起的适用过错责任的侵权纠纷诉讼中，要求原告承担其自愿承担的所涉风险。其一般规则是：原告自愿承担被告过失的，或者因原告鲁莽行为而导致伤害危险的，原告不得就该伤害请求赔偿。

在英国，有如下一个典型判例。莫里斯与飞行员穆拉埃一起出席酒会，之后一起驾驶一架飞机飞行，飞行途中飞机坠毁。后莫里斯起诉要求赔偿。法院认为，作为乘客的原告是自愿承担风险的人，因为他应该知道飞行员当时的状态。在美国，也有一个典型判例，原告在被告的游乐场滑雪时，撞到了一根金属杆上，导致原告受重伤。那根金属杆是操纵电缆车路线装置的一部分。在本次滑雪季开始前，原告买了这一季的滑雪通行证，并签署了危险同意文件，确认滑雪是危险的，如果发生危险愿意自己承担风险，不需要场地方负责。原告受害后起诉，被告以原告已签署了此同意文件为由而进行抗辩，认为原告构成自甘风险。法院判决被告胜诉。

自甘风险分为明示的自甘风险和默示的自甘风险。前述的英国判例是默示的自甘风险，美国的判例则为明示的自甘风险。不论何种自甘风险，均须具备以下三个要件：受害人知悉或者鉴识危险；受害人有自愿承担之必要；不违反成文法的规定。具备这些要件，就构成自甘风险，可免除行为人的侵权责任。在举证责任上，如果被告应对原告负责（例如有过失），则原告自愿承担危险的举证责任应由被告承担。

（二）我国司法实践对自甘风险规则的适用

《民法典》第1176条规定："自愿参加具有一定风险的文体活动，因其他参加者的行为受到损害的，受害人不得请求其他参加者承担侵权责任；但是其他参加者对损害的发生有故意或者重大过失的除外。活动组织者的责任适用本法第一千一百九十八条至第一千二百零一条的规定。"按照上述规定，自甘风险是指受害人自愿参加有一定风险的文体活动，因其他参加者的行为受到损害的，受害人不得请求其他参加者承担侵权责任，但是其他参加者对损害的发生有故意或者重大过失时除外。其构成要件是：第一，组织者组织的活动是具有一定风险的文体活动，例如蹦极等；第二，受害人对该种具有一定风险的文体活动有认识，但是自愿参加；第三，受害人参加此活动时因其他参加者的行为受到损害，该文体活动参加者的行为与受害人的损害之间有因果关系；第四，文体活动的参加者没有故意或者重大过失。具备这些构成要件的，即可免除其他参加者的侵权责任。可见，其他参加者对于损害的发生有一般过失的，也不承担赔偿责任。例如参加足球、棒球等比赛活动受到其他运动员的损害，应当适用自甘风险的规定，免除造成损害的其他参加者的赔偿责任。

《民法典》第1176条第2款规定的"活动组织者的责任适用本法第一千一百九十八条至第一千二百零一条的规定"，是指判定文体活动的组织者是否对于造成的损害承担侵权责任，应当适用违反安全保障义务者侵权责任和教育机构损害责任的规定。

这分为两种情况。一是组织者未尽到安全保障义务造成受害人损害的，应当承担赔偿责任；组织者违反安全保障义务致使第三人造成受害人损害的，承担相应的补偿责任，在承担责任后可以向第三人追偿。二是无民事行为能力人或者限制民事行为能力人在幼儿园、学校或者其他教育机构学习、生活期间受到人身损害的，这些教育机构未尽教育管理职责的，适用过错推定原则或者过错责任原则确定应当承担的侵权责任；第三人造成损害，且承担责任不足的，这些教育机构应承担补充责任，在承担补充责任后也享有追偿权。

【案例 7-4】

　　某法院判决的"驴头""驴友"致害案件中，13 名网友在网上约好一起去野外自助探险游。在野外露营时，晚上发生山洪，13 人均被洪水冲走，其中1 人死亡，其他 12 人获救。死者家属向法院起诉，要求"驴头"和其他参与人承担赔偿责任。一审法院判决"驴头"承担 60％的赔偿责任，其他"驴友"共同分担 10％的责任，受害人自己承担 30％的责任。被告不服该判决，上诉。二审法院根据公平责任改判"驴头"承担主要赔偿责任，其他"驴友"各分担补充赔偿责任，以示公平。

　　事实上，这个案件是典型的自甘风险，无须各被告承担责任，这样的改判严格来说并不公平。

【案例 7-5】

　　郝某、张某在网上发起前往北京西郊灵山的自助游，某电视台编辑自愿参加。当天爬上灵山后，已近午夜时分，因天气寒冷，赫某等决定迅速下山，途中该编辑突然发病而死亡。死者父母向法院起诉，要求发起人承担赔偿责任。法院认为，此次自助性质的户外活动不以营利为目的，该编辑至事发时一直没交纳活动费用，因此，发起人不对其承担保障人身、财产安全的义务。发起人在免责声明中，对领队的权利、义务作出说明，强调领队除接受大家监督，有责任控制费用和公开账目外，不对任何由户外运动本身具有的风险承担责任，因而在既无法律规定又无合同约定的前提下，法院认可这一免责声明。事发时，二发起人对死者采取了心肺复苏等措施进行抢救，已经履行了必要的救助义务。因此，法院认定，虽然此次活动计划不够完善，但是发起人发起活动本身不违法，对死者不承担赔偿责任。

　　这两起案件，对于受诉法院在司法实践中适用自甘风险规则，具有较好的借鉴意义。

七、自助行为

（一）自助行为的概念

　　《民法典》第 1177 条规定："合法权益受到侵害，情况紧迫且不能及时获得国家机关保护，不立即采取措施将使其权益受到难以弥补的损害的，受害人可以在必要范围内采取扣留侵权人的财物等合理措施；但是，应当立即请求有关国家机关处理。""受害人采取的措施不当造成他人损害的，应当承担侵权责任。"

　　自助行为是指权利人为了保护自己的权利，在情势紧迫而又不能获得国家机关及时救助的情况下，对他人的财产或者人身自由在必要范围内采取扣押、拘束或者其他相应措施，为法律或社会公德所认可的免责事由。自助行为的性质属于自力救济，与紧急避险、正当防卫的性质相同。其区别在于，自助行为保护的是自己的权利，而正当防卫和紧急避险包括保护他人权利的情况；自助行为在实施前，当事人之间可能已经存在某种债的关系，而正当防卫和紧急避险行为在实施之前当事人之间没有这种关系。

《民法典》第 1177 条没有明文规定可以对他人的人身自由施加拘束，但是，"等"字中包含了这个意思。例如，去饭店吃饭未带钱，店主不让离开，等待他人送钱来结账的拘束人身自由的行为，也是自助行为，并不是侵害人身自由权的侵权行为。

（二）自助行为规则的适用

实施自助行为的要件是：受害人的合法权益受到侵害；情况紧迫且不能及时获得国家机关保护；对侵权人实施扣留财产或者适当拘束人身自由的行为；扣留财产或者限制人身自由措施的强烈程度在必要范围内，不得超出必要范围。

受害人实施自助行为并在其合法权益得到保障后，即应解除相应措施；如果仍需继续采取上述措施，侵权人可请求有关国家机关依法处理。

受害人如果对侵权人采取的措施不适当，造成侵权人损害的，应当承担侵权责任，赔偿损失。

八、其他法定免责事由

（一）职务授权行为

1. 职务授权行为的概念和性质

职务授权行为也称依法执行职务，是指依照法律授权或者法律规定，在必要时因行使职权而损害他人的财产和人身权利的免责事由。为了保护社会公共利益和他人的合法权益，法律允许工作人员在执行职务的必要情况下，损害他人的财产和人身权利。在这些情况下，实施有关行为的人是"有权造成损害"的。职务授权行为是一种合法行为，行为人对其造成的损害不负赔偿责任。

【案例 7-6】

消防队为了制止火灾蔓延而将邻近火源的房子拆除；防疫医疗队为了消灭急性传染病而将病人所用的带菌衣物烧掉；外科医生对外伤患者做必要的截肢手术；公安人员依法开枪打伤逃犯等，都属于职务授权行为。

如果执行职务不当而造成损害，行为人应当负赔偿责任。尽管《民法典》没有对这种免责事由进行规定，但是将职业授权行为认定为免责事由，是符合法理的。

2. 职务授权行为的构成

确定行为人的行为构成职务授权行为，并将其作为免责事由，须具备以下构成要件。

（1）须有合法授权。

职务授权行为之所以能成为免责事由，就是因为这种行为有合法的授权。授权这种行为是为了保护社会公共利益和自然人的合法权益，所以，没有合法授权的行为不是职务授权行为。

（2）执行职务的行为须合法。

只有合法授权尚不足以构成免责事由，行为人还必须在法律规定的范围内履行职责。超越法定授权的行为，或行为所依据的法律和法规已经失效或被撤销，或行为本身不符合法律要求的，不构成职务授权行为。行为合法包括执行职务的程序和方式合法。程序不合法或方式不合法而致他人损害，构成侵权行为。

（3）执行职务的行为须必要。

职务授权行为并不是在任何情况下都会对他人造成损害，在多数情况下，损害后果的发生并不是执行职务行为所必需的。法律要求职务授权的行为是必要的，只有在不造成损害就不能执行职务时，执行职务的行为才是合理的。如果造成的损害可以避免或者减少，这种行为就不构成或者不完全构成免责事由。

（二）受害人承诺

1. 受害人承诺的概念

受害人承诺，是指受害人容许他人侵害其权利，自愿承担损害结果，且不违背法律和公共道德的一方意思表示。权利人有权处分自己的权利。权利人自行侵害自己的权利时，只要不违反法律和善良风俗，是行使权利的行为。权利人允许他人侵害自己的权利，在一般情况下，法律并未予以禁止。这就是英美法的"自愿者无损害可言"原则。《民法典》对受害人承诺也没有规定，但这并不妨碍将其认定为免责事由，《民法典》第506条规定的情况除外。

2. 受害人承诺的构成

（1）须有处分该权利的能力与权限。

允许他人侵害权利，权利人必须对于该项权利有处分的能力与权限，否则不构成免责事由。

（2）须遵守一般的意思表示规则。

受害人承诺的意思表示应当遵守一般意思表示规则，即须具备一般意思表示的生效要件。在一般情况下，承诺侵害自己的财产权利，应当为有效。承诺侵害自己的人身权利，则应区分具体情况：如果承诺他人对自己身体造成轻微伤害，则属正当的意思表示；如果嘱托他人帮助自杀，或者承诺他人将自己杀死或重伤，则不是正当的免责事由。

（3）受害人须有明确承诺。

承诺侵害自己的权利，应当采用明示方式，或者发表单方面的声明，或者制定免责条款。权利人没有明示准许侵害自己的权利，不得推定存在承诺。如果受害人明知或预见其权利可能受到损害，但并未向行为人承诺的，不构成免责事由。

（4）受害人事前放弃损害赔偿请求权。

承诺侵害自己的权利和放弃损害赔偿请求权，是两个问题，不能混淆。放弃损害赔偿请求权不需要采取明示方式，有准许侵害自己的权利的承诺即可，没有明示其放弃该请求权的，可以推定其放弃，明示不放弃损害赔偿请求的除外。

3. 事先免责条款的效力

在将受害人承诺作为免责事由时，应当特别注意掌握受害人承诺与事先免责条款的关系。事先免责条款是指双方当事人预先达成协议，免除将来可能发生损害的赔偿责任。它分为违反合同的事先免责条款和侵权行为的事先免责条款。

侵权行为的事先免责条款的形式有以下四种。一是全部免责条款。按此条款，未来的受害人放弃将来对本应承担责任的人提出的全部赔偿请求的权利。二是部分免责条款。按此条款，受害人事先同意接受以特定方式计算的，不超过一定数额的有限赔偿。三是以时间限制的免责条款。这种条款约定受害人必须在有限的时间内提出自己的请求，逾期不再享有请求赔偿的权利。四是通过罚款的免责条款。依这种条款，当事人同意在以后发生损害时支付一笔固定数额的款项给受害人，即可免除责任。

对于侵权行为的事先免责条款，有有效说、相对无效说和绝对无效说三种立场。《民法典》规定了事先免责条款无效的规则。该法典第 506 条规定："合同中的下列免责条款无效：（一）造成对方人身伤害的；（二）因故意或者重大过失造成对方财产损失的。"根据该条规定，凡是在合同中约定人身伤害事先免责条款的，为无效；合同约定免除因故意或者重大过失造成对方财产损失的责任的，也无效。

（三）意外事件

1. 意外事件的概念和意义

意外事件，也叫意外，是指非因当事人的故意或过失，而是当事人意志以外的原因导致的、偶然发生的事故。

《民法典》没有规定意外事件为免责事由，但在司法实践中，意外事件常常被视为免责事由。意外事件不是因当事人的故意或过失而发生的，而是偶然发生的事故，是外在于当事人的意志和行为的事件，当事人没有过错，因而应当免责。

2. 意外事件的构成

作为免责事由的意外事件应具备如下条件。

（1）意外事件是不可预见的。

确定意外事件的不可预见性适用主观标准，即应以当事人为标准，取决于当事人在当时的环境下，通过合理的注意是否能够预见事件的发生。

（2）意外事件是行为人自身以外的原因造成的。

这就是说，行为人已经尽到了他在当时应当尽到和能够尽到的注意，或者行为人采取合理措施仍不能避免事故的发生，表明损害是由意外事件而不是当事人的行为所致。

（3）意外事件是偶然事件。

意外事件是偶然发生的事件，不包括第三人的行为。因此，意外事件发生的概率很小，是当事人已经尽到应有的注意，仍不可预防的。

每章一练

一、单项选择题

1. 甲未付餐费就要离开餐馆，餐馆服务员见状揪住他不让走，并打报警电话。甲说"你不能限制我的人身自由，耽误了乘火车要你们赔偿"。旅馆这样做的性质应如何认定？（   ）

A. 属于侵权，侵害了人身自由权

B. 属于侵权，是积极侵害债权

C. 不属于侵权，是行使抗辩权的行为

D. 不属于侵权，是自助行为

2. 陈某抢劫出租车司机王某，用匕首刺了王某一刀，强行抢走财物后下车逃跑。王某发动汽车追赶，将其撞成重伤并夺回财物。关于王某的行为性质，下列哪一项是正确的？（   ）

A. 法定行为   B. 紧急避险

C. 正当防卫   D. 自助行为

二、多项选择题

村民甲（18周岁）路过村民乙家门口时，用一块石头砸向乙家所养且卧在乙家门口的狗，该狗立即扑向甲，甲因跑得快未被狗咬，狗咬伤了甲旁边的行人丙。丙因躲避，将路边丁叫卖的西瓜踩碎3个。丙因治伤支付医药费200元。丁的3个西瓜价值26元。丙、丁可以找谁来进行赔偿？（   ）

A. 丙的损失由甲赔偿   B. 丁的损失由丙赔偿

C. 丙的损失由乙赔偿   D. 丁的损失由甲赔偿

三、简答题

1. 试述免责和减轻责任事由的分类。

2. 试述增加自甘风险和自助行为作为抗辩事由的意义。

第七章习题答案

第二编 | 特殊侵权责任

第八章

监护人责任与教育机构责任

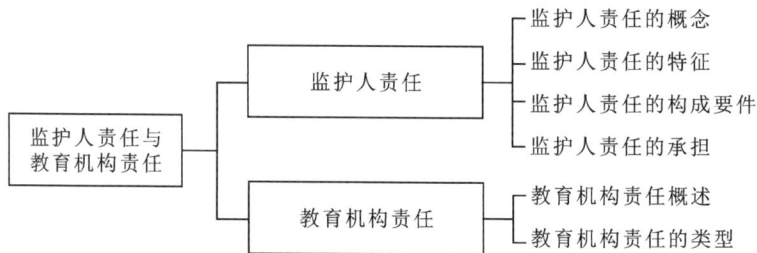

学习目标

　　掌握监护人责任与教育机构责任的法律依据（《民法典》第 1188 条、第 1200 条）；理解监护人责任的无过错归责原则与教育机构责任的过错推定/过错责任原则的区别；熟悉两类责任的构成要件、免责事由及责任承担方式。理解法律对未成年人权益的特殊保护。

引例1

　　15 岁的小明在小区踢球时，不小心砸坏邻居停放的汽车，需要支付修理费 1 万元。车主要求小明的父母赔偿。小明以前曾凭借一个小发明挣了 2 万元，小明的父母称小明自己有钱，让车主找小明索赔。

　　请思考：本案应由谁来承担赔偿责任？

引例2

　　小磊是某市实验小学三年级的学生，非常喜欢运动。有一天，小磊和同学在操场上体育课，操场外面是一个停车场，两者只隔一堵墙，小磊正站在墙下准备跳绳。墙外停车场内有一辆汽车正在倒车，司机对于距离判断不准，后退力量过猛，将墙撞倒，小磊被墙压倒在地上不能动弹。体育老师急忙将小磊送至医院，花去医疗费用 5000 元。

　　请思考：对小磊的损害，学校是否应承担责任？

监护人责任的形成主要是父母或法定监护人对未成年人照顾、教育和保护义务的转化形态，而教育机构责任则是学校、幼儿园等在教育过程中对学生的管理和保护责任。两类责任的核心目标均为保护未成年人的身心健康，保障其合法权益，促进其全面发展。《民法典》的相关规定有利于构建更有效的未成年人保护机制。无论是未成年人造成他人身体伤害，监护人进行的赔偿，还是学生在教育机构因教育机构过错受伤后，教育机构给予的赔偿，都是保护未成年人法律体系的一部分。

第一节 监护人责任

一、监护人责任的概念

《民法典》第 1188 条规定："无民事行为能力人、限制民事行为能力人造成他人损害的，由监护人承担侵权责任。""监护人尽到监护职责的，可以减轻其侵权责任。有财产的无民事行为能力人、限制民事行为能力人造成他人损害的，从本人财产中支付赔偿费用；不足部分，由监护人赔偿。"该条确立了我国的监护人责任制度。

监护人责任，是指监护人对于其所监护的被监护人造成的损害所承担的侵权责任。法律条文中的"无民事行为能力人、限制民事行为能力人造成他人损害"，大致可以简化为"被监护人造成他人损害"。

监护，是为了监督和保护无民事行为能力人和限制民事行为能力人的合法权益设置的一项民事制度。负有监督、保护义务的人为监护人，被监督、保护的人即为被监护人。

监护人责任的设立，旨在平衡被监护人行为能力不足与社会安全之间的矛盾。由于被监护人（如未成年人或精神病人）不具备完全的民事行为能力，其行为可能对他人造成损害，而监护人作为其法定监督人，负有防止损害发生的义务。因此，法律要求监护人对被监护人的行为后果承担责任，以弥补受害人的损失。

【案例 8-1】

一名 10 岁的儿童在玩耍时不慎打碎了邻居家的窗户，监护人（如父母）须承担赔偿责任。如果监护人能够证明自己已尽到合理的监护义务（如平时严格教育孩子、采取安全措施等），则可以减轻赔偿责任。

二、监护人责任的特征

我国民法规定的监护人责任具有以下几个特征。

（一）原则上是为他人行为造成的损害承担责任

监护人责任属于典型的替代责任，即监护人替他人（被监护人）承担赔偿责任。侵权责任法中的特殊侵权责任主要有两类：一类是为他人不法行为造成的损害承担责任；另一类是对物件致害承担责任。监护人责任是为他人行为造成的损害承担的责任。

监护人责任，存在行为主体与责任主体的分离：实际造成损害的是被监护的无民事行为能力人或者限制民事行为能力人，承担责任的主体则是监护人。替代责任的核心在于责任的转移。监护人并没有直接实施侵权行为，但因其对被监护人负有监督义务，法律要求其对被监护人的行为后果负责。这种责任转移的合理性在于监护人对被监护人具有控制力，能够通过合理的监督预防损害的发生。

【案例 8-2】
一位精神病患者因监护人疏于履行监护义务，在无人有效监管的状态下外出，造成了他人人身伤害，监护人需对受害人的损失承担赔偿责任。即使监护人本身并未直接参与侵权行为，但其未尽到监督义务，仍须承担责任。

（二）适用无过错责任的归责原则

我国监护人责任的归责原则是无过错责任，监护人承担责任不以存在过失为必要条件。即使监护人尽到了监护职责，也只能减轻其侵权责任而不能免除。可见，我国的监护人责任在采纳无过错责任的同时，引入了一点公平衡量的因素，以此来缓解无过错责任的严格性。

无过错责任的适用，体现了法律对弱势群体（如未成年人、精神病人）行为能力不足的特殊考量。监护人无须证明自身存在过错，但可以通过证明已尽到合理监护义务来减轻责任。这种制度设计既保护了受害人的权益，又避免了对监护人的要求过于苛刻。

【案例 8-3】
一名 12 岁的孩子在课间玩耍时不小心撞伤同学，即使监护人平时对孩子进行了安全教育，仍须承担赔偿责任，但可以因其尽责教育而减少赔偿金额。

（三）监护人责任是一种补充责任

《民法典》第 1188 条第 2 款规定，"有财产的无民事行为能力人、限制民事行为能力人造成他人损害的，从本人财产中支付赔偿费用；不足部分，由监护人赔偿。"《最高人民法院关于适用〈中华人民共和国民法典〉侵权责任编的解释（一）》第 5 条的规定，"无民事行为能力人、限制民事行为能力人造成他人损害，被侵权人请求监护人承担侵权人应承担的全部责任的，人民法院应予支持，并在判决中明确，赔偿费用可以先从被监护人财产中支付，不足部分由监护人支付。"因此，如果被监护人的财产足以支付赔偿费用，监护人实际上不承担责任。这种补充责任是"缺多少补多少"的完全补充责任，不同于"相应的补充责任"。

补充责任的适用，体现了法律对监护人财产的优先保护。被监护人如有独立财产（如未成年人的压岁钱、继承财产等），应首先用于赔偿，不足部分再由监护人承担。这种规则既保护了受害人的权益，也避免了监护人因被监护人的行为而过度承担经济赔偿。但从被监护人财产中支付赔偿费用的，应当保留被监护人所必需的生活费和完成义务教育所必需的费用。

本章开头的引例 1 中，小明属于限制民事行为能力人，他所造成的损害，应由其监护人也就是其父母来承担侵权责任并进行赔付。但是小明自己有 2 万元的财产，且足以支付车主的修理费用，因此小明应当用自己的钱来支付汽车的修理费用。

三、监护人责任的构成要件

依照《民法典》第 1188 条的规定，监护人责任是一种无过错责任，监护人承担责任不以监护人的过错为前提。在存在监护关系的前提下，只要被监护人的不法致害"行为"符合侵权责任的构成要件，就应当由监护人承担责任。因此，判断监护人是否承担责任的核心要点在于，被监护人的不法"行为"是否具备侵权责任的构成要件。

（一）被监护人实施了不法行为

1. 被监护人

被监护人是监护制度中与监护人相对应的一方，包括未成年人、精神病人和丧失或者部分丧失行为能力的成年人。未成年人是指不满 18 周岁的自然人，但 16 周岁以上、以自己的劳动收入为主要生活来源的，被视为完全民事行为能力人。精神病人，是精神健康状况存在问题的人。精神病人的确定，应当经过医学鉴定或参照当地群众认知而综合判断。需要注意的是，未成年的精神病人属于未成年人的范畴，其被监护人的身份不需要进行精神病鉴定，其监护人的确认也按照未成年人的监护人范围和顺序来确定。

被监护人不仅包括未成年人，还包括因疾病或年龄导致行为能力受限的成年人。

【案例 8-4】

一名 70 岁的老人因阿尔茨海默病丧失行为能力，其监护人需对其行为后果承担责任。

2. 被监护人的不法行为

行为指人有意识的活动，无意识的活动通常不被当作行为，而仅仅是举动。被监护人的不法行为，是指被监护人没有正当理由而侵害了他人的合法权益。此处的不法，包括结果不法与行为不法两个层面。从结果不法的角度看，被监护人的行为不存在正当理由，如不存在正当防卫、紧急避险之类。从行为不法的角度看，被监护人的行为不符合理性普通人的注意义务标准，即没有达到社会大众对于普通社会成员的合理期待。需要强调的是，从行为不法的角度判断被监护人行为合法与否的标准是客观的理性人标准，具体而言应注意以下两方面。第一，适用此标准的话不考虑被监护人的特殊情况，只要其行为没有达到理性人的标准，监护人就要对被监护人的不法致害行为承担责任。理由在于，此处考虑的是监护人的责任而非被监护人的责任，监护人承担责任的原理在于补足被监护人的不足来满足社会大众对于理性人标准的期待。第二，被监护人的行为达到理性人标准的，监护人就不承担赔偿责任。换言之，如果将被监护人造成他人损害的行为代换为正常的成年人的行为，该成年人不应承担责任的话，被监护人的行为在客观上就不构成侵权行为，监护人也不承担责任。不法行为的判断需结合具体情境。

【案例 8-5】

一名 5 岁小孩在玩耍时不小心打碎了他人财物，若其行为超出了普通人的合理注意义务（如故意投掷物品），则构成侵权行为；若其行为属于正常玩耍中的意外，则可能不构成侵权。

（二）被监护人造成他人损害

《民法典》第 1188 条、第 1189 条所规定的监护人责任是一种财产性质的损害赔偿责任。损害是承担损害赔偿责任的前提条件，如果没有损害，则不必考虑损害赔偿责任，监护人自然也不承担责任。

损害的认定需满足一定的法律标准。如身体伤害、财产损失或精神损害均可构成侵权责任中的"损害"。但需注意，单纯的名誉损害（如未成年人散布谣言）通常不适用监护人责任，除非能够证明实际的财产损失。

（三）被监护人的不法行为与损害之间存在因果关系

因果关系是所有侵权责任成立必须具备的构成要件，监护人责任问题适用通行的规则与理论，即要求被监护人的不法行为与被侵权人遭受的损失之间存在因果关系。因果关系的认定需满足"直接性"和"可预见性"两个条件。

【案例 8-6】

一名未成年人故意推倒他人导致其受伤，推倒行为与受伤结果之间存在直接因果关系，监护人要承担相应的责任；若受伤是由于第三方介入（如他人故意绊倒），则监护人可不承担责任。

四、监护人责任的承担

（一）监护人责任是一种替代责任

在被监护人的不法行为造成受害人损害，具备上述责任构成要件的情况下，如果被监护人没有自己的财产，监护人则应当依法承担损害赔偿责任。这种责任是无过错责任，即责任之构成与承担不以监护人有过错为要件。这种责任是"替代责任"，即为他人（被监护人）造成的损害承担赔偿责任，而不是为自己的行为造成的损害承担责任。

（二）监护人尽到监护职责的，可以减轻责任

监护人承担的是无过错责任，责任之构成与承担不以其存在监护方面的过失为要件，监护人也不得以"没有过失"主张免除其替代责任，但《民法典》第 1188 条第 1 款后半段规定"监护人尽到监护职责的，可以减轻其侵权责任"。

所谓"监护人尽到监护职责"，是指：

第一，监护人在日常的教育、管理、监督、保护被监护人的过程中，已经尽到了一个理性人应有的注意义务，不存在过失；

第二，就造成损失的事件而言，监护人不存在具体的过失。如果监护人尽到了监护职责，可以减轻监护人的侵权责任。

监护人尽责的证明需结合具体情境。如监护人是否采取了合理的安全措施（如为未成年人购买意外保险）、是否对被监护人进行了必要的安全教育等。若监护人能够证明其已尽到合理义务，则可减轻责任。

（三）监护人责任的确定受行为人财产状况的制约

《民法典》第 1188 条第 2 款规定，被监护人有财产的，"从本人财产中支付赔偿费用；不足部分，由监护人赔偿"。从被监护人本人财产中支付赔偿费用，等于被监护人承担了财产责任。被监护人是否承担责任以及责任大小，不取决于其有无相应的责任能力，也不取决于相关的注意义务标准，而取决于其有无财产以及财产多少。

补充责任的适用需明确被监护人财产的范围。如未成年人的压岁钱、继承财产等均属于其个人财产，应优先用于赔偿。若被监护人无独立财产，则监护人须承担全部赔偿责任。

第二节　教育机构责任

一、教育机构责任概述

（一）教育机构责任的概念

教育机构责任，是指幼儿园、学校等教育机构对无民事行为能力人或者限制民事行为能力人在幼儿园、学校等教育机构学习、生活期间受到的人身损害承担的侵权责任。

教育机构责任的主要产生原因在于教育机构对在校学生负有安全保障义务。教育机构需通过合理的管理、教育和保护措施，防止学生在校园内遭受人身伤害。

（二）教育机构责任的特征

第一，《民法典》侵权责任编只规定了幼儿园、学校等教育机构承担的侵权责任，不包括违约责任等其他形式的民事责任。

第二，幼儿园、学校承担的侵权责任是针对受害人人身损害的责任，对受害人遭受的财产损害不适用教育机构责任规则。

第三，幼儿园、学校等教育机构对幼儿、学生遭受损害的情形承担责任，不包括幼儿、学生造成他人损害的情形，后者应适用《民法典》第1165条第1款关于过错责任的一般规定。

第四，幼儿园、学校等教育机构承担侵权责任的情况下，被侵权人系无民事行为能力人或限制民事行为能力人。完全民事行为能力人（如大学生）在教育机构内遭受损害的责任应适用《民法典》第1165条第1款关于过错责任的一般规定。

因此，教育机构责任的适用范围限于无民事行为能力人和限制民事行为能力人在教育机构受到人身损害的情形。

（三）教育机构责任造成损害的场所和时间范围

《民法典》第1199条至第1201条规定，无行为能力人或限制行为能力人在学校等教育机构学习、生活期间受到人身损害的，教育机构才可能承担侵权责任。因为只有在此等特定的场所和时间范围，幼儿园、学校或者其他教育机构才对相关的无行为能力人和限制行为能力人负有教育管理职责和相应的安全保障义务。对此，《学生伤害事故处理办法》第13条也有规定："下列情形下发生的造成学生人身损害后果的事故，学校行为并无不当的，不承担事故责任；事故责任应当按有关法律法规或者其他有关规定认定：（一）在学生自行上学、放学、返校、离校途中发生的；（二）在学生自行外出或者擅自离校期间发生的；（三）在放学后、节假日或者假期等学校工作时间以外，学生自行滞留学校或者自行到校发生的；（四）其他在学校管理职责范围外发生的。"

教育机构的责任范围限于其管理职责范围内。

【案例 8-7】

小学生小兰在放学后自行滞留校园期间受伤，若学校已明确告知学生放学后离校，则可能不承担责任。

二、教育机构责任的类型

法律在规范幼儿园、学校等教育机构的侵权责任时，摒弃了统一规则的立法模式，转而依据具体情形，规定了一组构成要件与责任形态均存在差异的侵权责任类型。

《民法典》第 1199 条、第 1200 条规定了幼儿园、学校等教育机构对自己过错的侵权责任，第 1201 条规定了在存在第三人侵权的情形下，幼儿园、学校等教育机构的相应补充责任与第三人的侵权责任。

考虑到受害人在识别能力、表达能力等民事责任能力方面存在区别，《民法典》第 1199 条、第 1200 条区分了受害人为无民事行为能力人与限制民事行为能力人的情形，对归责原则的适用作出了区别规定。在受害人为无民事行为能力人时，教育机构责任的确认应适用过错推定原则，过错的证明应适用举证责任倒置；在受害人为限制民事行为能力人时，由于其已经具备一定的识别能力、表达能力，教育机构责任的确认仅适用一般的过错责任原则。

（一）教育机构直接侵权时的责任

教育机构直接侵权是指由于教育机构没有尽到教育管理职责而造成在校、在园学习生活的无民事行为能力人和限制民事行为能力人的损害时，教育机构应承担的责任。《民法典》第 1199 条、第 1200 条规定了幼儿园、学校等教育机构的侵权责任，并依据受害人的民事责任能力的差异分别规定适用过错推定原则和一般过错责任原则的情形。但是，不论是适用过错推定原则还是一般过错责任原则，都需要教育机构存在过错。

具体而言，教育机构的过错可以分为以下几种。其一，教育机构的硬件条件不达标，如学校提供的公共设施、食品、药品、饮用水等不符合相关标准。其二，教育机构存在管理缺陷，存在制度上的安全隐患，如组织有风险性的教育教学活动、未进行安全教育、对未成年学生出入校管理疏松、外聘的教职工不宜参与某种教育教学活动等。其三，教育机构的工作人员在从事教育活动时存在违规行为或未达到必要的注意义务，如教师体罚学生、放任学生进行危险行为等。

关于教育机构的过错认定，有两点值得注意。第一，《学生伤害事故处理办法》第9条对教育机构应承担事故责任的情形所作的列举是不完全列举，在实践中还需要考虑教育机构过错的其他表现形式。如果幼儿园、学校或者其他教育机构的某些行为的注意程度没有达到一个"理性的学校或教育机构"应当达到的注意标准，也可以认定其存在过错。第二，教育机构工作人员在履行职务期间存在不当行为，才可据以认为教育机构存在过错。根据《学生伤害事故处理办法》第14条，因学校教师或者其他工作人员与其职务无关的个人行为，或者因学生、教师及其他个人故意实施的违法犯罪行为，造成学生人身损害的，由致害人依法承担相应的责任。

1. 教育机构的一般过错责任（受害人为限制民事行为能力人）

限制民事行为能力人受害时，适用一般过错责任原则来确认教育机构的侵权责任。《民法典》第1200条规定："限制民事行为能力人在学校或者其他教育机构学习、生活期间受到人身损害，学校或者其他教育机构未尽到教育、管理职责的，应当承担侵权责任。"教育机构过错包括此等机构的过错及其工作人员在进行教育相关活动中的过错。《学生伤害事故处理办法》第9条详细规定了学校应当承担学生伤害事故责任的情形，这实际上是对学校等教育机构存在过错情形的规定。

教育机构的过错认定需结合具体情境。受害人需要证明教育机构存在过错，才能要求教育机构承担侵权责任。

【案例 8-8】

10岁的小明在学校饮水机上打水时被热水烫伤，学校没有检查饮水机的安全性，也没对学生进行必要的安全教育，在管理上存在过错，应当承担侵权责任。

2. 教育机构的过错推定责任（受害人为无民事行为能力人）

无民事行为能力人受害时，适用过错推定原则来确认教育机构的侵权责任。依据《民法典》第1199条，无行为能力人在幼儿园、学校或者其他教育机构学习、生活期间受到人身损害的，幼儿园、学校或者其他教育机构承担过错推定责任。此时，受害人一方无须承担举证责任。如果幼儿园、学校或者其他教育机构能够证明自己尽到了教育管理职责，将不承担侵权责任，否则将结合其他构成要件承担侵权责任。

幼儿园、学校或者其他教育机构对自己尽到了教育、管理职责进行证明，可以从以下三个方面着手：其一，证明自己不具备《学生伤害事故处理办法》第9条列举的存在过错的情形；其二，证明符合《学生伤害事故处理办法》第12条规定的情形，即教育机构已经履行了相应职责，仍无法避免损害发生的；其三，证明存在《学生伤害事故处理办法》第13条规定的情形，学校行为无不当。

过错推定规则的适用，减轻了受害方的举证负担。

【案例 8-9】

4岁的小华在幼儿园滑倒受伤，幼儿园需证明其已尽到合理的管理职责（如地面无水渍、设施安全等），否则须承担赔偿责任。

（二）教育机构对第三人造成损害的侵权责任

1. 第三人的一般过错责任

《民法典》第 1201 条规定："无民事行为能力人或者限制民事行为能力人在幼儿园、学校或者其他教育机构学习、生活期间，受到幼儿园、学校或者其他教育机构以外的第三人人身损害的，由第三人承担侵权责任；幼儿园、学校或者其他教育机构未尽到管理职责的，承担相应的补充责任。"这一侵权责任为一般的过错责任，不适用过错推定，因此也不用区分受害人是无民事行为能力人还是限制民事行为能力人。尽管本条第 1 款后半段规定了幼儿园、学校或者其他教育机构的补充责任，但是这两种侵权责任既不构成按份关系，也不构成连带关系。

幼儿园、学校或者其他教育机构承担的补充责任与第三人的责任构成不真正连带关系。如果被侵权人选择让幼儿园、学校或者其他教育机构承担补充责任，则不能主张作为侵权人的第三人对此部分（幼儿园、学校或者其他教育机构承担相应补充责任的部分）进行赔偿。如果被侵权人不是选择幼儿园、学校或者其他教育机构承担相应补充责任而是选择作为侵权人的第三人承担全部赔偿责任，该第三人则应当承担全部赔偿责任。

2. 教育机构的补充责任

《民法典》第 1201 条规定，"幼儿园、学校或者其他教育机构未尽到管理职责的，承担相应的补充责任。"据此，教育机构对第三人造成的损害承担补充责任的责任构成要件如下。

（1）第三人在教育机构内侵害无民事行为能力人、限制民事行为能力人的人身权益。

幼儿园、学校等教育机构对第三人行为承担补充责任的，以第三人侵害在园（校）幼儿（学生）人身权益为前提。在一些特殊情况下，不要求第三人承担侵权责任。如，精神病人闯入校园伤害学生的，由其监护人承担责任，教育机构承担相应的补充责任。

（2）教育机构未尽教育管理职责、保护义务。

幼儿园、学校等教育机构承担的责任是过错责任，其过错是未尽到一个"理性的教育机构"在面对校外危险时应尽到的注意义务。教育机构的过错多表现为不作为，即未采取安全保障措施防止校外人员伤害幼儿、学生，未履行教育管理职责、保护义务。如未配备必要的保安设施、发现危险未及时报警、未帮助幼儿（学生）逃生、未进行自救教育等。本章开头的引例 2 中，小磊在学校上体育课时被停车场的汽车撞倒，因汽车司机失误将墙撞倒才致小磊受伤，汽车司机属于教育机构外的第三人，应由汽车司机承担侵权责任。事发时老师正常执行教学任务，事发后老师将小磊紧急送往医院治疗，学校对学生尽到了应有的管理责任，行为并无不当，因此，对小磊所受的伤害，依法应由汽车司机承担侵权责任，学校不承担责任。

（3）教育机构的行为（不作为）与损害发生之间存在因果关系。

教育机构的行为（不作为）与损害发生之间的因果关系表现为两个方面：其一，第三人的侵害行为足以造成教育机构内学生的人身损害；其二，教育机构因未适当履行其教育管理职责、保护义务，未能阻断第三人对在校生实施人身侵害的行为。

补充责任的适用，需证明教育机构存在管理上的疏漏。如证明学校未配备保安导致校外人员进入校园等。

3. 教育机构的追偿权

依照《民法典》第 1201 条的规定，幼儿园、学校或者其他教育机构承担补充责任后，可以向第三人追偿。向侵权人的第三人追偿具有公平正义的基础：如果侵权人的第三人的行为足以导致全部损害的发生，其被追偿并最终承担全部赔偿责任是合理的。

这一追偿权是单向的，即仅幼儿园、学校或者其他教育机构承担补充责任之后可以向作为侵权人的第三人追偿。如果被侵权人选择作为侵权人的第三人承担全部赔偿责任，第三人承担全部赔偿责任后，受害人无权向可能应当承担相应补充责任的幼儿园、学校或者其他教育机构追偿。追偿权的行使需满足一定条件，即教育机构在承担补充责任后，须证明第三人是实际侵权人。

每章一练

一、单项选择题

1. 甲的儿子乙（8 岁）因遗嘱继承了祖父遗产 10 万元。某日，乙玩耍时将另一小朋友丙的眼睛划伤。丙的监护人要求甲承担赔偿责任 2 万元。后法院查明，甲已尽到监护职责。下列说法正确的是（　　　）。

A. 因乙的财产足以赔偿丙，故不需用甲的财产赔偿

B. 甲已尽到监护职责，无须承担侵权责任

C. 用乙的财产向丙赔偿，乙赔偿后可在甲应承担的份额内向甲追偿

D. 应由甲直接赔偿，否则会损害被监护人乙的利益

2.5 岁的小孩拿金箍棒把三楼阳台的花瓶打倒砸伤快递员韩某，以下说法正确的是（　　　）。

A. 小孩承担赔偿责任

B. 小孩父母承担赔偿责任

C. 快递公司承担赔偿责任之后向小孩的父母追偿

D. 快递公司和小孩父母共同承担赔偿责任

二、多项选择题

小学生小刘（12 周岁）邀请好友小崔（10 周岁）和小冯（11 周岁）前往学校旁的饭店吃饭。席间，小崔和小冯醉酒后因口角发生打斗。饭店老板孟某未上前制止。结果小冯将小崔打伤，花去医药费 2000 元。关于本案，下列哪些说法是正确的？（   ）

A. 小刘的父母应承担相应的赔偿责任

B. 小冯的父母应承担赔偿责任

C. 饭店应在其过错范围内承担相应的赔偿责任

D. 小冯的父母和饭店应承担连带责任

第八章习题答案

第九章

用人者责任

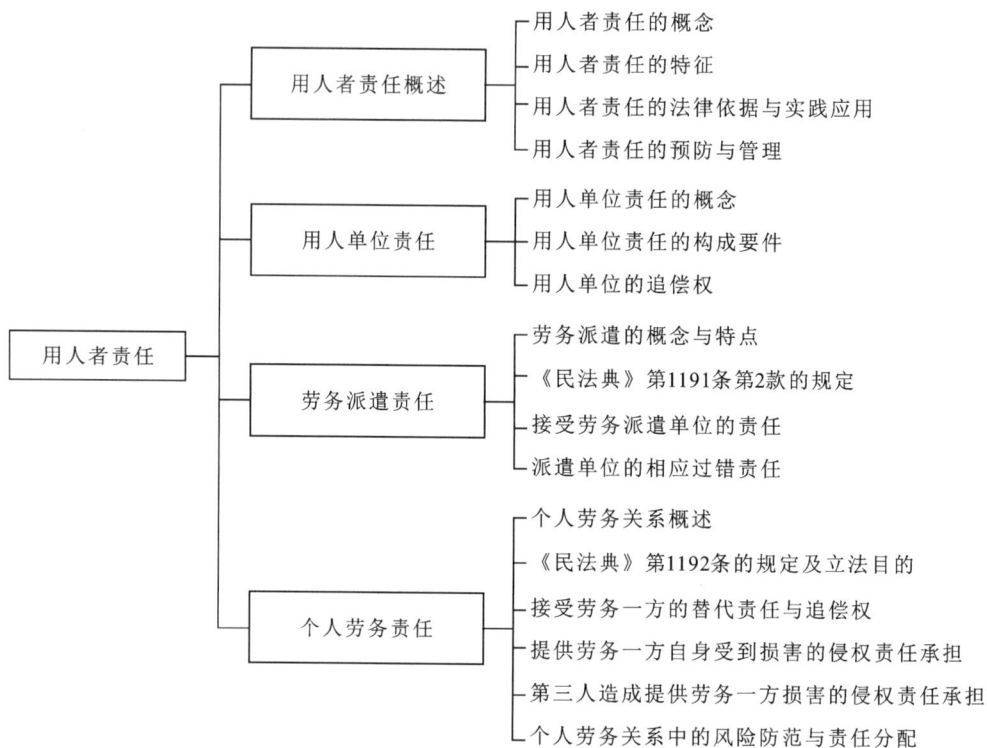

用人者责任
- 用人者责任概述
  - 用人者责任的概念
  - 用人者责任的特征
  - 用人者责任的法律依据与实践应用
  - 用人者责任的预防与管理
- 用人单位责任
  - 用人单位责任的概念
  - 用人单位责任的构成要件
  - 用人单位的追偿权
- 劳务派遣责任
  - 劳务派遣的概念与特点
  - 《民法典》第1191条第2款的规定
  - 接受劳务派遣单位的责任
  - 派遣单位的相应过错责任
- 个人劳务责任
  - 个人劳务关系概述
  - 《民法典》第1192条的规定及立法目的
  - 接受劳务一方的替代责任与追偿权
  - 提供劳务一方自身受到损害的侵权责任承担
  - 第三人造成提供劳务一方损害的侵权责任承担
  - 个人劳务关系中的风险防范与责任分配

学习目标

　　理解用人者责任的概念和特征；能区分用人单位责任、劳务派遣责任和个人劳务责任。能够分析用人者责任的具体适用情形，结合实际案例，依据《民法典》相关规定，判断用人者责任的承担主体和责任范围。

引例

　　某公司员工小王在执行工作任务时，因操作不当导致客户受伤。客户要求公司承担侵权责任，公司则认为小王存在重大过失，其操作不当导致客户受伤，应由其个人承担责任。公司与小王互相推卸责任，客户陷入维权的困境之中。

　　请思考：到底该由谁来承担客户的损失？

　　用人者责任，是指用人单位、劳务派遣单位或接受劳务一方对其工作人员或提供劳务一方在执行工作任务或提供劳务过程中给他人造成的损害承担的侵权责任。根据《民法典》的相关规定，用人者责任主要包括用人单位责任、劳务派遣责任和个人劳务责任。

第一节　用人者责任概述

一、用人者责任的概念

　　用人者责任，又称使用人责任、雇佣人责任，即传统上所说的雇主责任，指的是用人者为其工作人员在从事职务活动时对他人造成的损害承担侵权责任。根据《民法典》的相关规定，用人者责任包括用人单位责任、劳务派遣责任和个人劳务责任。它属于特殊侵权责任类型。

　　在用人者责任中，用人者与工作人员（被使用人）是一对核心概念。用人者，是指任用工作人员（被使用人），通过对其进行委派、指示来实现自己特定目的的主体。用人者包括企业、个体经济组织、民办非企业单位等组织，以及国家机关、事业单位、社会团体等用人单位。工作人员（被使用人）与用人单位相对应，指的是接受用人单位的指示，根据用人单位的意思提供劳动或劳务的人。

　　在现代社会，用人者责任的适用范围广泛，不仅可以涵盖传统的单位、企业雇佣关系，还可以涵盖多种类型的用工形式，如劳务派遣、个人劳务（临时工、兼职人员）等。随着经济的发展和用工形式的多样化，用人单位责任的相关法律规范也在不断演变和完善，以适应社会发展的需求。本章将探讨用人单位责任、劳务派遣责任、个人劳务责任。

二、用人者责任的特征

（一）用人者责任是一种替代责任

　　用人者责任属于自己责任的例外，是用人者对他人的侵权行为致害承担责任，是典型的替代责任。

　　这种替代责任的理论基础在于用人者对工作人员的活动具有控制力和支配力。用人者通过指示、监督和管理工作人员的行为,实际上对工作人员的行为具有一定的控制权。因此,当工作人员在执行职务过程中造成他人损害时,用人者应当承担相应的责任。这种责任的转移不仅体现了法律对受害人的保护,也促使用人者更加注重对工作人员的管理和监督,以预防侵权行为的发生。

(二)用人者责任适用无过错责任原则

关于用人者责任,多数法例适用无过错责任原则,不考虑用人者的选任、监督过失,在法律上直接将工作人员的侵权责任归由用人者承担。用人者责任是一种无过错责任,只要工作人员在职务活动中造成他人损害,该责任即由用人者承担,并不考虑用人者的过错。

需要注意的是,用人者责任属于无过错责任,仅针对用人者这一方,不针对工作人员。用人者承担责任的前提是工作人员的行为具备侵权责任的构成要件,通常是工作人员有过错。所以,无过错责任是指不考虑用人者的过错,而不是指不考虑工作人员的过错。

无过错责任原则的适用,旨在简化责任认定的程序,提高司法效率。在实践中,无过错责任原则的适用有助于减轻受害人的举证负担,使其更容易获得赔偿。然而,无过错责任并不意味着用人者无须采取任何预防措施;相反,用人者应当通过合理的管理和监督,尽量避免工作人员在执行职务过程中造成他人损害。

(三)用人者责任以用人者与工作人员存在特定关系为前提

在用人者与工作人员的关系中,替代责任人(用人者)处于特定的地位,这种特定的地位主要指支配性的地位(选任、指示、监督、管理等)。判断侵权行为人是工作人员还是独立的民事主体,取决于用人者能否对侵权行为人的活动进行指示、控制、监督、管理等。

用人者与工作人员之间的关系是用人者责任成立的基础。这种关系通常通过劳动合同、劳务合同或其他形式的用工协议来确立。根据《最高人民法院关于适用〈中华人民共和国民法典〉侵权责任编的解释(一)》第15条的精神,用人单位责任的适用范围甚至不限于与用人单位存在劳动关系的工作人员,执行用人单位工作任务的个体商户的从业人员,因执行工作任务造成他人损害,被侵权人也有权请求用人单位承担侵权责任。

在司法实践中,判断是否存在这种特定关系,需要考虑多个因素,如工作人员是否接受用人者的指示、用人者是否提供了工作条件、用人者是否支付了报酬等。如果工作人员的行为完全独立于用人者的控制和监督,例如独立承包商的行为,则用人者通常不承担责任。

(四)用人者责任是用人者对工作人员在执行职务活动中的致害行为承担责任

用人者对工作人员在执行职务活动中的致害行为承担责任要求工作人员处于特定

的状态,包括从事雇佣活动、执行职务等,即被使用人应该在从事用人者交代的任务或者履行自己的工作职责过程中造成他人损害。

对执行职务活动的界定是确认用人者责任的关键。工作人员的行为必须与职务活动相关,才能构成用人者责任。例如,工作人员在工作时间内按照用人者的指示完成工作任务时造成他人损害,属于执行职务行为。相反,如果工作人员在非工作时间或非工作场所从事个人活动造成他人损害,则通常不属于用人者责任。此外,工作人员在执行职务过程中因个人原因(如故意或重大过失)造成他人损害,用人者仍须承担责任,但可以向工作人员追偿。

三、用人者责任的法律依据与实践应用

(一)法律依据

用人者责任在我国《民法典》中得到了明确规定。《民法典》第1191条规定:"用人单位的工作人员因执行工作任务造成他人损害的,由用人单位承担侵权责任。用人单位承担侵权责任后,可以向有故意或者重大过失的工作人员追偿。"这一规定明确了用人单位责任的基本框架,包括责任的承担、追偿权等。《民法典》第1191条第2款规定:"劳务派遣期间,被派遣的工作人员因执行工作任务造成他人损害的,由接受劳务派遣的用工单位承担侵权责任;劳务派遣单位有过错的,承担相应的责任。"《民法典》第1192条第一款规定:"个人之间形成劳务关系,提供劳务一方因劳务造成他人损害的,由接受劳务一方承担侵权责任。接受劳务一方承担侵权责任后,可以向故意或者重大过失的提供劳务一方追偿。提供劳务一方因劳务受到损害的,根据双方各自的过错承担相应的责任。"

《民法典》的这些规定,不仅明确了用人者的替代责任,还赋予了用人者在特定情况下的追偿权。这一机制旨在平衡用人者与工作人员之间的责任分配,防止用人者因工作人员的故意或重大过失而承担不合理的责任。在实践中,用人者可以通过内部规章制度、劳动合同、劳务合同等方式,进一步明确工作人员的责任范围和追偿条件。

(二)实践应用

1. 责任的承担

用人者责任的承担,通常需要满足以下条件:
第一,工作人员的行为构成侵权;
第二,该行为发生在执行职务活动的过程中;
第三,用人者与工作人员之间存在特定的劳动或劳务关系。

2. 追偿权的行使

用人者在承担侵权责任后,可以向有故意或者重大过失的工作人员追偿。追偿权的行使需要满足以下条件:

第一，工作人员的行为构成侵权；

第二，工作人员的行为存在故意或重大过失；

第三，用人者已实际承担了赔偿责任。

用人者在行使追偿权时，需要提供充分的证据证明工作人员存在故意或重大过失，以及用人者已实际承担了赔偿责任。

四、用人者责任的预防与管理

（一）加强内部管理

用人者应建立健全内部管理制度，加强对工作人员的管理和监督。例如，制定详细的工作流程、安全操作规范，定期进行安全培训等。

（二）明确责任分配

通过劳动合同或内部规章制度，明确工作人员在执行职务过程中的责任范围，以及在何种情况下需要承担赔偿责任。

（三）保险机制的运用

用人者可以通过购买责任保险，转移部分法律风险。例如，雇主责任险可以在一定程度上减轻用人者的赔偿负担。

（四）定期法律培训

用人者尤其是用人单位应定期组织法律培训，提高工作人员的法律意识，减少侵权行为的发生。

通过明确责任分配、加强内部管理、运用保险机制等措施，用人者可以有效预防和管理潜在的法律风险。在实践中，用人者应结合具体案情，合理运用法律手段，维护自身合法权益。

第二节　用人单位责任

一、用人单位责任的概念

用人单位责任，是指用人单位的工作人员在工作过程中造成他人损害，由用人单位作为赔偿责任主体，对其工作人员造成的损害承担赔偿责任。用人单位包括国家机关、事业单位、社会团体、企业、个体工商户等。工作人员包括用人单位的正式员工、临时在单位工作的员工等。

二、用人单位责任的构成要件

（一）工作人员造成损害构成侵权责任

用人单位责任属于替代责任。但只有工作人员的行为满足了侵权行为的构成要件、产生了侵权责任，才可能由用人单位来承担该项侵权责任。通常情况下，用人单位承担责任的前提是工作人员有过错。就一般侵权责任而言，工作人员行为构成侵权责任的，要求具备：损害；不法行为；行为与损害之间有因果关系；过错。以上四个要件的判断遵循侵权责任法的一般规则和理论，并无特殊规定或例外之处。

在司法实践中，判断工作人员的行为是否构成侵权责任，需要结合具体案情进行分析。例如，工作人员在执行职务过程中因疏忽大意导致他人财产损失，通常构成侵权。如果工作人员的行为完全超出了职务范围，例如在工作时间外从事个人活动造成他人损害，则用人单位通常不承担责任。此外，对于"过错"的判断，通常需要考虑工作人员是否尽到了一般人的合理注意义务。

【案例 9-1】
　　某快递公司员工小王在送货途中，因超速行驶与行人发生交通事故，导致行人受伤。交警认定小王负事故全部责任。本案中，快递员小王超速行驶，导致行人人身权受损，存在主观过错，小王的行为构成一般过错侵权责任。

用人单位承担的是无过错责任。只要工作人员在职务活动中造成他人损害，该责任即由用人单位承担，不考虑用人单位有没有过错。

（二）工作人员实施的侵权行为属于"完成工作任务"的行为

1. "完成工作任务"的概念和特征

用人单位对工作人员的侵权行为承担责任的主要依据在于"享有其利益者承受损害"的报偿理论。基于此，用人单位承担责任的前提是存在享有利益的可能性，即要求工作人员是为了用人单位的利益而行为。该种行为通常被称作"完成工作任务"的实施行为，也称作执行职务行为。"完成工作任务"的行为具有如下特征。

第一，"完成工作任务"的行为的确定以用人单位与工作人员之间存在广义上的雇用关系，即支配与被支配、使用与被使用关系为前提。只有确定了用人单位和工作人员的身份，才有可能把工作人员的行为界定为"完成工作任务"的行为。

第二，用人单位具有支配工作人员的行为的可能性。工作人员"完成工作任务"的行为可能是受用人单位直接委派或者命令，也可能是工作人员出于维护用人单位利益的目的而自主决定，但必须存在用人单位对工作人员进行支配的可能性。如果不存在这种支配的可能性，直接侵权行为人就应当被界定为独立承担人而不是工作人员，用人单位不承担责任。

第三，工作人员的活动与用人单位利益存在相关性。如果工作人员的行为完全与用人单位利益无关，该项行为的风险就应当由工作人员承担。

在司法实践中，判断工作人员的行为是否属于"完成工作任务"的行为，需要考虑多个因素，如行为的实施是否在工作时间内、是否在工作场所、是否与工作任务相关等。

【案例 9-2】

李某在非工作时间私自使用公司车辆外出，途中发生事故造成他人损害，公司不承担责任。因为工作人员在非工作时间或非工作场所从事个人活动造成他人损害，通常不属于用人单位责任。

2. "完成工作任务"的认定

如何确定工作人员的行为是否是"完成工作任务"的行为，是理论上和实践中的疑难问题，该项难题的解决，可以考虑采用以下三种模式。

第一，借助某项统一的理论模型来认定，如德国的内在关联性理论、日本的外观理论以及我国通行的客观说。

第二，综合考虑相关因素具体判断。

第三，借鉴案例、学说逐步实现类型化。

以上三种模式中，第一种模式抽象度高、弹性大，第二种模式下的具体判断仍有相当的不确定性，第三种模式较为理想，不过需要通过对案例、学说的长期研究。

针对"完成工作任务"的判断方法，2003 年公布的《最高人民法院关于审理人身损害赔偿案件适用法律若干问题的解释》进行了有益的探索。该解释第 9 条第 2 款规定："前款所称'从事雇佣活动'，是指从事雇主授权或者指示范围内的生产经营活动或者其他劳务活动。雇员的行为超出授权范围，但其表现形式是履行职务或者与履行职务有内在联系的，应当认定为'从事雇佣活动'。"因此，工作人员的行为是否为"完成工作任务"的行为，应当从行为人的主观意思和行为的客观性质两个方面加以判断。一般来说，工作人员主观上认为是"完成工作任务"行为，而且在客观上又不悖于情理，就可认定该行为是"完成工作任务"的行为。

"完成工作任务"的行为通常包括以下几方面：其一，工作人员依据用人单位的指示在自己职权范围内实施的行为；其二，为了完成职权范围内的事务所做的辅助行为；其三，为了用人单位之利益的合理行为。此外，工作人员的行为即使超出授权范围，但如果与履行职务有内在联系，仍可能被认定为"完成工作任务"行为，此等行为应当具有客观上的合理性。将第三种行为纳入工作人员"完成工作任务"行为，主要是为了保护被侵权人的利益，使其较为容易得到补偿。"完成工作任务"的行为是一个弹性概念，需要结合个案进行具体认定，重点考虑的有时间要素、地点要素、控制力要素和利益要素。在具体案件中，应综合考虑时间、地点、控制力、利益归属这四个要素，然后作出判断。

【案例 9-3】

护士按照医嘱为患者进行常规的输液操作。正常情况下，护士的授权工作范围主要是严格按照护理规范完成各项护理任务。但在这次输液过程中，护士发现患者的病情似乎比病历上记录的更为复杂，在未告知主治医生的情况下，自行减少了输液的药物剂量。护士自行减少药物剂量的行为超出了其授权范围，不过这一行为的出发点是基于对患者病情的判断以及履行护理职责，与她的护理工作有着内在联系。如果患者因药物剂量调整出现问题起诉医院，医院可能需要对该护士的这一行为负责，因为该行为可被认定为"完成工作任务"行为。

三、用人单位的追偿权

考虑到工作人员是直接侵权行为人，用人单位似乎可以向工作人员进行完全追偿，要求工作人员承担全部责任。但是，用人单位对工作人员的责任追偿既受到两者之间合同关系的约束，也受到劳动法以及其他法律的限制。在域外立法实践中，很多国家或地区均对用人单位向其工作人员进行追偿的情形予以限制。如，仅在工作人员故意或者存在重大过失时才可以追偿，有不少立法还限制追偿的数额。

根据 2003 年公布的《最高人民法院关于审理人身损害赔偿案件适用法律若干问题的解释》第 9 条第 1 款的规定，工作人员在故意或者存在重大过失时需要和用人单位一起承担连带责任，并且用人单位可以向工作人员追偿。《民法典》第 1191 条第 1 款后半段规定，用人单位承担侵权责任后，可以向有故意或者重大过失的工作人员追偿。

单位承担无过错责任有利于保护被侵权人的利益。但是，工作人员在执行工作任务活动时若出现酒后作业、野蛮施工、违章操作等现象，在其因故意或者重大过失造成他人损害的情况下仍然让用人单位单独承担责任，又可能陷入另一种不公平——对用人单位不公平。具有故意或者重大过失的工作人员，对其行为后果毫不顾忌，对他人的利益极不尊重，法律当然要对这种不法行为人进行归责。本章开头的引例 1 中，公司员工小王存在重大过失，但仍应由公司对客户承担侵权损害赔偿责任，公司承担责任后，可向小王进行追偿。法律规定用人单位享有追偿权，一方面能弥补用人单位的损失，另一方面能促使雇员在工作中谨慎细心，尽量减少损害的发生。

用人单位的追偿权在实践中具有重要意义。通过赋予用人单位追偿权，法律在保护被侵权人利益的同时，也平衡了用人单位与工作人员之间的责任分配。

【案例 9-4】

某建筑公司员工小张在施工过程中，因违章操作导致他人受伤。公司承担了赔偿责任后，可以向小张追偿部分赔偿费用，因为小张的行为存在重大过失。这一案例表明，用人单位在承担赔偿责任后，可以依法向有故意或重大过失的工作人员追偿，以平衡双方的责任分配。

第三节　劳务派遣责任

一、劳务派遣的概念与特点

劳务派遣，是指由劳务派遣单位与被派遣的工作人员签订劳动合同，由被派遣的工作人员向接受劳务派遣的实际用工单位提供劳动服务并领取报酬的特殊劳动关系。在劳务派遣关系中，存在劳务派遣单位、被派遣的工作人员、接受派遣的实际用工单位三方主体，雇佣单位与用工单位是分离状态，这是现代社会一种新的用工手段。

劳务派遣作为一种新型的用工形式，具有以下特点。

（一）雇佣与用工的分离

劳务派遣单位与被派遣的工作人员签订劳动合同，建立劳动关系；而实际由用工单位接受被派遣的工作人员提供的劳动服务。这种分离使得劳务派遣关系比传统的劳动关系更为复杂。

（二）利益链条的多样性

劳务派遣单位通过向用工单位收取服务费获取利润，而用工单位则通过接受被派遣的工作人员提供的劳动降低用工成本；被派遣的工作人员则从劳务派遣单位获取劳动报酬。

（三）管理责任的分担

劳务派遣单位负责被派遣工作人员的招聘、培训、工资发放等事项，而用工单位负责被派遣工作人员的日常工作安排和管理。

二、《民法典》第1191条第2款的规定

《民法典》第1191条第2款，针对劳务派遣中实际用工单位和劳务派遣单位对被派遣的工作人员因执行工作任务造成损害的侵权责任进行了特别规定："劳务派遣期间，被派遣的工作人员因执行工作任务造成他人损害的，由接受劳务派遣的用工单位承担侵权责任；劳务派遣单位有过错的，承担相应的责任。"

该条款明确了劳务派遣关系中侵权责任的分配原则。

（一）用工单位的无过错责任

用工单位对被派遣的工作人员在执行工作任务中造成的损害承担无过错责任。这意味着无论用工单位是否存在过错，都需对被派遣的工作人员的行为负责。

（二）劳务派遣单位的过错责任

劳务派遣单位仅在存在过错的情况下承担相应责任。例如，劳务派遣单位未对被派遣工作人员进行必要的培训或背景调查，导致其在工作中造成他人损害，劳务派遣单位须承担相应责任。

三、接受劳务派遣单位的责任

根据《民法典》第1191条第2款，接受劳务派遣的用工单位被视为用人单位，对被派遣的工作人员因执行工作任务造成的他人损害，承担无过错性质的替代责任——对工作人员造成实际的损害"埋单"，且不考虑实际用人单位有无过错。在劳务派遣关系中，接受派遣的用工单位对被派遣的工作人员进行实际的管理、支配，同时利用被派遣的工作人员进行生产经营活动，以扩大规模、增加利润，应当被认定为用人者，并为被派遣的工作人员因执行工作任务造成的损害承担无过错性质的替代责任。

（一）责任的性质

用工单位承担的无过错责任是一种替代责任，即用工单位为被派遣工作人员的行为后果负责。这种责任的理论基础在于用工单位具备对被派遣工作人员的实际管理和支配权，以及能够从其劳动中获取利益。

（二）责任的范围

用工单位的责任范围包括被派遣工作人员在执行工作任务过程中造成的所有损害，无论该损害是由于工作人员的故意还是过失所致。

（三）责任的承担方式

用工单位需要对受害人的损失进行赔偿，包括医疗费、误工费、残疾赔偿金等。在某些情况下，用工单位还须承担精神损害赔偿。

【案例 9-5】

劳务派遣单位 B 公司向用工单位 A 公司派遣了工作人员小李。小李在执行工作任务时，因操作不当导致他人受伤。法院判决 A 公司承担全部赔偿责任，因为小李的侵害行为发生在执行工作任务过程中，A 公司作为用工单位须承担无过错责任。

四、派遣单位的相应过错责任

（一）责任性质

《最高人民法院关于适用〈中华人民共和国民法典〉侵权责任编的解释（一）》第16条规定："劳务派遣期间，被派遣的工作人员因执行工作任务造成他人损害，被侵权人合并请求劳务派遣单位与接受劳务派遣的用工单位承担侵权责任的，依照民法典第一千一百九十一条第二款的规定，接受劳务派遣的用工单位承担侵权人应承担的全部责任；劳务派遣单位在不当选派工作人员、未依法履行培训义务等过错范围内，与接受劳务派遣的用工单位共同承担责任，但责任主体实际支付的赔偿费用总和不应超出被侵权人应受偿的损失数额。"据此，派遣单位如存在过错，应在其过错范围内，与接受劳务派遣的用工单位共同承担责任。

在劳务派遣关系中，劳务派遣单位通过被派遣的工作人员的劳动获取利润，与被派遣的工作人员的行为具有利益相关性。这种利益链条是通过实际用工单位对被派遣工作人员的管理和支配而实现的，而且劳务派遣单位没有对被派遣的工作人员进行现场支配、下达指令的可能性。所以，劳务派遣单位通常不被认定为用人单位，进而不为被派遣的工作人员因执行工作任务造成他人损害承担替代责任、无过错责任。但是，如果劳务派遣单位有过错，则应当承担相应的过错责任。

（二）劳务派遣单位的过错情形

1. 未进行必要的培训

劳务派遣单位未对被派遣工作人员进行必要的岗前培训，导致其在工作中技能不足，造成他人损害。

2. 未进行背景调查

劳务派遣单位未对被派遣工作人员进行必要的背景调查，导致有不良记录的人员进入用工单位工作并造成他人损害。

3. 未确保劳动合同的合法性

劳务派遣单位与被派遣工作人员签订的劳动合同违反劳动法律法规，导致工作人员权益受损并间接造成他人损害。

【案例9-6】

某劳务派遣单位C公司向D公司派遣了工作人员小王。C公司未对小王进行任何的岗前培训，导致小王在操作机器时技能不足造成他人受伤。法院判决C公司承担65%的赔偿责任，因为其未履行必要的培训义务，存在过错。

劳务派遣作为一种特殊的用工形式，其侵权责任的分配具有独特性。用工单位通常须承担无过错责任，而劳务派遣单位则在存在过错的情况下承担相应责任。通过明确责任分配、加强内部管理、运用保险机制等措施，用工单位和劳务派遣单位可以有效预防和管理潜在的法律风险。在实践中，双方应结合具体案情，合理运用法律手段，维护自身合法权益。

第四节　个人劳务责任

一、个人劳务关系概述

个人劳务关系，是指自然人个人之间的雇佣与被雇佣、接受劳动服务与提供劳动服务的民事法律关系。在这种民事法律关系中，雇佣者或者说接受劳动服务者为"接受劳务一方"，被雇佣者或者提供劳动服务者为"提供劳务一方"。这种民事法律关系为有偿关系，前者支付报酬，后者接受报酬。个人劳务关系可以是较长时间的雇佣关系，如住家保姆；也可以是临时雇佣关系，如钟点工。接受劳务一方与提供劳务一方之间，存在着一种基于合同的约定而产生的权利义务关系，接受劳务的一方有权按照约定对另一方进行指导、指示，而提供劳务的一方则有义务按照指示完成相应的工作任务。

在现代社会，个人劳务关系广泛应用于各种场景。家庭雇用的保姆、月嫂，临时雇用的装修工人、搬运工等，都属于个人劳务关系的范畴。这种关系在满足社会多元化需求、提供灵活就业机会的同时，也伴随着一系列的法律问题。由于个人劳务关系通常缺乏较为严格的组织性和规范性，使得对接受劳务一方和提供劳务一方之间的权利义务的界定存在一定的模糊性，尤其是在侵权责任的承担方面。因此，需要通过法律进行明确和细化，以保障各方的合法权益。

二、《民法典》第1192条的规定及立法目的

《民法典》第1192条是关于个人劳务关系中责任承担的规定。我国的用人者责任制度依据接受劳务之主体的差异，分别规定了用人单位责任和个人劳务关系中的侵权责任。之所以做此区分，是因为在雇主为用人单位的情形，已有其他法律对劳动者自身受到的损害的救济方法作出了规定（如关于工伤保险的规定），《民法典》只需对劳动者造成他人损害的情形作出规范即可；而在个人劳务关系中，《民法典》则需要提供适用不同类型损害的完整规则。

个人劳务关系由于缺乏用人单位责任中那种较为完善的工伤保险等救济机制，法律需要对提供劳务一方和接受劳务一方以及第三人之间的侵权责任进行更为全面和细

致的规定。一方面，要保障提供劳务一方在遭受损害时能够得到合理的赔偿；另一方面，也要防止接受劳务一方因提供劳务一方的行为而承担不合理的责任。同时，还要考虑到存在第三人侵权时的责任分配问题，确保各方的权益在法律框架内得到平衡和保护。

三、接受劳务一方的替代责任与追偿权

《民法典》第 1192 条第 1 款规定，接受劳务一方与用人单位一样，对提供劳务一方因履行劳务造成的他人损害承担无过错的替代责任。接受劳务一方承担侵权责任（替代责任）后，可以向有故意或者重大过失的提供劳务一方追偿。这一追偿权的规定，有利于促使提供劳务一方谨慎行事，避免造成对他人的损害。

（一）替代责任的适用

在个人劳务关系中，接受劳务一方承担替代责任的理论基础在于其对提供劳务一方的行为具有一定的控制和监督权。接受劳务一方通过对提供劳务一方的工作进行具体指示、安排，实际上对劳务行为的实施形成了一定的影响力。因此，当提供劳务一方在履行劳务过程中造成他人损害，接受劳务一方应当承担相应的责任。这种替代责任不以接受劳务一方存在过错为前提，只要提供劳务一方的行为具备侵权责任的构成要件，接受劳务一方就须承担赔偿责任。

【案例 9-7】

甲雇佣乙作为自己的司机，某日乙在按照甲指示的送货途中，因疏忽大意撞伤了行人丙。在这种情况下，甲作为接受劳务一方，需要对乙的行为承担替代责任，对丙的损害进行赔偿。这是因为，乙是在履行甲所安排的工作任务时造成了他人的损害，甲作为劳务的接受者，应当对乙的行为后果负责。

（二）追偿权的行使

接受劳务一方在承担了替代责任后，可以向有故意或者重大过失的提供劳务一方追偿。这一规定旨在平衡接受劳务一方和提供劳务一方之间的利益关系。提供劳务一方作为直接实施侵权行为的人，如果其行为存在故意或者重大过失，就应当对造成的损害承担最终责任。接受劳务一方在承担了赔偿责任后，有权向其追偿，以弥补自己的损失。

【案例 9-8】

在前述案例 9-7 中，如果乙在送货途中故意闯红灯撞伤丙，甲在承担了替代责任后，可以向乙追偿。因为乙的故意行为是导致损害发生的主要原

因，甲在承担了赔偿责任后，有权要求乙承担相应的赔偿责任，以体现公平原则。

四、提供劳务一方自身受到损害的侵权责任承担

《民法典》第1192条第1款规定，提供劳务一方因劳务受到损害的，根据双方各自的过错承担相应的责任。此等损害，类似于"工伤损害"，不是严格意义上的对他人造成损害情况下的替代责任的适用对象。这一规定采用了过错责任原则以及比较过失规则：接受劳务一方有过错的，应当承担侵权责任；双方都有过错的，比较过错的大小承担相应的责任或者分担相应份额的损失。

（一）过错责任原则的适用

在提供劳务一方自身受到损害的情况下，首先需要确定双方是否存在过错。接受劳务一方的过错可能包括未提供安全的工作环境、未进行必要的安全培训、对提供劳务一方的工作进行不当指示等。提供劳务一方的过错则可能包括未按照指示进行操作、未采取必要的安全措施、自身的疏忽大意等。

【案例 9-9】

甲雇佣乙进行房屋装修，甲未向乙提供必要的安全设备，乙在施工过程中因脚手架不稳固而摔伤。在这种情况下，甲未提供安全设备存在过错，应当对乙的损害承担相应的赔偿责任。

（二） 比较过失规则的运用

如果双方都存在过错，则需要比较双方的过错程度，以确定各自应承担的责任比例。比较过失规则旨在根据双方的过错大小合理分配责任，使赔偿责任的承担更加公平合理。

【案例 9-10】

在案例 9-9 中，如果乙在施工过程中虽然未得到甲提供的安全设备，但乙自身也未采取任何安全措施，如未佩戴安全帽等，那么双方都存在过错。在这种情况下，需要比较甲未提供安全设备的过错和乙未采取安全措施的过错，确定各自应承担的责任比例，如甲承担 70% 的责任，乙承担 30% 的责任。

五、第三人造成提供劳务一方损害的侵权责任承担

《民法典》第1192条第2款规定，提供劳务期间，因第三人的行为造成提供劳务

一方损害的，提供劳务一方有权请求第三人承担责任，也有权请求接受劳务一方给予补偿。接受劳务一方补偿后，可以向第三人追偿。受害人选择造成损害的第三人承担侵权责任，是因为第三人造成了此等损害，按照自己责任和过错责任原理，其应当承担侵权责任。受害人选择接受劳务的一方给予补偿，则可能是考虑到诉讼便利及更可能获得救济。

（一）第三人侵权责任的承担

当第三人对提供劳务一方造成损害时，第三人作为直接侵权行为人，应当首先承担侵权责任。这符合基于侵权责任法的基本原则，即行为人应当对自己的行为负责。第三人因其过错导致他人损害，应当对受害人的损失进行赔偿。

【案例 9-11】

乙在为甲提供劳务的过程中，被丙驾驶的车辆撞伤。丙作为直接侵权人，应当对乙的损害承担赔偿责任。乙可以向丙提起侵权诉讼，要求其赔偿医疗费、误工费等损失。

（二）接受劳务一方的补偿责任

提供劳务一方有权选请求受劳务的一方给予的补偿，这主要是考虑到诉讼便利及更可能获得救济。在接受劳务一方给予补偿后，其有权向第三人追偿。这种补偿责任并非基于侵权责任，而是一种法定的补偿义务，旨在保障提供劳务一方能够及时获得救济。

【案例 9-12】

在案例 9-11 中，乙在被丙撞伤后，如果选择向甲请求补偿，甲应当给予相应的补偿。甲在补偿后，可以向丙进行追偿，要求丙承担最终的赔偿责任。

六、个人劳务关系中的风险防范与责任分配

（一）合同约定的重要性

接受劳务一方和提供劳务一方，应当通过书面合同明确双方的权利义务，包括工作内容、工作条件、安全责任、报酬支付等。合同的明确约定有助于减少纠纷，同时在纠纷出现时也能够提供明确的解决依据。

（二）安全保障措施的加强

接受劳务一方应当为提供劳务一方提供必要的安全保障措施，如提供安全的工作

环境、安全设备、安全培训等。这不仅有助于防止损害的发生，也能够在发生纠纷时减轻自身的责任。

（三）保险机制的运用

双方可以通过购买保险来转移部分风险。例如，接受劳务一方可以购买雇主责任险，提供劳务一方可以购买意外伤害险等。在发生损害时，由保险公司承担部分赔偿责任，减轻双方的经济负担。

（四）过错责任原则的遵循

接受劳务一方和提供劳务一方都应当遵循过错责任原则，谨慎行事，避免因自身的过错产生损害。接受劳务一方进行工作指示时，应当充分考虑安全因素；提供劳务一方在执行工作任务时，也应当严格按照指示和安全规范进行操作。

以上措施的实施，可以在一定程度上防范个人劳务关系中的风险，合理分配侵权责任，保障各方的合法权益。同时，也有助于促进个人劳务市场的健康发展。

每章一练

一、单项选择题

1. 小学生小明在课间休息时，因追逐打闹不慎摔倒受伤。经调查，学校在课间未安排教师巡视，也未设置明显的安全警示标志。关于本案，以下说法正确的是：（　　）。

　　A. 学校无须承担赔偿责任，因为小明受伤是意外事件

　　B. 学校应承担全部赔偿责任，因为小明是在学校受伤的

　　C. 学校应承担相应的补充责任，因其未尽到教育、管理职责

　　D. 小明的父母应承担主要责任，因其未教育小明注意安全

2. 某中学组织学生参加校外社会实践活动，途中学生小张不慎从车上摔下受伤。经调查，学校在组织活动时未对学生进行充分的安全教育，也未采取必要的安全措施。关于本案，以下说法正确的是：（　　）。

　　A. 学校无须承担赔偿责任，因为小张受伤是意外事件

　　B. 学校应承担全部赔偿责任，因为小张是在学校组织的活动中受伤的

　　C. 学校应承担相应的赔偿责任，因其未尽到教育、管理职责

　　D. 小张的父母应承担主要责任，因其未教育小张注意安全

3. 某幼儿园教师在组织幼儿进行户外活动时，未注意到幼儿小丽正在往高处攀爬，导致小丽不慎摔倒受伤。关于本案，以下说法正确的是：（　　）。

A. 幼儿园无须承担赔偿责任，因为小丽受伤是意外事件

B. 幼儿园应承担全部赔偿责任，因为小丽是在幼儿园受伤的

C. 幼儿园应承担相应的赔偿责任，因其未尽到教育、管理职责

D. 小丽的父母应承担主要责任，因其未教育小丽注意安全

二、案例分析题

快递公司驾驶员周某完成当日配送任务后，私自驾驶带有公司标识的货车前往超市购物，途中因超速发生交通事故致人重伤。公司管理制度规定：车辆完成任务后必须立即返回仓库，不得私用。受害人主张快递公司应承担用人单位责任，公司则以"禁止私用车辆"的规章制度进行抗辩。

请思考：

1. 下班后的私自用车是否属于职务行为？

2. 快递公司是否应当承担侵权责任？

第九章习题答案

第十章

网络侵权责任

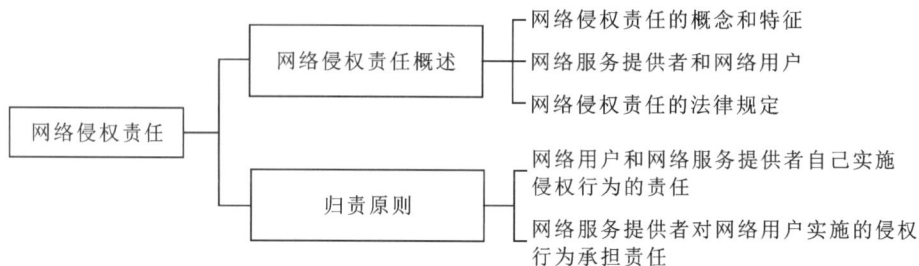

网络侵权责任 —— 网络侵权责任概述 —— 网络侵权责任的概念和特征
—— 网络服务提供者和网络用户
—— 网络侵权责任的法律规定

归责原则 —— 网络用户和网络服务提供者自己实施侵权行为的责任
—— 网络服务提供者对网络用户实施的侵权行为承担责任

学习目标

　　熟悉网络侵权责任的基本概念和特征及其法律保护范围；辨别网络侵权责任的主体，包括网络用户和网络服务提供者；正确理解网络侵权责任的归责原则，包括避风港原则和红旗原则；参照《民法典》相关条款，分析实际案例中网络侵权责任的法律适用情况；能撰写符合法律规范的网络侵权责任通知或反通知文书。

引例

　　2020 年 7 月的某一天，吴女士到小区楼下取快递时，被便利店店主郎某偷拍了视频。郎某随后与朋友何某编造"少妇出轨快递小哥"的聊天内容，发至微信群。通过不断转发，谣言在互联网上发酵。8 月 7 日凌晨，吴女士的朋友提醒她，有人在网上传播相关消息，女主就是她，当日吴女士选择报警。由于多次被转发，多篇网帖的总浏览量达 6 万余次，其间吴女士收到大量询问及谩骂的信息，被公司劝退，还被医生确诊为"抑郁状态"，其男友为照顾她也辞掉工作。由于这起网络侵权行为影响恶劣，对当事人的损害后果也极为严重，该案于 2021 年 4 月 30 日，法院一审开庭审理，郎某、何某以诽谤罪被一审法院判决有罪，均被判处有期徒刑 1 年，缓刑 2 年。

　　请思考：利用网络造谣构成侵权吗？吴女士能否请求赔偿？

理论研究

　　随着互联网技术的迅猛发展和数字经济的蓬勃兴起，网络空间已成为人们日常生活、社交互动和商业活动的重要场域。然而，网络在带来便利的同时，也衍生出诸多新型法律问题，尤其是网络侵权行为的频发，对公民人格权、知识产权及其他合法权益构成了严峻挑战。从名誉权、隐私权受侵害到著作权被盗用、数据被泄露，网络侵权形式日益多样化，影响范围广泛，损害后果严重。我国法律体系为应对网络侵权问题，构建了以《民法典》《个人信息保护法》《中华人民共和国网络安全法》等为核心的法律规范框架，并确立了避风港原则、红旗原则等关键制度，以平衡权利人保护、网络用户行为自由与平台责任之间的关系。

第一节　网络侵权责任概述

一、网络侵权责任的概念和特征

网络侵权责任是指，在互联网上，网络用户、网络服务提供者以及他人故意（或者过失）通过网络侵害他人民事权益，依法应当承担的法律责任。其特征包括以下几个方面。

（一）主体的多样性

网络的使用范围极为广泛，利用网络从事各种活动的主体极多，因此能够实施网络侵权行为的主体多种多样。《民法典》第 1194 条至第 1197 条规定的侵权责任主体包括网络服务提供者、网络用户，以及其他相关侵权主体。这种多样性使得网络侵权责任的认定和追究变得更加复杂。

（二）行为的隐蔽性

由于网络环境的虚拟性和匿名性，网络侵权行为往往难以被直接发现和追踪。这种隐蔽性使得网络侵权者更容易逃避法律的制裁。

（三）损害的广泛性

网络信息的传播速度快、范围广，一旦侵权行为发生，其损害范围往往会迅速扩大，影响大量受害者的权益。这种广泛性要求我们在处理网络侵权责任时必须采取更加迅速和有效的措施。

（四）责任的双重性

在某些情况下，网络服务提供者不仅需要对其自身的侵权行为承担责任，还需要对其用户或其他第三方的侵权行为承担一定的监管责任。这种双重性体现了网络服务提供者在维护网络秩序和保护用户权益方面的特殊地位和作用。

【案例 10-1】

李某某系未成年女孩，因不愿上学而哭闹，父母将其绑在树上进行教育。路人魏某使用手机拍摄了上述过程，视频中李某某的面部特征清晰，魏某未经允许私自将上述未经处理的高清视频上传至微博平台进行广泛传播。李某某的父母认为，魏某的行为侵犯了李某某的肖像权，故请求魏某停止侵权、赔礼道歉、赔偿损失。此外，李某某父亲通知某网络科技公司删除涉案视频，某网络技术有限公司未能及时采取必要措施，导致侵权损失的进一步扩大，某网络技术有限公司应与魏某承担连带责任。本案中，魏某作为网络用户故意通过网络侵害李某某的肖像权，依法应当承担法律责任。某网络科技公司作为网络服务提供者知道或者应当知道网络用户利用其网络服务侵害他人肖像权，却未采取必要措施，应当与该网络用户承担连带责任。

二、网络服务提供者和网络用户

（一）网络服务提供者

1. 概念

网络服务提供者是指信息交流和技术支持服务的提供者。网络服务提供者的组成比较复杂，主要包括网络信息传输基础服务提供者、网络接入服务提供者、网络内容服务提供者、网络空间服务提供者、网络信息搜索服务提供者以及综合服务提供者。

2. 分类

（1）网络信息传输基础服务提供者。

网络信息传输基础服务提供者是指为网络信息传输提供接入设备和技术服务的专业化网络产品厂商。设备厂商主要为信息传播提供光缆、路由、交换机等基础设施，如华为公司；技术服务厂商主要为网络用户提供电子账号等增值电信业务，如 263 网（263 网络通信集团）等。网络信息传输基础服务提供者一般不能选择和编辑网络传输的信息，即不能对特定的信息进行控制。因此，仅提供设备和技术服务的网络信息传输基础服务提供者不可能实施网络侵权。

（2）网络接入服务提供者。

网络接入服务提供者是指为网络用户提供接入服务和其他技术支持服务的厂商。接入服务主要有三种方式：一是通过调制解调器经由电话线路接入网络，二是通过电缆专线等固定线路接入网络，三是宽带传输。中国电信、中国联通就是典型的网络接入服务提供者。网络接入是网络信息传输的中枢环节，在网络传输中起着至关重要的作用。通常情况下，仅提供接入服务的网络接入服务提供者不承担侵权责任法中的网络侵权责任。

（3）网络内容服务提供者。

网络内容服务提供者，即通常所称的 ICP（internet content provider），是指为网络用户提供各种信息服务，如信息浏览、信息查询和信息发布等服务的经营者。网络内容服务商提供的服务主要包括两个方面：一是允许用户在其域名范围内发布信息，二是允许网络用户在其管理的域内查询信息。网络内容服务提供者通常是将自己或者他人创作的作品通过选择和编辑加工，登载在互联网上或者发送到用户端，供公众浏览、阅读、使用或者下载（如新浪网、搜狐网等），其对内容的选择和编辑在一定程度上是可控的，因此，其可能承担侵权责任法中的网络侵权责任。随着时代的发展，还有一些网络内容服务提供者可以为用户提供网络社交平台等服务（如微博、微信、抖音等），这些平台的信息发布速度快、互动交流性强，在内容安全、数据保护、算法伦理等方面面临监管问题，平台必须履行对用户内容的监管义务。

（4）网络空间服务提供者。

网络空间服务提供者是指为网络用户提供网络空间租用、服务器托管等服务的厂商。如阿里云就是为企业提供服务器托管服务的网络空间服务提供者。网络空间服务提供者有可能因第三人实施的侵权行为而承担对他人造成损害的相应责任。

（5）网络信息搜索服务提供者。

网络信息搜索服务提供者是指为网络用户提供搜索服务的厂商，如百度、谷歌等。网络信息搜索服务提供者也有可能因第三人实施的侵权行为而承担对他人造成损害的相应责任。

（6）综合服务提供者。

随着网络技术的不断发展，以及市场竞争的日益激烈，很多的网络服务提供者不再局限于提供单一的网络服务，而是兼营两种甚至更多种网络服务。网络综合服务提供者是指为网络用户提供两种或两种以上网络服务的厂商。如很多网络接入服务提供者同时也提供网络内容服务，一些网络内容服务提供者同时也提供搜索服务，如搜狐网和新浪网等。网络综合服务提供者既可能承担自己侵权责任，也可能承担第三人之侵权行为造成他人损害的责任。

（二）网络用户

网络用户，是指利用网络服务提供者的服务在互联网空间进行各种活动的人。网络用户包括自然人用户和企业用户两类。网络用户在互联网上既可以使用真名，也可以使用假名或者干脆匿名。在并未推行网络实名制的情况下，互联网上注册登记的个人信息很多都不是真实的。

三、网络侵权责任的法律规定

（一）网络侵权责任的保护范围

《民法典》第 1194 条规定："网络用户、网络服务提供者利用网络侵害他人民事权益的，应当承担侵权责任。法律另有规定的，依照其规定。"据此，侵权责任保护的是民事权益，这里的"民事权益"是指在网络上实施侵权行为所能够侵害的一切民事权益，包括人格权益以及知识产权中的著作权。《最高人民法院关于审理利用信息网络侵害人身权益民事纠纷案件适用法律若干问题的规定》第1条规定："本规定所称的利用信息网络侵害人身权益民事纠纷案件，是指利用信息网络侵害他人姓名权、名称权、名誉权、荣誉权、肖像权、隐私权等人身权益引起的纠纷案件。"根据《民法典》第111条的规定，网络侵权责任的保护范围还应当包括个人信息。本章开头的引例1中，郎某和朋友何某编造"少妇出轨快递小哥"的内容，随后在微信群、互联网等平台传播，引发全网热议，导致吴女士被网暴、失业并患上抑郁症。这属于利用信息网络侵害他人人身权益，应构成网络侵权责任，吴女士可要求郎某等二人进行损害赔偿，弥补自身经济损失和精神损害。

（二）正确理解我国《民法典》对网络侵权责任的规定

我国《民法典》关于网络侵权责任的法律规定，应当兼顾权利人、网络服务提供者和社会公众的利益。解读《民法典》第1194条至第1197条关于网络侵权责任的规定时，应该从以下几个方面去理解。

1. 实行依法原则

对于网络服务提供者自己应承担的责任，尤其是连带责任的确定，必须严格依照《民法典》第1194条至第1197条的规定。这些条文规定的网络服务提供者的连带责任规则本身就比较严格，旨在保护被侵权人的合法权益。任何对这些条文所做的不利于网络服务提供者的理解和解释，都是不正确的。

2. 实行慎重原则

网络服务提供者对网络用户实施的侵权行为承担的连带责任，本身不是网络服务提供者自己的责任，而是因为其没有采取必要措施，其行为是间接侵权行为。因此，该连带责任的确定应当慎重。

3. 实行保护原则

保护原则要求，既要保护好网络服务提供者的合法权益，维护互联网事业的正常发展，又要保护好网络用户的言论自由权。这两个保护是相辅相成、互相促进的。过度限制网络服务提供者或者网络用户，既会损害互联网事业的发展，也会严重限制网络言论自由，阻碍互联网职能作用的发挥，限制人们的合法权利。

第二节　归责原则

《民法典》对两种网络侵权责任进行了规定：一是网络用户和网络服务提供者对自

己利用网络实施的侵权行为承担责任；二是网络服务提供者在一定情况下对网络用户利用其提供的网络服务实施的侵权行为承担连带责任。

一、网络用户和网络服务提供者自己实施侵权行为的责任

《民法典》第1194条规定："网络用户、网络服务提供者利用网络侵害他人民事权益的，应当承担侵权责任。法律另有规定的，依照其规定。"网络用户利用网络服务实施侵权行为，侵害他人民事权益，应当自己承担侵权责任，其侵权行为是一般侵权行为，适用过错责任原则。网络服务提供者利用网络实施侵权行为，侵害他人民事权益，要承担侵权责任。例如，网络服务提供者在网站诽谤他人，要自己承担责任。不仅如此，其他人利用网络实施侵权行为，包括黑客侵害网络，也都是侵权行为，都要自己承担侵权责任。

"法律另有规定"应当是指其他法律对网络用户、网络服务提供者利用网络侵害他人民事权益承担的民事责任有特别规定。《中华人民共和国消费者权益保护法》《中华人民共和国食品安全法》等都对这类侵权行为作出了特别规定，应当依照其规定确定这些民事主体的侵权责任。比如，《中华人民共和国消费者权益保护法》第44条规定，"消费者通过网络交易平台购买商品或者接受服务，其合法权益受到损害的，可以向销售者或者服务者要求赔偿。网络交易平台提供者不能提供销售者或者服务者的真实名称、地址和有效联系方式的，消费者也可以向网络交易平台提供者要求赔偿；网络交易平台提供者作出更有利于消费者的承诺的，应当履行承诺。网络交易平台提供者明知或者应知销售者或者服务者利用其平台侵害消费者合法权益，未采取必要措施的，依法与该销售者或者服务者承担连带责任。"

【案例10-2】

某视频平台未经著作权人许可，将某热播电视剧全集上传至平台供用户免费观看，并通过广告大量牟利。著作权人起诉平台侵犯信息网络传播权。人民法院经审理后判决：该平台直接实施了侵权行为（自行上传并传播作品），构成著作权侵权；判令平台赔偿著作权人经济损失500万元，并承担诉讼费用。这类案例就是网络服务提供者在自己的网站上实施侵权行为，侵害他人民事权益，要自行承担侵权责任。

二、网络服务提供者对网络用户实施的侵权行为承担责任

（一）网络侵权责任"避风港"原则中的通知规则

《民法典》第1195条规定："网络用户利用网络服务实施侵权行为的，权利人有权通知网络服务提供者采取删除、屏蔽、断开链接等必要措施。通知应当包括构成侵权的初步证据及权利人的真实身份信息。""网络服务提供者接到通知后，应当及

时将该通知转送相关网络用户，并根据构成侵权的初步证据和服务类型采取必要措施；未及时采取必要措施的，对损害的扩大部分与该网络用户承担连带责任。""权利人因错误通知造成网络用户或者网络服务提供者损害的，应当承担侵权责任。法律另有规定的，依照其规定。"这些，就是对网络侵权责任"避风港"原则中通知规则的相关规定。

网络侵权责任"避风港"原则中的通知规则比较复杂，概括起来包括以下几个方面。

1. 权利人的通知权

网络用户利用他人提供的网络服务实施侵权行为的，网络服务提供者在原则上不承担责任，因为其无法承担海量信息的审查义务。解决这种侵权纠纷的方法是"通知＋移除"，即认为自己权益受到损害的权利人，有权通知网络服务提供者采取删除、屏蔽、断开链接等必要措施，消除侵权信息的扩大影响。这就是权利人的通知权。通知应当包括构成侵权的初步证据及权利人的真实身份信息，没有这些必要内容的通知是无效通知。

2. 网络服务提供者的义务

网络服务提供者接到权利人的通知后，应当实施两个行为：一是及时将该通知转送相关网络用户；二是根据实际情况及时采取删除、屏蔽或者断开链接等必要措施。网络服务提供者履行了上述两项义务的，就进入"避风港"，不承担侵权责任。网络服务提供者未及时采取必要措施的，构成侵权责任，要就损害的扩大部分与该网络用户承担部分连带责任，即网络服务提供者只对扩大的损害部分承担连带责任。人民法院适用《民法典》第1195条第2款的规定，认定网络服务提供者采取的删除、屏蔽、断开链接等必要措施是否及时，其认定应当根据网络服务的类型和性质、有效通知的形式和准确程度、网络信息侵害权益的类型和程度等因素综合判断。

【案例10-3】

用户甲在某APP上发布文章称乙公司"财务造假"，乙公司看到后认为内容不实，向某App发送侵权通知，并提交了构成侵权的初步证据及权利人的真实身份信息。某App在收到通知后及时将该通知转达给用户甲，并在12小时内删除文章。由于某App履行了上述两项义务，法院认定某App适用"避风港"原则，不承担名誉侵权责任。

3. 对错误行使通知权的所谓权利人进行惩罚的措施

权利人因错误通知造成网络用户或者网络服务提供者损害的，应当承担侵权赔偿责任。法律另有规定的，依照其规定。例如，《中华人民共和国电子商务法》第42条第3款规定："因通知错误造成平台内经营者损害的，依法承担民事责任。恶意发出错误通知，造成平台内经营者损失的，加倍承担赔偿责任。"

（二）网络侵权责任"避风港"原则中的反通知规则

《民法典》第1196条规定："网络用户接到转送的通知后，可以向网络服务提供者提交不存在侵权行为的声明。声明应当包括不存在侵权行为的初步证据及网络用户的真实身份信息。""网络服务提供者接到声明后，应当将该声明转送发出通知的权利人，并告知其可以向有关部门投诉或者向人民法院提起诉讼。网络服务提供者在转送声明到达权利人后的合理期限内，未收到权利人已经投诉或者提起诉讼通知的，应当及时终止所采取的措施。"这里体现的就是网络侵权责任"避风港"原则之反通知规则。

"避风港"原则有两个重要规则，一是通知规则，二是反通知规则。这两种规则的配置，能够保证网络用户之间表达自由利益的平衡。

反通知权产生的基础是，权利人行使通知权，并主张网络用户发布的信息构成侵权，要求网络服务提供者采取删除、屏蔽、断开链接等必要措施。网络用户行使反通知权应注意以下几点。

1. 网络用户享有反通知权

权利人行使通知权后，网络服务提供者需将该通知转送网络用户，网络用户接到该通知时，即产生反通知权。

2. 行使反通知权的方式

行使反通知权的方式是网络用户向网络服务提供者提交自己不存在侵权行为的声明。提交的反通知声明，应当包括不存在侵权行为的初步证据及网络用户的真实身份信息，不符合这样要求的反通知声明，不产生反通知的效果。

网络服务提供者在接到该反通知声明后，负有如下两方面的义务：一方面应当将该声明转送给发出通知的权利人；另一方面应当告知权利人可以向有关部门投诉或者向人民法院提起诉讼，而不是一接到反通知声明就立即终止所采取的必要措施。

网络服务提供者在转送的反通知声明到达权利人后的合理期限内，未收到关于权利人已经投诉或者提起诉讼的通知的，应当及时终止所采取的删除、屏蔽或者断开链接等必要措施，保护网络用户行使反通知权利人的言论自由。法律没有规定网络服务提供者没有及时终止所采取的必要措施的后果，但是根据法理，违反义务的后果是承担责任，因而网络服务提供者如果没有及时终止所采取的必要措施造成损害的，应当承担侵权责任。

无论是权利人的通知权还是网络用户的反通知权，其义务主体都是网络服务提供者，其负有满足通知权人或者反通知权人权利要求的义务。网络用户和权利人不是对方的义务主体。

【案例10-4】

2019年3月15日，某购物平台（某公司）入驻的网店被供货商投诉出售假冒商品，某平台将该情况通知网店，网店认为自己并未出售假冒商品，于是进行申诉,向某平台提交自己不存在侵权行为的声明,并提交了购销合同书、发货单、发票等佐证。网店的申诉,就是行使反通知权的行为。但某平台以各种理由认定申诉不成立,并对网店实施了包括搜索屏蔽网店及全部商品、禁止参加"聚划算"活动、删除商品、罚没保证金等处罚措施。网店认为某平台的不当处罚使其遭受损失,故起诉要求投诉方和某平台承担侵权赔偿责任等。一审法院认为供货商投诉存在重大过失,而某平台未按规定将申诉材料转送给供货商或确认其是否向相关主管部门投诉或起诉,未及时采取终止处罚措施,对损失扩大负有责任,判令供货商撤销投诉,某平台撤销处罚并恢复网店积分及保证金,共同赔偿网店经济损失 5 万元,其中供货商负 60% 的责任,某平台负 40% 的责任。

(三)网络侵权责任的"红旗"原则

《民法典》第 1197 条规定:"网络服务提供者知道或者应当知道网络用户利用其网络服务侵害他人民事权益,未采取必要措施的,与该网络用户承担连带责任。"这是对适用网络侵权的"红旗"原则的规定,该法条明确规定了适用"红旗"原则的主观要件是知道或者应当知道网络用户利用其网络服务侵害他人民事权益。

"红旗"原则,是指网络用户利用他人提供的网络服务实施侵权行为,侵害他人的民事权益,行为非常明确(将网络上的侵权行为比喻为"红旗飘飘"),网络服务提供者知道或者应当知道而不采取必要措施,即应承担侵权责任的规则。

适用红旗原则的条件是:网络用户利用他人提供的网络服务实施侵权行为;该侵权行为的侵权性质明显,不必证明即可确认;网络服务提供者知道或者应当知道网络用户在自己的网站上实施了这种侵权行为;网络服务提供者对这样的侵权信息没有采取删除、屏蔽或者断开链接等必要措施。

在第三个要件中,知道就是明知,应当知道就是根据实际情况可以确定网络服务提供者是知道的。例如,网络服务提供者已经对该信息进行了编辑、加工、置顶、转发等,都是应知的证明。《民法典》第 1197 条对适用"红旗"原则的主观要件的规定,起到了统一裁判尺度的效果,对司法实践和理论研究具有重要意义。

具体来说,人民法院依据《民法典》第 1197 条认定网络服务提供者是否"知道或者应当知道"时,应当综合考虑下列因素:一是网络服务提供者是否以人工或者自动方式对侵权网络信息进行推荐、排名、选择、编辑、整理、修改等处理;二是网络服务提供者应当具备管理信息的能力,以及所提供服务的性质、方式是否有利于侵权行为的发生;三是该网络信息侵害的人身权益的类型及明显程度;四是该网络信息的社会影响力或者一定时间内的浏览量;五是网络服务提供者采取预防侵权措施的技术能力及其是否采取了相应的合理措施;六是网络服务提供者是否针对同一网络用户的重复侵权行为或者同一侵权信息采取了相应的合理措施;七是与本案相关的其他因素。

适用"红旗"原则时，明知或者应知网络用户利用自己提供的网络服务实施侵权行为的网络服务提供者，对该侵权信息没有采取必要措施，须与实施侵权行为的网络用户一起承担连带赔偿责任。承担连带责任的规则适用《民法典》总则编第178条规定。

【案例10-5】

某电视台的《××资讯》栏目有较高的知名度，某文化传播有限公司未经准许，在其名为"××电视"的微信公众号上转发《××资讯》的节目片段，并且宣称与某电视台合作，某电视台对其提起诉讼。本案中，被告行为严重侵害了某电视台享有的信息网络传播权并构成不正当竞争行为，后被告及时删除了涉案视频，在赔偿一定损失后，某电视台撤回了对其的诉讼。法院认为，此行为如同鲜艳的红旗一样明显，网络服务商不可能视而不见，应负有监测、删除等义务。

在判定网络侵权时，"红旗"原则的适用应优先于"避风港"原则。只有在网络服务提供者"不明知，不应知"的情况下发生侵权行为时，才适用"避风港"原则。而当侵权行为明显到如同鲜艳的红旗一样，连普通人也能够看出来时，网络服务商就不应视而不见，应该负起监测、删除、排除的义务。

每章一练

一、单项选择题

1. 网络侵权责任的主体包括以下哪些？（   ）

A. 仅网络用户

B. 仅网络服务提供者

C. 网络用户和网络服务提供者

D. 仅政府机构

2. 甲、乙是同事，因工作发生争执后，甲对乙不满，于是写了一篇丑化乙的短文发布在丙网站。乙发现后，要求丙删除，丙不予理会，致使乙遭受的损失进一步扩大。关于扩大部分的损失，应由谁承担？（   ）

A. 甲承担全部责任

B. 丙承担全部责任

C. 甲和丙承担连带责任

D. 甲和丙承担按份责任

3. 根据《民法典》第1194条，网络侵权责任保护的范围是什么？（   ）

A. 仅财产权益

B. 仅人格权益

C. 民事权益

D. 仅知识产权

4. 在红旗原则中，网络服务提供者承担连带责任的主观要件是什么？（   ）

A. 故意

B. 过失

C. 知道或者应当知道

D. 无论知否

二、多项选择题

1. 网络侵权责任的特征包括以下哪些？（　　　）

A. 主体的多样性

B. 行为的隐蔽性

C. 损害的广泛性

D. 责任的单一性

2. 根据《民法典》，网络服务提供者可能在哪些情况下承担连带责任？（　　　）

A. 自己实施侵权行为

B. 对用户侵权行为未采取必要措施

C. 对用户侵权行为采取必要措施

D. 未接收到任何通知

3. 在避风港原则中，权利人的通知应包括哪些内容？（　　　）

A. 侵权初步证据

B. 权利人的真实身份信息

C. 侵权者的真实身份信息

D. 详细的法律分析

4. 网络侵权责任避风港原则中的反通知规则包括哪些步骤？（　　　）

A. 网络用户提交不存在侵权行为的声明

B. 网络服务提供者转送声明给权利人

C. 网络服务提供者立即终止措施

D. 告知权利人可投诉或诉讼

三、判断题

1. 网络侵权责任仅由网络用户承担。（　　　）

2. 网络服务提供者在接到侵权通知后，应立即删除相关信息。（　　　）

3. "红旗"原则的主观要件是网络服务提供者知道或应当知道侵权行为。（　　　）

4. 网络侵权责任的保护范围仅限于知识产权。（　　　）

5. 在避风港原则中，网络服务提供者未及时采取措施，仅对通知后产生的损害承担连带责任。（　　　）

四、案例分析题

张某和李某是同学。某日，张某在 A 社交媒体平台上发布了一篇涉及李某隐私的文章，李某发现后立即通知了 A 社交媒体平台要求删除该文章。A 社交媒体平台在接到通知后未及时采取删除措施，导致李某的隐私信息被广泛传播。

问题：

1. 根据《民法典》的相关规定，社交媒体平台在此案例中的责任是什么？

2. 李某可以采取哪些法律行动来维护自己的权益？

3. 如果张某的文章实际上并未侵犯李某的隐私，社交媒体平台应如何处理？

第十章习题答案

第十一章

违反安全保障义务责任

知识体系图

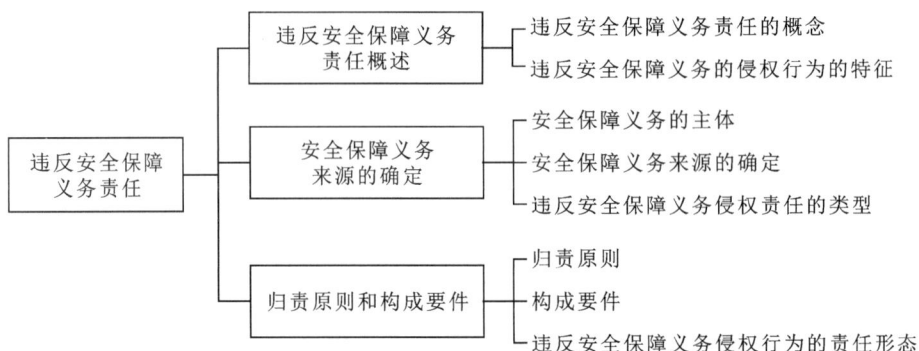

学习目标

掌握违反安全保障义务责任的概念、归责原则和构成要件；熟知违反安全保障义务侵权行为的特征；了解安全保障义务来源的确定；能够运用本章所学基本原则准确判断违反安全保障义务侵权行为的构成要件，分析相关的案例，解决实际侵权纠纷。

引例

乐某与同事一行4人到某漂流公司经营的漂流景点漂流。在漂流过程中，因水流湍急，乐某被甩出所乘坐的漂流船并碰撞石头，导致乐某右小腿右胫骨下段骨折。漂流公司工作人员当日将乐某送至医院治疗，共计住院30天，花费医疗费6万元。漂流公司认为就乐某的人身损害事实，公司并无过错，是乐某作为游客在漂流过程中安全意识不够造成的，故乐某应承担部分责任，公司不应承担全部责任。而乐某认为漂流公司应对其损失承担全部赔偿责任，要求漂流公司赔偿其因漂流受伤支付的医疗费6万元。

请思考：漂流公司应该赔偿乐某的医疗费吗？

理论研究

安全保障义务作为侵权责任法中的一项重要制度，旨在平衡社会活动中的风险分配，确保公众在进入特定场所或参与特定活动时得到基本的安全保障。我国《民法典》第1198条明确规定了公共场所管理者、经营者及群众性活动组织者的安全保障义务，并对违反该义务的法律后果进行了系统规范。这一制度不仅体现了法律对弱势群体的保护，也对相关责任主体加强安全管理、预防和减少损害的发生起到了督促作用。

第一节　违反安全保障义务责任概述

一、违反安全保障义务责任的概念

违反安全保障义务责任，是指依照法律规定或者约定对他人负有安全保障义务的主体违反该义务，直接或者间接地造成他人人身或者财产权益损害，依法应当承担的法律责任。

《民法典》第 1198 条规定："宾馆、商场、银行、车站、机场、体育场馆、娱乐场所等经营场所、公共场所的经营者、管理者或者群众性活动的组织者，未尽到安全保障义务，造成他人损害的，应当承担侵权责任。""因第三人的行为造成他人损害的，由第三人承担侵权责任；经营者、管理人或者组织者未尽到安全保障义务的，承担相应的补充责任。经营者、管理者或者活动组织者承担补充责任后，可以向第三人追偿。"本规定不仅列举了常见的负有安全保障义务的主体，还规定了第三人作为侵权责任主体的情形，以及相关的追偿权等内容。

二、违反安全保障义务的侵权行为的特征

第一，行为人是对受保护人负有安全保障义务的主体，是负有安全保障义务的公共场所或者群众性活动的管理人或者组织者，受保护人是进入行为人管理的公共场所或者组织的群众性活动领域之中的人。

第二，行为人违反了安全保障义务。

第三，受保护的人遭受了人身损害或财产损害。

第四，违反安全保障义务的行为人应当承担侵权责任。

【案例 11-1】

某饭店在大厅入口处铺设瓷砖，雨天未及时清理水渍，也未放置防滑垫或警示标识。顾客王某进入饭店时，因地面湿滑摔倒，导致腰椎骨折。事后调查发现：饭店入口处无工作人员引导或提醒；监控显示事发前已有其他顾客险些滑倒，但服务员未采取任何措施；王某摔倒后，饭店未及时救助，导致伤情加重；王某起诉饭店索赔医疗费、护理费等共计 15 万元。

法院经审理认为：饭店未尽安全保障义务，饭店明知雨天入口处地面湿滑，却未采取防滑措施（如铺设地垫、设置警示牌）或安排人员引导，且对已出现的风险未及时处理，违反《民法典》第1198条规定的义务；饭店因其过错直接导致王某摔伤，承担全部赔偿责任（无第三人介入时，饭店作为直接责任人须全额赔偿）；王某摔倒后，饭店未提供必要救助（如拨打急救电话、协助送医），导致损害扩大，法院酌情增加10%的赔偿金额。最终，法院判决饭店赔偿王某16.5万元（含扩大的损失部分）。

第二节　安全保障义务来源的确定

一、安全保障义务的主体

《民法典》第1198条列举了违反安全保障义务侵权责任的义务主体，即"宾馆、商场、银行、车站、机场、体育场馆、娱乐场所等经营场所、公共场所的经营者、管理者或者群众性活动的组织者"。由此可见，负有安全保障义务的主体包括经营场所的经营者、公共场所的管理者和群众性活动的组织者，包括自然人、法人和非法人组织。法律条文中的"等"字，表明以上场所是不完全列举。

安全保障义务的权利主体应当是受安全保障义务保护的当事人，即进入经营场所、公共场所的人或进入群众性活动领域的人。

二、安全保障义务来源的确定

确定违反安全保障义务侵权行为的责任，最重要的就是确定行为人是否负有安全保障义务、负有什么样的安全保障义务。安全保障义务来源主要有以下三个方面。

（一）法律直接规定

法律直接规定安全保护义务，是最直接的安全保障义务的来源。例如，《中华人民共和国消费者权益保护法》第18条规定："经营者应当保证其提供的商品或者服务符合保障人身、财产安全的要求。对可能危及人身、财产安全的商品和服务，应当向消费者作出真实的说明和明确的警示，并说明和标明正确使用商品或者接受服务的方法以及防止危害发生的方法。""宾馆、商场、餐馆、银行、机场、车站、港口、影剧院等经营场所的经营者，应当对消费者尽到安全保障义务。"又如，《中华人民共和国道路交通安全法》第34条规定："学校、幼儿园、医院、养老院门前的道路没有行人过街设施的，应当施划人行横道线，设置提示标志。""城市主要道路的人行道，应当按照规划设置盲道。盲道的设置应当符合国家标准。"第105条规定："道路施工作业或者道路出现损毁，未及时设置警示标志、未采取防护措施，或者应当设置交通信号灯、交通标志、交通标线而没有设置或者应当及时变更交通信号灯、交通标志、交通标线而没有及时变更，致使通行的人员、车辆及其他财产遭受损失的，负有相关职责的单位应当依法承担赔偿责任。"

（二）合同约定的主义务

如果在当事人约定的合同中规定，合同的一方当事人对另一方当事人负有安全保障义务，该方当事人应当履行安全保障义务。例如，旅客与航空公司订立旅客运输合同，旅客的人身安全保障义务就是航空公司的主合同义务，航空公司作为合同一方当事人必须履行这种义务。

（三）法定的或者约定的合同附随义务

按照诚信原则，一方当事人应该对另一方当事人履行安全保障义务，该方当事人也应该负有安全保障义务。例如，商场、餐饮业、旅馆业向顾客提供服务，按照诚信原则的解释，应当保障接受服务的客人的人身安全。

按照上述分析，经营者负有的安全保障义务的基本性质有两种：一是法定义务；二是合同义务。这两种义务是竞合的。例如，经营者的安全保障义务既是法律规定的义务，也是合同约定的义务。经营者违反这种安全保障义务，既可能构成侵权责任，也可能构成违约责任，会发生侵权责任与违约责任竞合，被侵权人有两个损害赔偿的请求权。对此，应当按照《民法典》第186条的规定，由赔偿权利人选择一个最有利的请求权行使，救济其权利损害。

三、违反安全保障义务侵权责任的类型

根据安全保障义务来源，我们大致可以把违反安全保障义务的侵权责任分为几种具体类型。

（一）因设施、设备不合规违反安全保障义务

经营场所、公共场所的管理人或者群众性活动的组织者在设施、设备方面的安全保障义务，主要是不违反相关的安全标准。经营场所、公共场所或者社会活动场所的设施、设备必须符合国家的强制性标准要求，没有国家强制性标准的，应当符合行业标准或者达到进行此等经营活动所需要达到的安全标准。设置的硬件没有达到保障安全要求，存在缺陷或者瑕疵，造成他人损害的，经营者、管理者、活动组织者应当承担人身损害赔偿责任。例如，商场在通道上安装的玻璃门未设置警示标志，一般人很难发现，顾客通过时撞在门上受到伤害，商场应当承担违反安全保障义务的人身损害赔偿责任。

（二）因服务管理不到位违反安全保障义务

经营者、管理者、活动组织者在服务管理方面的安全保障义务，主要包括以下三个方面。第一，加强管理，提供安全的消费、活动环境。第二，坚持遵守服务标准，防止出现损害。在经营和活动中，经营者、管理者、组织者应当按照确定的服务标准提供服务，不得违反服务标准。第三，必要的提示、说明、劝告、协助义务。服务管理违反安全保障义务，就是指经营者、管理者、活动组织者的工作人员违反上述安全保障义务造成他人损害，构成侵权责任。

（三）对老年人、未成年人、残障人士等特殊群体违反安全保障义务

根据《老年人权益保障法》《未成年人保护法》《残疾人保护法》等相关法律规定，公共场所必须设置安全保护设施，防范意外伤害，如：公共场所应针对残障人士提供无障碍设施；对未成年人游乐场所采取隔离或监管措施，对游乐设施进行定期检修、对危险区域设置警示标志；等等。

（四）因未能防范、制止侵权行为违反安全保障义务

对他人负有安全保障义务的经营者、管理者、活动组织者，在防范和制止他人侵害方面未尽义务，造成受保护人损害的，也构成违反安全保障义务的侵权责任，这是违反安全保障义务侵权责任的一种特定的类型。

【案例 11-2】

某小区发生高空抛物伤人事件，由于小区物业公司未设置警示标示和监控设施，无法追查抛物人，可能被认定为未尽到防范、制止侵权行为的安全保障义务，应承担相应责任。

第三节　归责原则和构成要件

一、归责原则

违反安全保障义务侵权责任的确认适用过错推定原则，因此，过错的证明采取举证责任倒置的方式。只要被侵权人证明义务人未尽安全保障义务，并且已经造成了被侵权人的损害，就可以依据损害事实和违反安全保障义务的行为，依法推定义务人有过失。如果义务人认为自己没有过错，应当举证证明。能够证明自己没有过错的，推翻过错推定，义务人不承担侵权责任；不能证明或者证明不足的，过错推定成立，义务人承担侵权责任。

二、构成要件

（一）有违反安全保障义务的行为

构成违反安全保障义务侵权责任的前提是，须具有违反安全保障义务的行为。在实践中判断义务人是否违反安全保障义务，须有客观标准，我们可以从以下四个方面把握。

1. 法定标准

法律对于安全保障的内容和安全保障义务人必须履行的行为有直接规定的，应当严格根据法律、法规的明确规定来判断义务人是否违反安全保障义务。例如，应急管理部《高层民用建筑消防安全管理规定》第 28 条规定："高层民用建筑的疏散通道、安全出口应当保持畅通，禁止堆放物品、锁闭出口、设置障碍物。平时需要控制人员出入或者设有门禁系统的疏散门，应当保证发生火灾时易于开启，并在现场显著位置设置醒目的提示和使用标识。"该规定可以用来衡量高层建筑所有者或管理者是否尽到对火灾的预防义务。不符合这个法定标准，造成被保护人的人身损害或财产损害的，就构成了违反安全保障义务。

2. 特别标准

对于未成年人应当采用特别标准来判断义务人是否违反安全保障义务，即如果经营活动或者社会活动领域存在对儿童具有诱惑力的危险因素，公共场所的管理人或者群众性活动的组织者必须履行最高的安全保障义务。其安全保障义务应当包括：消除危险，防患于未然；隔离危险，使未成年人无法接触到危险；采取其他措施，保障该危险不会对未成年人造成损害。如果没有做到以上保障措施，即可被认定为违反安全保障义务。

3. 善良管理人的标准

"善良管理人"是民法中的一个重要概念，源自大陆法系传统（如罗马法中的"善良家父"标准），指管理人需以"处理自己事务的同一注意"或更高标准对待受托事务，其核心在于要求管理人具备合理谨慎、勤勉的态度，以保护他人权益。这是以具有相当知识经验的人对于一定事件的所用注意作为标准，客观地加以认定，为一种客观的标准。行为人有无尽此注意义务的知识和经验，以及他向来对于事务所用的注意程度均不考虑。只依其职业斟酌，所用的注意程度应比善良人的注意和处理自己事务时为一致或更高。

4. 一般标准

一般标准分为两方面。一方面，经营者对一般的被保护人，如主动进入经营场所或社会活动场所的人或者非法进入者，所承担的义务就是对于隐蔽性危险进行告知。经营者没有履行这种告知义务，则构成违反安全保障义务。例如，对于进入商场不是意欲购买物品而只是要通过商场过道的人，经营者只负有对隐蔽危险进行告知的义务，并不承担善良管理人的注意义务。另一方面，经营者对于受邀请进入经营领域或者社会活动领域的被保护人，负有一般的告知义务和注意义务，如被保护人在商场、列车、公共交通工具遭受窃贼侵害，经营者、管理者尽到告知义务的，就不构成违反安全保障义务，而并非只要受邀请者遭受窃贼损害，经营者就违反了安全保障义务。

按照上述标准，以下四种行为是违反安全保障义务的行为。其一，怠于防止侵害行为。即，负有防范、制止侵权行为的安全保障义务的人没有对侵权行为进行有效的防范或制止。其二，怠于消除人为的危险情况。即，对于管理服务等造成的人为的危险状况没有进行消除。其三，怠于消除经营场所或者活动场所具有伤害性的自然情况。例如，设施、设备存在的不合理危险，没有采取合理措施予以消除。其四，怠于实施告知行为。即，对于经营场所或者社会活动场所中存在的潜在危险和危险因素，没有尽到告知义务，亦未尽适当注意义务。对于上述安全保障义务标准，如果超出了合理限度范围，则即使进入经营场所或者活动领域的人受到损害，经营者、管理者、活动组织者也不应当承担损害赔偿责任。

（二）负有安全保障义务的相对人受到损害

违反安全保障义务侵权责任的认定，应当考虑其是否具备损害事实要件，包括人身损害和财产损害。人身损害赔偿责任所保护的是自然人的健康权和生命权；财产损害事实是指违反安全保障义务行为造成了受保护人的财产或者财产利益受到损害。

（三）损害事实与违反安全保障义务行为之间具有因果关系

在违反安全保障义务的侵权责任构成中，义务人违反义务的行为与受保护人的损害之间，应当具有引起与被引起的因果关系。由于违反安全保障义务行为的类型不同，对这种因果关系的要求也不相同。

在违反安全保障义务行为直接造成损害事实的情况下，对因果关系的要求应当是直接因果关系或者相当因果关系，违反安全保障义务行为是损害发生的原因。例如，因设施、设备不合规而违反安全保障义务的侵权行为，因服务管理不到位而违反安全保障义务的侵权行为，对老年人、未成年人、残障人士等特殊群体违反安全保障义务的侵权行为中，对于因果关系要件的要求，是具有确定的直接因果关系或者相当因果关系的。具体表现为，违反安全保障义务的行为就是引起受保护人损害事实的原因。

在因未能防范、制止侵权行为而违反安全保障义务的侵权行为中，对于因果关系的要求比前三种侵权行为的要求低，其侵权责任构成的因果关系应当是间接因果关系，其违反安全保障义务行为仅仅是损害发生的间接原因，不要求是直接原因。这是因为，侵权人对受保护人所实施的侵权行为就是直接针对受保护人的，并且直接造成了受保护人的损害，该侵权行为是受保护人受到损害的全部原因。但是，安全保障义务人违反安全保障义务的行为也是造成受保护人的损害的全部原因，因为如果其尽到了保护义务，就能避免这种损害。事实上，即使安全保障义务人的行为是受保护人受到损害的一个条件，它们之间也具有因果关系，只不过这种因果关系是间接因果关系而已。

（四）违反安全保障义务行为的义务人具有过错

在违反安全保障义务的侵权责任构成中，包括行为人具有过错。违反安全保障义务人的过错性质，是未尽注意义务的过失，不包括故意。如果违反安全保障义务人在造成损害的过程中具有故意倾向，包括直接故意和间接故意，则不属于这种侵权行为类型，而是故意侵权。这种过失的表现是应当注意而没有注意，是一种不注意的心理状态。这种心理状态表现在其违反安全保障义务的实际行为中，应当通过对其行为的考察作出判断。具体来说，违反安全保障义务人有无过错的标准是义务人是否达到了法律、法规、规章等所要求达到的注意程度，或者是否达到了同类经营者所应当达到的注意程度，或者是否达到了诚信、善良的经营者所应当达到的注意程度。

本章开头的引例中，漂流公司作为惊险性旅游项目的经营者，应当排查漂流设施的安全隐患，提供安全的漂流环境，避免参与者受到人身、财产损失，但漂流公司并未严格排查，存在过失。而乐某在漂流过程中，掉入水中腿部撞击石头受伤，说明漂流项目存在安全隐患。漂流公司称乐某安全意识不够，但未能举证证明乐某在事故发生中存在过错。因此，漂流公司应当对乐某的损失承担全部的赔偿责任，乐某不存在过错，不应承担责任。

违反安全保障义务侵权责任的确定适用过错推定原则，因此，过错的证明采取举证责任倒置的方法。义务人要证明自己没有过错，则应当做到：证明自己的行为已经达到了要求的注意标准，因此没有过失；或者证明自己虽然没有达到所要求的注意标准，但是另有抗辩的原因，即不可抗力、意志以外的原因（或者是第三人的行为所致）。义务人能够证明这些内容，应当认定其不具有过错要件，不构成侵权责任。

【案例 11-3】

某日，沈某某下班后和朋友们相约在某饭店吃饭，就餐的包间在二楼，临近消防通道。就餐过程中，沈某某电话响了，她来到这个消防通道并推开了门，她想去里面接听电话，可是让沈某某无论如何都想不到的是，这个消防通道的门外面当时正在施工装修，且没有防护措施，下面是将近四米的深坑，沈某某就这样一脚踏空直接栽进了深坑里。后经寻找，众人才发现沈某某坠落楼下，经抢救无效身亡。沈某某的家属起诉该饭店，认为沈某某坠楼身亡是因饭店未尽安全保障义务，该饭店具有明显过失，请求法院判令被告赔偿损失。一审法院判决被告赔偿原告 38 万元。

本案中，某饭店的行为构成违反安全保障义务的侵权责任。第一，该饭店有违反安全保障义务的行为。经查，消防通道和她们的包厢相距不过 10 米，在装修还未完工，楼梯也未安装栏杆的情况下，消防通道的门可以随意打开，经营者没有采取措施防止侵害行为的发生。第二，负有安全保障义务的相对人沈某某生命健康权受到侵害。第三，损害事实与违反安全保障义务行为之间具有因果关系。第四，违反安全保障义务行为的行为人具有过错，饭店经营者既没有采取警示措施，也没有提前告知她们，未尽到其应有的注意义务。

三、违反安全保障义务侵权行为的责任形态

违反安全保障义务侵权行为的责任形态分为三种：自己责任、替代责任和补充责任。

（一）自己责任

自己责任，是行为人自己承担其实施的行为所造成的他人人身损害和财产损害的侵权责任形态。就经营者、管理者、活动组织者而言，其行为违反安全保障义务造成受保护人的人身损害，需自己承担责任。在因设施、设备不合规违反安全保障义务的侵权行为，因服务管理不到位违反安全保障义务的侵权行为，对老年人、未成年人、残障人士等特殊群体违反安全保障义务的侵权行为中，违反安全保障义务的行为人如果是单一的自然人主体，就要承担自己责任。《民法典》第1198条第1款规定的责任就是违反安全保障义务侵权责任的自己责任。

（二）替代责任

如果经营者、管理者、活动组织者是用人单位，而违反安全保障义务的具体行为人是经营者、管理者、活动组织者的工作人员，而且双方的劳务关系符合用人单位责任的要求，则因设施、设备不合规违反安全保障义务的侵权行为，因服务管理不到位违反安全保障义务的侵权行为，对老年人、未成年人、残障人士等特殊群体违反安全保障义务的侵权行为的责任形态是替代责任，而不是自己责任。对此，应当适用《民法典》第1191条第1款的规定确定侵权责任。因此，无论是经营者、管理者、活动组织者自己违反安全保障义务，还是其工作人员违反安全保障义务，都由作为经营者、管理者、活动组织者的用人单位承担责任。不过，如果经营者、管理者、活动组织者的工作人员因故意或者重大过失违反安全保障义务造成损害的，经营者、管理者、活动组织者在承担了赔偿责任之后，可以依照《民法典》第1191条第1款规定，向有故意或者重大过失的工作人员求偿。

（三）补充责任

在违反安全保障义务的侵权行为中，未能防范、制止侵权行为违反安全保障义务的一方当事人承担的损害赔偿责任，是补充责任。未能防范、制止侵权行为违反安全保障义务的侵权损害赔偿责任，是指第三人侵权导致被侵权人损害，安全保障义务人对此有过错的，承担相应的补充赔偿责任。《民法典》第1198条第2款规定，"因第三

人的行为造成他人损害的，由第三人承担侵权责任；经营者、管理者或者组织者未尽到安全保障义务的，承担相应的补充责任。经营者、管理者或者活动组织者承担补充责任后，可以向第三人追偿。"

侵权补充责任的基本规则有以下四点。

第一，在未能防范、制止侵权行为违反安全保障义务的侵权行为中，直接侵权人是直接责任人，违反安全保障义务人为补充责任人。被侵权人应当首先向直接责任人请求赔偿，直接责任人应当承担侵权责任。直接责任人承担了全部赔偿责任后，补充责任人的赔偿责任消灭，被侵权人不得向其请求赔偿，直接责任人也不得向其追偿。

第二，被侵权人在因直接责任人不能赔偿、赔偿不足或者下落不明而无法满足第一顺序的赔偿请求权时，可以向补充责任人请求赔偿。补充责任人应当满足被侵权人的合理请求。补充责任人的赔偿责任范围，并不是直接责任人不能赔偿的部分，而是"相应"的部分。相应的补充责任应当与违反安全保障义务人的过错程度和行为的原因力"相应"，补充责任人不承担超出相应部分之外的赔偿责任。

第三，相应的补充责任还意味着其责任只是补充性的，如果直接责任人有能力全部赔偿，则应当承担赔偿责任。所以，相应的补充责任不是连带责任。补充责任中"补充"的含义是，直接责任人承担的赔偿责任是第一顺序的责任，补充责任人承担的赔偿责任是第二顺序的责任。因此，补充责任是补充自己责任的侵权责任形态。

第四，经营者、管理者或者组织者承担了补充责任之后，可以向第三人追偿。未能防范、制止侵权行为违反安全保障义务的经营者、管理者或者活动组织者，仅仅是未尽安全保障义务的不作为行为的行为人，并非真正意义上的侵权人，其承担补充责任后，可以向第三人追偿。

【案例 11-4】

某超市新开业举办促销活动，开业活动现象人流量激增，但超市未增加安保人员也未采取有效限流措施。顾客张某在超市内正常行走时，被另一名匆忙奔跑的顾客李某（第三人）撞倒，导致张某骨折。事后查明，李某因排队与他人发生争执后情绪激动在超市内横冲直撞，超市的监控设备记录了全部过程，但现场安保人员未及时制止或疏导人群。张某起诉该超市要求赔偿医疗费、误工费等损失。

法院经审理认为，该超市未尽到安全保障义务。根据《民法典》第 1198 条，超市作为公共场所管理人，在促销活动期间应预见人流量增加可能带来的风险，但未采取额外安保措施（如增加人员、设置警示标志或疏导通道），存在管理疏漏。本案中李某的撞击行为直接导致张某受伤，李某应承担主要赔偿责任。但超市因未及时制止危险行为或有效维护秩序，客观上未能防止损害发生，须承担补充责任。最终法院判决李某承担 70% 赔偿责任，超市在其未尽到安全保障义务的范围内承担 30% 的补充责任。若李某无力赔偿，超市须先行赔付 30%，后续可向李某追偿。

一、单项选择题

1. 违反安保义务责任的主体不包括以下哪一项？（　　）

A. 宾馆　　　　　　　　　　　B. 商场

C. 私人住宅　　　　　　　　　D. 机场

2. 根据《民法典》第1198条，如果第三人的行为造成他人损害，经营者、管理者或者组织者未尽到安全保障义务的，应承担什么责任？（　　）

A. 全部责任　　　　　　　　　B. 补充责任

C. 连带责任　　　　　　　　　D. 无责任

3. 违反安全保障义务的侵权行为特征中，以下哪一项不是必需的？（　　）

A. 行为人负有安全保障义务　　B. 行为人违反了安全保障义务

C. 受保护人遭受了损害　　　　D. 行为人故意造成损害

4. 安全保障义务的来源不包括以下哪一项？（　　）

A. 法律直接规定　　　　　　　B. 合同约定

C. 道德规范　　　　　　　　　D. 法定的或者约定的合同附随义务

二、多项选择题

1. 违反安全保障义务的侵权行为特征包括：（　　）。

A. 行为人负有安全保障义务　　B. 行为人违反了安全保障义务

C. 受保护人遭受了损害　　　　D. 行为人故意造成损害

2. 安全保障义务的来源包括：（　　）。

A. 法律直接规定　　　　　　　B. 合同约定

C. 道德规范　　　　　　　　　D. 法定的或者约定的合同附随义务

3. 违反安全保障义务侵权责任的类型包括：（　　）。

A. 设施、设备违反安全保障义务

B. 服务管理违反安全保障义务

C. 对特殊群体违反安全保障义务

D. 防范、制止侵权行为违反安全保障义务

4. 违反安全保障义务侵权责任的构成要件包括：（　　）。

A. 有违反安全保障义务的行为

B. 负有安全保障义务的相对人受到损害

C. 损害事实与违反安全保障义务行为之间具有因果关系

D. 违反安全保障义务行为的行为人具有过错

三、判断题

1. 违反安保义务责任的主体仅限于宾馆、商场、银行等经营场所。　　　　（　　）

2. 违反安全保障义务的侵权行为特征之一是行为人故意造成损害。　　　（　　）

3. 安全保障义务的来源包括法律直接规定、合同约定和法定的或者约定的合同附随义务。　　　　　　　　　　　　　　　　　　　　　　　　　（　　）

4. 违反安全保障义务侵权责任适用无过错责任原则。　　　　　　　　　（　　）

5. 如果第三方行为是损害的直接原因，经营者或管理者可以完全免责。　（　　）

四、案例分析题

某商场在通道上安装的玻璃门未设置警示标志，顾客李某通过时撞在门上，导致其头部隆起一个大血包，并构成轻微脑震荡。由于受到突如其来的惊吓，李某整个人重重摔到地上，导致尾椎骨骨折。李某起诉商场，要求赔偿医疗费、护理费等共计 10 万元。

问：

1. 商场是否构成违反安全保障义务的侵权行为？为什么？

2. 如果商场构成侵权，应承担什么类型的责任？

3. 李某应如何证明商场的过错？

4. 如果商场能够证明其已尽到合理的安全保障义务，是否可以不承担责任？

5. 如果李某在事故中也有一定过错，商场的责任会如何变化？

第十一章习题答案

第十二章

产 品 责 任

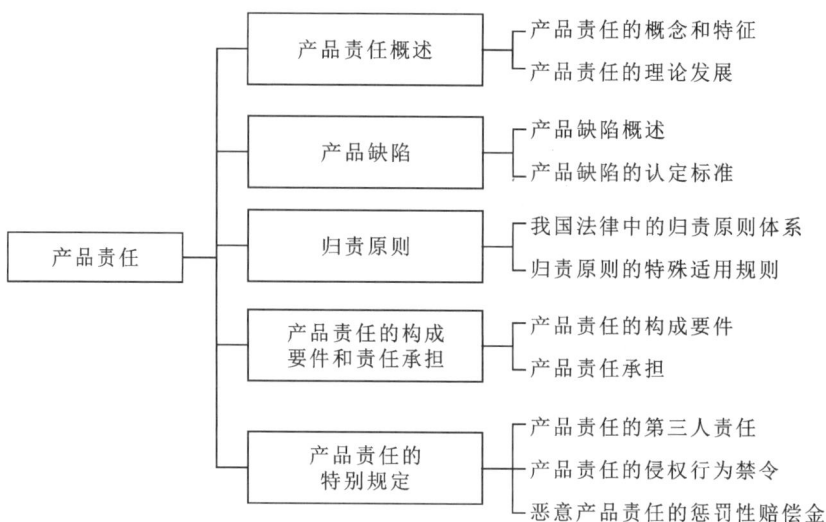

学习目标

掌握产品责任的概念和特征，产品缺陷的概念、种类及认定标准，产品责任的归责原则、构成要件、责任承担，产品责任的类型。理解恶意产品责任中的惩罚性赔偿责任。

引例1

某制药公司生产的一款处方药未在说明书中充分提示可能引发的严重副作用，导致多名患者服用后出现严重不良反应。患者提起诉讼，要求制药公司承担产品责任。

请思考：本案中制药公司需要承担产品责任吗？

引例2

某消费者在电商平台购买了一款名牌手表，后发现为假冒产品。消费者要求电商平台和商家共同承担责任。

请思考：本案中电商平台和商家需要承担产品责任吗？

　　某食品生产企业明知其生产的零食中添加剂超标，仍继续生产销售，导致多名消费者食用后出现健康问题。消费者提起诉讼，要求企业承担惩罚性赔偿责任。

　　请思考：本案中食品企业需要承担赔偿责任吗？

理论研究

　　《民法典》将产品安全原则确立为民事责任的重要准则，凸显了消费者权益保护的现实紧迫性和重要性。《民法典》侵权责任编设专章对产品责任进行了规定，明确了生产者的法律责任（《民法典》第1202条）；对违反法律规定故意生产、销售缺陷产品，造成严重后果应承担的惩罚性赔偿责任进行了规定（《民法典》第1207条）；增加了关于产品召回责任以及消费者集体诉讼的规定（《民法典》第1206条），这是产品安全原则的具体体现，能够进一步强化对消费者权益的保护。此外，《最高人民法院关于适用〈中华人民共和国民法典〉侵权责任编的解释（一）》明确将缺陷产品本身的损害纳入侵权责任范围，更好地保护了消费者合法权益。

第一节　产品责任概述

一、产品责任的概念和特征

（一）产品责任的概念

　　产品责任是指生产者、销售者因产品存在缺陷，由此造成他人人身、财产损害或造成产品本身损害的，依法应当承担的特殊侵权责任。《民法典》第1203条规定："因产品存在缺陷造成他人损害的，被侵权人可以向产品的生产者请求赔偿，也可以向产品的销售者请求赔偿。"《最高人民法院关于适用〈中华人民共和国民法典〉侵权责任编的解释（一）》规定："因产品存在缺陷造成买受人财产损害，买受人请求产品的生产者或者销售者赔偿缺陷产品本身损害以及其他财产损害的，人民法院依照《民法典》第一千二百零二条、第一千二百零三条的规定予以支持。"产品责任确认的关键在于产品缺陷的存在，无论生产者、销售者是否存在主观过错，只要产品缺陷导致损害，就应当承担侵权责任。

（二）产品责任的特征

第一，产品责任是适用无过错责任原则的特殊侵权责任。根据《民法典》第1202条和第1207条，产品责任不以生产者或销售者的主观过错为要件，只要产品存在缺陷并造成损害，就构成产品责任。这种无过错责任原则有利于保护消费者权益，促使生产者提高产品质量。

第二，产品责任保护的范围广泛，不仅保护消费者的人身安全和财产权益，还涉及公共利益。例如，缺陷产品可能导致大规模人身伤害或环境污染，此时不仅个人可以主张赔偿，相关组织或国家机关也可以提起公益诉讼。

第三，产品责任的主体包括生产者和销售者。《民法典》第1203条明确规定，被侵权人可以向生产者和销售者中的任何一方请求赔偿。产品缺陷由生产者造成的，销售者赔偿后，有权向生产者追偿。因销售者的过错使产品存在缺陷，生产者赔偿后，有权向销售者追偿。这种规定明确了各方责任，有利于消费者及时获得救济。

第四，产品责任的损害范围包括人身损害、财产损害和精神损害。《民法典》第1202条规定的"造成他人损害"不仅包括直接的人身伤害和财产损失，还包括因缺陷产品导致的精神损害。例如，缺陷医疗器械导致患者身体残疾并造成心理创伤的，患者可以主张精神损害赔偿。

第五，产品责任的责任方式多样，不仅包括损害赔偿责任，还包括产品召回、警示、修复等其他责任形式。例如，《民法典》第1206条规定，生产者、销售者发现产品存在缺陷后，应当及时采取停止销售、警示、召回等补救措施，未及时采取措施或补救措施不力造成损害扩大的，应当承担相应的侵权责任。

二、产品责任的理论发展

产品责任理论是随着工业化社会进程和消费者保护意识的增强而逐步发展起来的。从最初的合同责任到现在的无过错责任，产品责任理论经历了从简单到复杂、从狭隘到全面的演变过程。以下是产品责任理论发展的主要阶段及其特点。

（一）合同责任阶段（19世纪至20世纪初）

在工业化初期，产品责任的认定主要依据合同关系，即"合同相对性原则"。根据这一原则，只有与生产者或销售者直接签订合同的消费者才能主张权利，第三人因产品缺陷受到损害时无法获得赔偿。

产品的合同责任的特点主要表现在以下几个方面。其一，责任主体受限：只有合同的直接当事人（买方和卖方）可以主张权利。其二，适用范围狭窄：无法保护合同之外的第三人的权益，如使用产品的家庭成员或旁观者。其三，以过错为要件：消费者需证明生产者或销售者存在过错，举证难度较大。还有其他的局限性，比如合同责任无法适应工业化社会中产品流通范围扩大、消费者与生产者关系间接化的现实，导致许多受害者无法获得救济。

（二）侵权责任阶段（20世纪初至20世纪中期）

随着工业化的深入，产品缺陷导致的损害事件增多，合同责任的局限性日益凸显。在此背景下，产品责任逐渐从合同责任转变为侵权责任，突破了"合同相对性原则"的限制。

产品的侵权责任的特点主要表现在以下几个方面。其一，责任主体扩大：不仅合同的直接当事人，任何因产品缺陷受到损害的人都可以主张权利。其二，适用过错责任原则：消费者需证明生产者或销售者存在过失，举证难度仍然较大。其三，保护范围扩大：涵盖了人身损害、财产损害和精神损害。它的局限在于，尽管侵权责任扩大了保护范围，但消费者仍需证明生产者或销售者的过错，这在技术复杂的现代化生产环境中往往难以实现。

（三）无过错责任阶段（20世纪中期至今）

20世纪中期以来，随着消费者保护运动的兴起和产品技术的复杂化，产品责任理论进一步发展，无过错责任成为主流。无过错责任不再以过错为要件，只要产品存在缺陷并造成损害，生产者或销售者就应承担责任。

产品的无过错责任的特征主要体现在以下三个方面。其一，适用无过错责任原则：消费者在主张权利时无须证明生产者或销售者的过错，只要证实产品存在缺陷以及该缺陷与损害之间存在因果关系。其二，责任主体的明确性：生产者和销售者均被视为责任主体，消费者有权选择向任一方提出权利主张。其三，保护范围的全面性：该原则不仅涵盖人身损害、财产损害、精神损害，还包括对公共利益的损害。目前，无过错责任原则已得到国际社会的广泛认可，并在各国的立法实践中得到体现。

（四）我国产品责任理论的发展

我国产品责任理论的发展与市场经济体制改革和法治建设密切相关，主要经历了以下阶段。

1. 初步确立阶段（20世纪80年代至90年代）

1986年4月12日第六届全国人民代表大会第四次会议通过的《民法通则》首次规定了产品责任，但内容较为简单，主要借鉴了国际经验。

2. 逐步完善阶段（20世纪90年代至21世纪初）

1993年2月22日第七届全国人民代表大会常务委员会第三十次会议通过的《产品

质量法》明确了产品责任的主体、构成要件和责任形式，标志着我国产品责任制度的初步建立。

3. 全面发展阶段（21世纪初至今）

2020年，我国《民法典》的颁布进一步完善了产品责任制度，明确了无过错责任原则、惩罚性赔偿制度和公益诉讼制度，体现了对消费者权益的全面保护。

第二节 产品缺陷

一、产品缺陷概述

产品缺陷是产品责任制度的核心概念，直接决定了生产者、销售者是否承担侵权责任。对产品缺陷的准确界定，既是法律适用的前提，也是平衡消费者权益保护与生产经营者利益的关键。

（一）产品缺陷的概念

根据《民法典》第1202条和《产品质量法》第46条的规定，产品缺陷是指产品存在危及人身、财产安全的不合理危险，或者不符合国家、行业规定的保障人体健康和人身、财产安全的标准。具体而言，产品缺陷的法律内涵有以下三个层面。

1. 不合理危险的存在

即使产品符合国家或行业标准，若其具有不合理危险，仍可能被认定为存在缺陷。

【案例12-1】

甲厂家生产了一款符合国家标准的儿童玩具，其设计易导致儿童误吞小零件，虽符合技术规范，但因存在不合理危险仍构成缺陷。

2. 违反法定安全标准

若产品不符合国家或行业制定的强制性安全标准，即使未实际造成损害，也可能被推定为存在缺陷。

【案例12-2】

乙厂家生产的某批次食品，添加剂含量超过国家标准，即使未引发健康问题，仍构成缺陷产品。

3. 损害发生的可能性与严重性

产品缺陷的认定需结合危险发生的概率及可能造成的损害后果。

【案例 12-3】

某品牌的手机电池存在 0.1％的自燃概率，但因自燃可能导致严重人身伤害，仍可被认定为存在缺陷。

（二）产品缺陷的分类

根据缺陷的产生环节和表现形式，产品缺陷可分为以下四类。

1. 制造缺陷

制造缺陷是指生产过程中的技术偏差或质量控制失误导致产品偏离设计要求，存在安全隐患。制造缺陷主要有这些特点：缺陷存在于个别产品中，而非整体设计问题；可通过严格质检避免。

【案例 12-4】

甲汽车生产厂家的某批次汽车因生产线故障未安装安全气囊，造成交通事故导致乘客伤亡。

2. 设计缺陷

设计缺陷是指产品的设计存在不合理危险，即使完全按照设计生产，仍可能对消费者造成损害。设计缺陷主要有这些特点：缺陷存在于全部同类产品中；需通过重新设计或改进技术才能消除风险。如某型号电动车电池仓设计不合理，导致碰撞时易引发火灾。

3. 警示缺陷

警示缺陷是指产品本身存在合理危险，但生产者未提供充分的使用说明、警示标志或风险提示，导致消费者因不当使用而受损。警示缺陷主要有这些特点：产品危险具有可预见性；缺陷的核心在于信息传递不足。本章开头的引例 1 中，制药公司的行为就属于未尽到充分警示义务，产品存在警示缺陷。

4. 跟踪观察缺陷

跟踪观察缺陷是指产品投入流通后，生产者未履行跟踪观察义务，未能及时发现并消除已售产品的潜在风险。跟踪观察缺陷主要有这些特点：缺陷在销售时尚未显现，但可通过后续监测发现；生产者负有持续关注产品安全的义务。

【案例 12-5】

某品牌婴儿床销售后被发现存在致使婴儿窒息的风险，但生产者未及时召回或警示消费者。

（三）产品缺陷的法律后果

根据《民法典》及《产品质量法》，产品缺陷可能导致生产者、销售者承担以下法律责任。

第一，损害赔偿责任：生产者、销售者需赔偿人身损害、财产损失及精神损害。

第二，惩罚性赔偿：若生产者、销售者明知产品存在缺陷仍继续生产、销售，并造成严重后果，须承担惩罚性赔偿责任。

第三，产品召回义务：生产者、销售者发现产品缺陷后，应及时采取停止销售、警示、召回等补救措施，否则须对扩大的损害承担责任。

第四，公益诉讼责任：若缺陷产品损害公共利益（如环境污染），相关机关或组织可依法提起公益诉讼。

二、产品缺陷的认定标准

产品缺陷的认定是产品责任制度的核心问题，直接关系到生产者、销售者是否承担法律责任以及消费者权益能否得到有效保护。由于产品类型多样、技术复杂，须根据科学合理的标准对缺陷进行界定，以平衡消费者安全需求与企业创新动力。

（一）产品缺陷认定的基本框架

根据《民法典》第 1202 条和《产品质量法》第 46 条，产品缺陷的认定须满足以下核心要件。

1. 产品存在不合理危险

即使产品符合技术标准，但存在危及人身、财产安全的不合理危险，仍可认定存在缺陷。

2. 危险与损害具有因果关系

缺陷须直接导致人身、财产或公共利益损害。

3. 产品处于流通环节

缺陷产品已脱离生产者控制，处于流通环节（如已销售或交付使用）。

（二）产品缺陷认定的主要标准

1. 消费者合理期待标准

消费者合理期待标准是以普通消费者对产品安全性的合理预期为判断依据。若产品危险性超出消费者正常预期，则认定存在缺陷。主要适用于日常生活用品（如家电、食品）的设计或警示缺陷的认定。

2. 风险效用平衡标准

风险效用平衡标准是指比较产品的社会效用与潜在风险，若风险显著超过效用，则认定产品存在缺陷。具体考量因素包括产品设计的可替代方案是否存在、改进设计的成本与可行性、危险的可预见性及严重程度。主要适用于技术复杂产品（如汽车、医疗设备）或关于设计缺陷的争议案件。

3. 法定符合性标准

《产品质量法》第46条规定："本法所称缺陷，是指产品存在危及人身、他人财产安全的不合理的危险；产品有保障人体健康和人身、财产安全的国家标准、行业标准的，是指不符合该标准。"以国家或行业强制性标准为判断依据，若产品不符合相关安全标准，可直接推定存在缺陷。

4. 行业惯例与科技发展水平

结合产品流通时的行业技术水平和普遍实践情况，判断生产者是否尽到合理注意义务。但是，如果缺陷是在产品投入流通时的科技水平所无法发现的，则生产者可免责，这样可避免对企业的"事后追责"，鼓励企业进行技术创新。

（三）不同类型缺陷的具体认定

第一，制造缺陷认定的关键因素在于认定产品偏离设计要求，存在个别性安全隐患。主要的认定方法包括对比缺陷产品与合格产品的生产记录、检测产品是否符合设计规格书、分析生产环节是否存在质量控制疏漏。

第二，设计缺陷认定的关键因素在于认定产品整体设计存在不合理危险。主要的认定方法包括评估可替代设计的可行性（风险效用标准）、分析消费者对产品功能的合理期待、审查设计是否符合最新安全技术规范。

第三，警示缺陷认定的关键因素在于认定信息传递不到位而导致消费者误用。主要的认定方法包括检查产品说明书、标签是否完整标注风险，评估警示内容的明确性、醒目性，考查危险的可预见性及消费者认知水平。

第四，跟踪观察缺陷认定的关键因素在于认定生产者未履行售后风险监测义务。主要的认定方法包括审查生产者是否建立产品安全跟踪机制、发现缺陷后是否及时采取召回等措施，分析损害扩大与生产者不作为之间的因果关系。

第三节　归责原则

产品责任的归责原则是确定生产者、销售者是否承担法律责任的核心依据，其演变过程反映了法律对消费者权益保护的逐步强化和对市场公平秩序的维护。从早期的合同责任到现代的无过错责任，归责原则的变迁既体现了技术进步与经济发展的需求，也彰显了社会对安全价值所秉持的优先追求理念。

一、我国法律中的归责原则体系

（一）生产者适用无过错责任原则

我国《产品质量法》第 41 条规定，因产品存在缺陷造成人身、缺陷产品以外的其他财产（以下简称他人财产）损害的，生产者应当承担赔偿责任。而且，生产者仅可通过证明以下三种情形之一而免责：

第一，未将产品投入流通的；

第二，产品投入流通时，引起损害的缺陷尚不存在的；

第三，将产品投入流通时的科学技术水平尚不能发现缺陷的存在的。

【案例 12-6】

某新能源汽车因电池设计缺陷自燃，虽然其已通过国家质检，但自燃事故是由产品设计缺陷造成的，法院仍判决生产者承担无过错责任，除非该汽车厂家能证明有以上三种情形之一才能免责。

（二）销售者适用过错责任与无过错责任结合

销售者适用过错责任与无过错责任结合是指：对外适用无过错责任，即消费者可直接要求销售者赔偿，销售者不得以无过错抗辩；对内适用过错责任，即销售者赔偿后，若缺陷由生产者或其他销售者造成，可向其追偿。另外，若销售者因过错（如仓储不当、私自改装）导致产品缺陷，须单独承担责任。

【案例 12-7】

某超市将本应冷藏保存的蛋糕放在常温环境中售卖，导致消费者吃后胃肠发炎，某超市应单独承担责任，蛋糕的生产厂家无责任。

（三）零部件供应商适用过程责任

如果缺陷是由零部件质量不合格引起的，生产者赔偿后可向有过错的零部件供应商追偿。

（四）网络销售平台适用补充责任

未履行审核义务的网络销售平台须承担补充责任。本章开头的引例 2 中，商家销售假冒产品构成欺诈，电商平台未对商家资质进行充分审核，未尽到合理注意义务，应承担补充责任。

二、归责原则的特殊适用规则

（一）惩罚性赔偿（过错要件的例外突破）

我国《民法典》第 1207 条规定，生产者、销售者明知产品存在缺陷仍继续生产、销售，或者没有采取有效补救措施，造成他人死亡或健康严重损害，被侵权人可请求相应的惩罚性赔偿。通过加重恶意侵权者的责任，实现法律的威慑与预防功能。

【案例 12-8】

某奶粉企业明知所生产的奶粉三聚氰胺超标仍销售，法院判处其承担相当于销售额三倍的惩罚性赔偿。

（二）发展风险抗辩（无过错责任的例外）

"将产品投入流通时的科学技术水平尚不能发现缺陷的存在的"，生产者可免责。此时，生产者需要证明其产品在当时科技水平下无法发现缺陷。

第四节　产品责任的构成要件和责任承担

一、产品责任的构成要件

产品责任是指生产者、销售者因产品存在缺陷造成他人人身、财产或其他合法权益损害时，依法应承担的民事赔偿责任。其构成要件是法律上认定责任成立的核心前提，具体包括以下三方面。

（一）产品存在缺陷

产品缺陷指产品存在危及人身、财产安全的不合理因素，或不符合国家、行业规定的安全标准。根据我国《产品质量法》第 46 条和《民法典》第 1202 条，缺陷的核心在于产品本身的安全性缺失，而非仅因使用不当或外部因素，具体包括制造缺陷、设计缺陷、警示缺陷、跟踪观察缺陷。

（二）损害事实的存在

根据我国《民法典》第 1202 条，"造成他人损害"是产品责任构成的前提。损害事实主要包括：人身损害，如消费者因缺陷产品受伤、残疾或死亡；财产损失，如产品缺陷导致其他财产损毁；精神损害，如人身损害引发的心理创伤；公共利益损害，如缺陷产品导致环境污染，触发公益诉讼。另外，即使未实际发生损害，若产品缺陷具有紧迫危险性（如汽车刹车失灵），消费者也可请求消除危险（《民法典》第1167条）。

《最高人民法院关于适用〈中华人民共和国民法典〉侵权责任编的解释（一）》明确将缺陷产品本身损害纳入侵权责任范围，即买受人请求产品的生产者或者销售者赔偿缺陷产品本身损害以及其他财产损害的，人民法院将依法予以支持。

（三）产品缺陷与损害事实之间的因果关系

因果关系在法律上是指产品缺陷与损害事实之间存在直接的、必然的联系。也就是说，损害事实的发生必须是产品缺陷的直接结果，而非其他无关因素所致。如消费者因使用漏电的电热水壶而受伤，那么漏电缺陷与受伤之间存在明确的因果关系。因果关系包括直接的因果关系和间接的因果关系。如，汽车制动系统缺陷直接导致了交通事故及人员受伤，这种情况的因果关系直接且明显，易于证明；但如果产品缺陷通过一系列中间环节间接导致了损害事实的发生，则属于间接因果关系。

二、产品责任承担

（一）产品责任的法律关系主体

1. 产品责任法律关系的权利主体

产品责任法律关系的权利主体是指在产品责任纠纷中，依法享有权利并能够向责任主体主张赔偿的主体。具体而言，产品责任法律关系的权利主体主要包括以下几类。

（1）消费者。

消费者是产品责任法律关系中最主要的权利主体。根据《消费者权益保护法》和《产品质量法》的相关规定，消费者在购买、使用商品时，其合法权益受到损害的，可以向销售者或生产者要求赔偿。消费者作为权利主体，享有人身安全权、财产安全权、知情权、求偿权。

（2）其他受害人。

除了直接购买和使用产品的消费者外，其他因产品缺陷受到损害的个人或单位也可以成为产品责任法律关系的权利主体。例如，家庭成员、同事或其他在使用缺陷产品时受到损害第三方，也可以依法向生产者或销售者主张赔偿。

（3）法人或其他组织。

法人或其他组织在购买和使用产品时，如果因产品缺陷造成财产损失或人身伤害，也可以成为产品责任法律关系的权利主体。例如，企业购买的生产设备存在设计缺陷，导致生产中断，企业可以向设备生产者或销售者要求赔偿。

2. 产品侵权责任法律关系的义务主体

产品侵权责任法律关系的义务主体是指在产品责任纠纷中，依法应当承担赔偿责任的主体。具体而言，产品侵权责任法律关系的义务主体主要包括以下几类。

（1）生产者。

生产者是产品侵权责任法律关系中最主要的义务主体。生产者对因其产品缺陷造成的损害承担无过错责任。具体包括以下几类。其一，成品制造者。成品制造者是产品责任的主要承担者，无论产品缺陷是设计缺陷、制造缺陷还是警示说明缺陷，成品制造者都应当承担相应的赔偿责任。其二，零部件制造者、原材料生产者。如果产品缺陷是由零部件或原材料问题引起的，零部件制造者或原材料生产者应当承担赔偿责任。成品制造者在赔偿后，有权向零部件制造者或原材料生产者追偿。

（2）销售者。

销售者是指生产者之外的产品经销商。销售者在产品侵权责任法律关系中也会承担一定的责任，具体包括两种。其一，过错责任。如果是销售者的过错导致产品存在缺陷，销售者应当承担赔偿责任。例如，销售者在存储、运输过程中不当操作导致产品损坏，或者销售者明知产品存在缺陷仍进行销售。其二，无法指明生产者或供货者的责任。如果销售者不能指明缺陷产品的生产者或供货者，销售者应当承担赔偿责任。这种情况下，销售者实际上承担了无过错责任。

（3）运输者和仓储者。

在某些情况下，产品缺陷可能是由运输者或仓储者在运输或仓储过程中不当操作造成的，运输者或仓储者应当承担赔偿责任。生产者和销售者在赔偿后，有权向运输者或仓储者追偿。

（二）产品责任的免责事由及诉讼时效

1. 产品责任的免责事由

产品责任的免责事由是指在特定情况下，生产者或销售者可以免除因产品缺陷造成损害的赔偿责任，《民法典》并未对免责事由进行具体规定，但《产品质量法》第41条规定，生产者能够证明存在以下情形之一的，不承担赔偿责任。

（1）未将产品投入流通的。

如果产品尚未进入市场流通领域，生产者可以免除责任。例如，产品在研发或测试阶段，尚未正式销售给消费者，此时若因产品缺陷造成损害，生产者可以免责。

（2）产品投入流通时，引起损害的缺陷尚不存在的。

如果产品在进入市场时不存在缺陷，而是在后续使用过程中因其他原因（如消费者不当使用）产生缺陷，生产者可以免除责任。例如，消费者在使用过程中对产品进行了不当改装，导致产品出现缺陷并造成损害。

（3）将产品投入流通时的科学技术水平尚不能发现缺陷的存在的。

如果产品在进入市场时，根据当时的科学技术水平无法发现其存在缺陷，生产者可以免除责任。这种情况通常适用于某些高科技产品或新兴技术产品，其潜在缺陷在当时的技术条件下无法被检测出来。

这些免责事由的存在是为了平衡生产者、销售者和消费者之间的利益，确保市场的正常运转。然而，免责事由的适用需要生产者提供充分的证据来证明其符合上述情形。

2. 诉讼时效

产品责任的诉讼时效是法律规定的权利人可以向人民法院请求保护其民事权利的时间期限。根据我国《产品质量法》和《民法典》的相关规定，产品责任的诉讼时效主要包括以下几个方面。

1）诉讼时效期间

（1）一般诉讼时效。

《民法典》第 188 条规定，向人民法院请求保护民事权利的诉讼时效期间为三年。这一规定适用于大多数民事纠纷，包括产品责任纠纷。诉讼时效期间自权利人知道或者应当知道权利受到损害以及义务人之日起计算。"知道"指的是当事人主观上实际知晓自己的权益受到了损害，并且明确了解该损害是由产品缺陷所导致。这是一种基于当事人自身直接认知的状态。"应当知道"是一种法律上的推定，是指根据一般人的认知能力、生活经验、所处环境等因素，当事人在正常情况下是能够发现权益受到损害以及损害与产品缺陷之间的因果关系的。

（2）特殊诉讼时效。

《产品质量法》第 45 条第 1 款规定，因产品存在缺陷造成损害要求赔偿的诉讼时效期间为二年，自当事人知道或者应当知道其权益受到损害时起计算。这一特殊规定适用于产品责任纠纷，强调产品缺陷导致的损害。

2）请求权丧失期限

（1）十年丧失期限。

《产品质量法》第 45 条第 2 款规定，因产品存在缺陷造成损害要求赔偿的请求权，在造成损害的缺陷产品交付最初消费者满十年丧失。这意味着，如果产品在交付给最初消费者满十年后发生损害，即使权利人知道或应当知道其权益受到损害，也不能再向生产者或销售者主张赔偿。

（2）安全使用期例外。

如果生产者通过产品广告、产品说明书等形式明示产品的安全使用期在十年以上，那么在明示的安全使用期内，因产品缺陷造成他人损害的，生产者仍应承担责任。这一例外规定保护了消费者在合理安全使用期内的权益。

第五节　产品责任的特别规定

一、产品责任的第三人责任

在产品责任法律关系中，第三人责任是指除生产者和销售者之外，其他因自身过错导致产品缺陷并造成损害的主体所应承担的责任。第三人责任通常涉及运输者、仓储者、安装者、维修者等在产品流通过程中可能对产品质量产生影响的主体。如果第三人在其职责范围内因过错导致产品缺陷，进而造成消费者损害，他们应承担相应的赔偿责任，生产者和销售者承担赔偿责任之后，有权向第三人追偿。

（一）运输者责任

产品在运输过程中因运输者的不当操作（如未按规定温度储存、粗暴装卸等）损坏或变质，运输者应承担赔偿责任。

【案例 12-9】

某食品厂生产的蛋糕在运输过程中因未低温储存而变质，导致消费者小张食用后不适，运输者须承担相应的侵权责任。

（二）仓储者责任

仓储者在保管产品时，应确保产品在储存期间不受损坏。如果产品因仓储者的过错（如未按规定条件储存、管理不善等）损害，仓储者应承担赔偿责任。

【案例 12-10】

电子产品在仓储过程中因环境潮湿导致内部零件损坏，仓储者须承担相应责任。

（三）安装者责任

对于需要安装的产品，如果安装者在安装过程中操作不当，导致产品产生缺陷，安装者应承担赔偿责任。

【案例 12-11】

空调器因安装不当导致电路短路，进而引发火灾，安装者须承担相应责任。

（四）维修者责任

对于需要维修的产品，如果维修者在维修过程中因操作不当导致产品缺陷，维修者应承担赔偿责任。

【案例 12-12】

汽车因维修不当导致刹车失灵，进而引发交通事故，维修者须承担相应责任。

二、产品责任的侵权行为禁令

产品责任的侵权行为禁令是指人民法院或相关行政机关根据法律规定，要求生产者、销售者或其他相关主体采取停止侵害、排除妨碍、消除危险等措施，以保护消费者和其他公众的人身和财产安全。

（一）可以适用禁令的情况

《民法典》第 1205 条：因产品缺陷危及他人人身、财产安全的，被侵权人有权请求生产者、销售者承担停止侵害、排除妨碍、消除危险等侵权责任。

《食品安全法》第 63 条第 1 款：国家建立食品召回制度。食品生产者发现其生产的食品不符合食品安全标准或者有证据证明可能危害人体健康的，应当立即停止生产，召回已经上市销售的食品，通知相关生产经营者和消费者，并记录召回和通知情况。

（二）禁令的具体形式

1. 停止侵害

停止侵害即要求生产者或销售者立即停止生产、销售存在缺陷的产品，以防止损害的进一步扩大。

2. 排除妨碍

排除妨碍即要求生产者或销售者采取措施消除缺陷产品对他人的潜在威胁，如修复产品缺陷、更换产品等。

3. 消除危险

消除危险即要求生产者或销售者采取必要措施，确保产品不再对他人的人身和财产安全构成威胁，如召回产品、销毁缺陷产品等。

4. 召回措施

生产者或销售者在发现产品存在缺陷后，应当及时召回已售出的产品，并承担消费者因召回支出的必要费用。

三、恶意产品责任的惩罚性赔偿金

（一）定义和法律依据

恶意产品责任的惩罚性赔偿金是指在产品责任纠纷中，生产者或销售者的恶意行为导致产品缺陷并造成消费者损害，人民法院判令其支付的超出实际损失金额的赔偿金。惩罚性赔偿金旨在惩罚恶意行为，防止类似行为的再次发生，并警示其他市场主体。其法律依据有以下三个。

第一,《民法典》第 1207 条:"明知产品存在缺陷仍然生产、销售,或者没有依据前条规定采取有效补救措施,造成他人死亡或者健康严重损害的,被侵权人有权请求相应的惩罚性赔偿"。

第二,《消费者权益保护法》第 55 条第 1 款:"经营者提供商品或者服务有欺诈行为的,应当按照消费者的要求增加赔偿其受到的损失,增加赔偿的金额为消费者购买商品的价款或者接受服务的费用的三倍;增加赔偿的金额不足五百元的,为五百元。法律另有规定的,依照其规定"。

第三,《食品安全法》第 148 条第 2 款:"生产不符合食品安全标准的食品或者经营明知是不符合食品安全标准的食品,消费者除要求赔偿损失外,还可以向生产者或者销售者要求支付价款十倍或者损失三倍的赔偿金;增加赔偿的金额不足一千元的,为一千元。"

本章开头的引例 3 中,企业存在恶意侵权行为,明知产品存在缺陷仍继续销售。人民法院应判决企业承担高额惩罚性赔偿,以警示其他企业严格遵守食品安全标准。

(二)惩罚性赔偿金的计算标准

惩罚性赔偿金的计算标准是指在产品责任纠纷中,人民法院根据相关法律规定和具体案情,确定生产者或销售者应支付的超出实际损失金额的赔偿金的标准。其具体计算方法和参考因素如下。

1. 实际损失

惩罚性赔偿金的计算通常以被侵权人的实际损失为基础。实际损失包括医疗费、误工费、残疾赔偿金、死亡赔偿金等。

2. 价款倍数

根据《消费者权益保护法》和《食品安全法》的规定,惩罚性赔偿金可以是消费者购买商品的价款或接受服务的费用的三倍或十倍。例如,消费者购买了一瓶价值一百元的缺陷食品,可以要求一千元的惩罚性赔偿金。

3. 最低赔偿金额

在某些情况下,即使实际损失较小,法律也规定了最低赔偿金额。例如,《消费者权益保护法》规定增加赔偿的金额不足五百元的,为五百元;《食品安全法》规定增加赔偿的金额不足一千元的,为一千元。

(三)惩罚性赔偿金的适用条件

1. 主观要件

适用惩罚性赔偿金时,必须考虑侵权人的主观恶意,即侵权人必须存在故意或恶意的心态。例如，生产者明知产品存在缺陷仍然生产、销售，或者销售者故意隐瞒产品缺陷以误导消费者；或者侵权人存在严重疏忽或重大过失。在某些情况下，即使侵权人并非故意，但其行为存在严重疏忽或重大过失，也可能适用惩罚性赔偿。例如，生产者在产品设计和制造过程中存在重大疏忽，导致产品存在严重缺陷。

2. 行为要件

适用惩罚性赔偿金时，必须考虑经营者的欺诈行为，即经营者提供商品或服务时存在欺诈行为，采用故意告知虚假情况或隐瞒真实情况等手段，诱使消费者作出错误的意思表示。如销售者销售假冒伪劣商品；或者经营者明知商品或服务存在缺陷，仍然向消费者提供，造成消费者或其他受害人死亡或健康严重损害；又如生产者明知汽车制动系统存在缺陷仍继续生产销售。

3. 损害后果

适用惩罚性赔偿金时，必须考虑实际损害的发生，即被侵权人必须遭受了实际的损害，包括人身伤害、财产损失或精神损害（如消费者因使用缺陷产品而伤残或死亡），且损害与侵权行为之间存在因果关系，即损害结果必须是由于侵权人的不法行为直接造成的。如，消费者使用缺陷产品后，健康遭到损害或死亡。

产品责任是现代社会中一项重要的法律制度，其对于保护消费者的合法权益、维护市场秩序、促进产品质量的提升具有重要意义。它通过强制生产者或销售者承担因其产品缺陷导致的损害赔偿责任，促使其更加重视产品质量安全，从而减少或避免损害事故的发生。同时，产品责任制度也为消费者提供了一种有效的救济途径，使其在遭受损害时能够得到及时、充分的赔偿。

每章一练

一、判断题

1. 根据我国《民法典》，生产者仅在存在主观过错的情况下才需要对缺陷产品造成的损害承担赔偿责任。　　　　　　　　　　　　　　　　　　　　　　　　（　　）

2. 如果在产品投入流通时的科学技术水平下不能发现缺陷的存在，生产者可以主张免责。　　　　　　　　　　　　　　　　　　　　　　　　　　　　　　（　　）

3. 销售者仅在因自身过错（如仓储不当）导致产品缺陷时，才需要独立承担赔偿责任。　　　　　　　　　　　　　　　　　　　　　　　　　　　　　　　（　　）

二、多项选择题

1. 根据我国《民法典》和《产品质量法》，以下哪些情形下生产者可以主张免责？
（　　）

A. 产品未投入流通

B. 产品投入流通时缺陷尚不存在

C. 消费者未按照说明书使用产品导致损害

D. 产品投入流通时的科学技术水平不能发现缺陷存在

2. 以下哪些属于产品缺陷的类型？（　　）

A. 制造缺陷　　　　　　　　　　B. 设计缺陷

C. 警示缺陷　　　　　　　　　　D. 消费者使用缺陷

三、案例分析题

某儿童玩具因小零件易脱落导致幼儿误吞窒息，生产者以产品符合国家标准为由抗辩。请分析该案中生产者是否须承担责任，并说明理由。

第十二章习题答案

第十三章

机动车交通事故责任

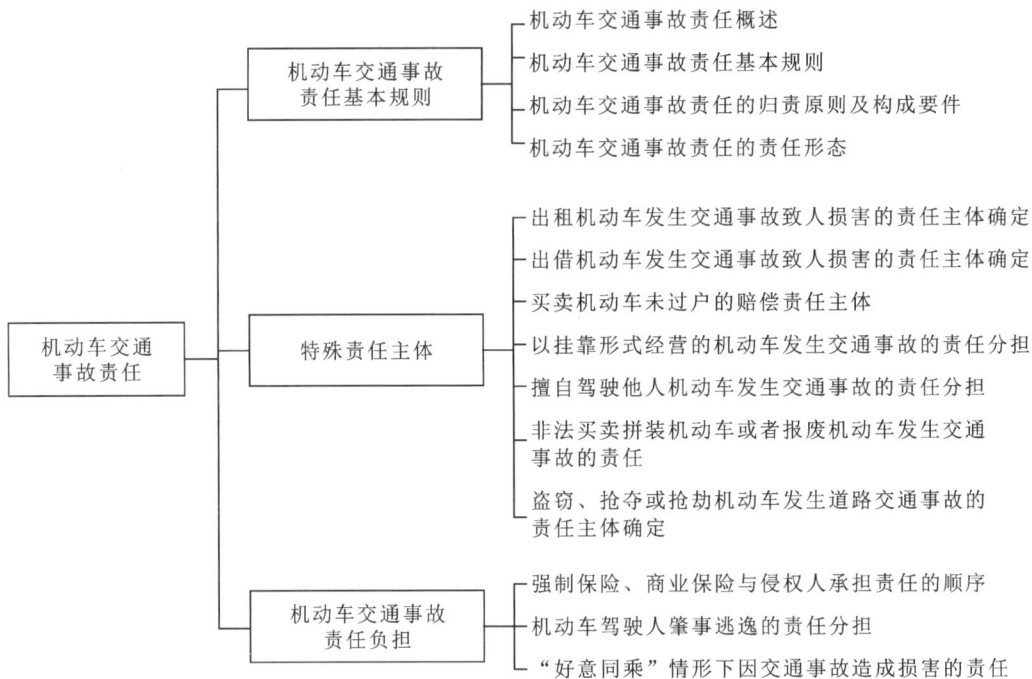

机动车交通事故责任

机动车交通事故责任基本规则
- 机动车交通事故责任概述
- 机动车交通事故责任基本规则
- 机动车交通事故责任的归责原则及构成要件
- 机动车交通事故责任的责任形态

特殊责任主体
- 出租机动车发生交通事故致人损害的责任主体确定
- 出借机动车发生交通事故致人损害的责任主体确定
- 买卖机动车未过户的赔偿责任主体
- 以挂靠形式经营的机动车发生交通事故的责任分担
- 擅自驾驶他人机动车发生交通事故的责任分担
- 非法买卖拼装机动车或者报废机动车发生交通事故的责任
- 盗窃、抢夺或抢劫机动车发生道路交通事故的责任主体确定

机动车交通事故责任负担
- 强制保险、商业保险与侵权人承担责任的顺序
- 机动车驾驶人肇事逃逸的责任分担
- "好意同乘"情形下因交通事故造成损害的责任

学习目标

　　掌握机动车交通事故责任的概念和特征、归责原则、构成要件、责任形态等，并能具体运用机动车交通事故责任规定分析实际案例。

引例1

　　甲酒后驾驶机动车，因操作不当与乙驾驶的车辆发生碰撞，造成乙受伤及车辆损坏。经检测，甲血液中酒精含量超标，属于酒驾。

　　请思考：甲应该对乙承担什么样的责任？

引例2

　　甲驾驶私家车无偿搭载同事乙回家，途中因未注意路况与另一辆车发生碰撞，造成乙受伤。经认定，甲负事故主要责任。

　　请思考：乙可以要求甲赔偿吗？

机动车交通事故责任的法律制度设计，是以传统侵权责任法的基本理论为基础，同时又体现了现代风险社会中法律对公共安全、效率与公平的追求，是对个人自由、社会效率与公共安全等多元价值的平衡。我国法律在借鉴传统理论的基础上，结合国情发展出"交强险＋严格责任＋过失相抵"的特色制度，既保障了受害人权益，又兼顾了驾驶人的负担能力，为道路交通秩序的现代化治理提供了法治保障。

第一节　机动车交通事故责任基本规则

一、机动车交通事故责任概述

（一）广义的机动车交通事故责任概念

广义的机动车交通事故责任是一个综合性的法律概念，不仅涉及民事赔偿责任，还包括行政责任、刑事责任以及社会综合治理等多维度的责任体系。其核心在于通过法律规范对交通事故中各方主体的行为进行约束、评价和追责，以实现公平救济、风险分配和公共安全的平衡。

1. 刑事责任

机动车交通事故造成严重后果，如重大人员伤亡或财产损失，且事故责任人的行为构成犯罪的，责任人须承担相应的刑事责任。这通常涉及交通肇事罪等罪名的追究。

2. 行政责任

机动车交通事故责任人可能因违反交通管理法律法规而面临行政处罚，如罚款、吊销驾驶证、行政拘留等。这些处罚旨在维护交通秩序，预防交通事故的发生。

3. 民事责任

民事责任是狭义上机动车交通事故责任的主要内容，指责任人因道路交通事故造成他人损害，依照侵权责任法的规定，应当承担的侵权损害赔偿责任。这包括赔偿受害人的医疗费、误工费、残疾赔偿金、死亡赔偿金、财产损失等费用。

（二）狭义的机动车交通事故责任概念

狭义的机动车交通事故责任，主要是指交通事故中涉及的民事责任，即因机动车交通事故造成他人人身损害或财产损失时，事故责任主体依法应当承担的侵权损害赔偿责任。这一概念的核心在于民事赔偿。《民法典》中的机动车交通事故责任的概念，仅包含机动车造成的交通事故责任。

（三）机动车交通事故责任成立的各种要素

1. 车的要素

2004 年实施的《道路交通安全法》对"车"的定义是其法律框架的基础之一，它明确规定了机动车的定义、分类及管理要求。

（1）机动车的基本定义。

《道路交通安全法》第 119 条第 3 款规定："'机动车'，是指以动力装置驱动或者牵引，上道路行驶的供人员乘用或者用于运送物品以及进行工程专项作业的轮式车辆。"具体包括以下几类：汽车（包括载客汽车、载货汽车、专用汽车等）；摩托车（包括两轮摩托车、三轮摩托车等）；拖拉机（包括轮式拖拉机、履带式拖拉机等）；其他轮式车辆（如工程机械车、轮式专用机械车等）。

（2）非机动车的定义。

《道路交通安全法》对非机动车也进行了明确界定："'非机动车'，是指以人力或者畜力驱动，上道路行驶的交通工具，以及虽有动力装置驱动但设计最高时速、空车质量、外形尺寸符合有关国家标准的残疾人机动轮椅车、电动自行车等交通工具。"具体包括：自行车（包括普通自行车、电动自行车等）；残疾人机动轮椅车（专为残疾人设计的机动轮椅车）；畜力车（如马车、牛车等）。

2. 人的要素

在机动车交通事故责任中，"人"的要素是责任认定的核心之一，涉及事故的直接参与者、管理者以及相关责任主体。

（1）驾驶人。

驾驶人是机动车交通事故责任中最直接的责任主体，其行为与事故的发生密切相关，其是否遵守交通规则（如是否超速、酒驾、疲劳驾驶等）、是否持有合法有效的驾驶证、在事故中是否存在过错都是责任认定的考虑因素。

（2）车辆所有人或管理人。

车辆所有人或管理人在某些情况下也可能成为交通事故责任的主体，车辆所有人或管理人是否履行了对车辆的合理管理义务，例如是否定期进行车辆维护、是否确保车辆符合安全技术标准。如果车辆所有人或管理人将车辆借给他人使用，需确保借用人具备合法驾驶资格。在某些情况下，如车辆存在技术故障但未及时维修，车辆所有人或管理人可能需要承担连带责任。《最高人民法院关于适用〈中华人民共和国民法典〉侵权责任编的解释（一）》第 21 条第 1 款规定，未依法投保强制保险的机动车发生交通事故造成损害，投保义务人和交通事故责任人不是同一人，被侵权人合并请求投保义务人和交通事故责任人承担侵权责任的，交通事故责任人承担侵权人应承担的全部责任；投保义务人在机动车强制保险责任限额范围内与交通事故责任人共同承担责任，但责任主体实际支付的赔偿费用总和不应超出被侵权人应受偿的损失数额。

（3）行人或非机动车驾驶人。

机动车与行人或非机动车发生事故时，行人或非机动车驾驶人的行为也是责任认定的重要考量因素。值得注意的是，根据《道路交通安全法》及相关规定，即使机动车驾驶人无过错，也可能需要承担一定的赔偿责任，以体现对弱势群体的保护。

（4）乘客。

乘客在交通事故中通常是受害人，但在某些情况下也可能成为责任主体，比如乘客的行为干扰了驾驶人的正常操作（如抢夺方向盘），可能导致事故发生。这种情况下，乘客须承担相应的责任。

（5）受害人。

机动车交通事故责任中的受害人，是损害赔偿法律关系的权利主体，其有权向机动车交通事故责任人主张侵权损害赔偿。

（6）车辆的转让人或受让人。

依据《民法典》第1214条、《关于适用〈中华人民共和国民法典〉侵权责任编的解释（一）》第20条之规定，买卖拼装车或者报废车，发生交通事故造成损害的，转让人或受让人也应承担相应责任。

3. 道路与交通的要素

（1）道路。

道路的范围包括以下几个方面。

第一，公路。根据我国《公路管理条例》，公路是指经公路主管部门验收认定的城间、城乡间、乡间能行驶汽车的公共道路，包括公路的路基、路面、桥梁、涵洞、隧道。

第二，城市道路。这是指城市内的公共道路，如街道、胡同（里巷）等。

第三，其他允许社会机动车通行的地方。如广场、公共停车场等用于公众通行的场所。

（2）交通。

这是指机动车、非机动车、行人和其他交通参与者（如人形机器人）在道路上往来通达，实现各类价值的社会活动。

4. 事故与责任的要素

（1）事故。

交通事故是指车辆在道路上行驶或停放过程中，因当事人的过错或意外行为，发生人身伤亡或财产损失的事件。

（2）责任。

机动车交通事故责任是指在机动车交通事故中，因当事人的过错或法律规定的其他原因，造成他人人身损害或财产损失时，相关责任主体依法应当承担的民事、行政或刑事责任。民法领域的机动车交通事故责任只包括民事责任、侵权责任和财产损失赔偿责任。

二、机动车交通事故责任基本规则

《道路交通安全法》第76条主要规定的是我国机动车交通事故责任的基本规则。

（一）保险优先原则

机动车发生交通事故时，应首先由保险公司在机动车第三者责任强制保险责任限额范围内予以赔偿。在强制保险的赔付范围内，不适用侵权责任法的相关规则，不考虑过错问题，仅依据机动车强制保险的相关规定进行赔付。对于强制保险赔付不足的部分，则依照相关规则进行处理。

（二）二元归责原则

机动车交通事故责任的归责原则属于二元化体系。具体而言，当机动车导致非机动车驾驶人或行人遭受人身伤害时，应适用过错推定原则。即，直接推定机动车一方存在过错；而对于机动车之间发生交通事故的情形，以及在其他机动车交通事故责任的判定中，则应遵循过错责任原则。

（三）适当的过失相抵规则

在交通事故中，机动车驾驶人与非机动车驾驶人或行人若均存在过失行为，则构成共同过失，应适用过失相抵原则。值得注意的是，鉴于优者危险负担原则的适用，依据过失程度及原因力原则确定机动车方责任后，应适度加重优势机动车一方的责任，但加重幅度不宜超过10％。

（四）机动车一方无过错

在机动车驾驶人无过错的情形下，若损害结果由非机动车驾驶人或行人的过失所引发，通常情况下，机动车驾驶人应承担5％～10％的责任，具体责任比例依据非机动车驾驶人或行人的具体过失程度来确定。

（五）受害人故意

交通事故损失是非机动车驾驶人或者行人的故意引起的，机动车一方不承担责任。对此，《道路交通安全法》第76条规定，"交通事故的损失是由非机动车驾驶人、行人故意碰撞机动车造成的，机动车一方不承担赔偿责任。"非机动车驾驶人或者行人故意引起交通事故的，应当免除机动车一方的责任。

三、机动车交通事故责任的归责原则及构成要件

（一）归责原则

机动车交通事故责任的归责原则主要包括过错推定原则和过错责任原则。其中过错推定原则一般适用于机动车驾驶人造成非机动车驾驶人或行人人身损害的交通事故；过错责任原则一般适用于机动车之间的交通事故、非机动车驾驶人或者行人之间发生交通事故造成损害的情况、非机动车驾驶人或者行人与机动车之间发生交通事故造成机动车一方财产损害的情况。

（二）构成要件

1. 违法行为

机动车交通事故责任中的违法行为指违反道路交通安全相关的法律法规或一般注意义务的行为。包括：直接违法行为，如超速、酒驾、闯红灯、未保持安全车距等；间接违法行为，如车辆所有人未履行安全管理义务。但是，紧急避险（如为避让行人紧急转向）若符合必要性，可免除或减轻责任；若车辆因设计或制造缺陷而失控造成的损害，可能归结为生产者责任。引例1中甲酒驾造成乙的损失，属于直接违法行为，应当对乙进行全部赔偿。

2. 损害事实的发生

机动车交通事故的损害包括三类。其一，人身损害：死亡、伤残、医疗费用、误工损失等。其二，财产损害：车辆损毁、随身物品损失、道路设施损坏等。其三，精神损害：因事故导致严重精神失常等。

3. 因果关系

机动车交通事故责任中的因果关系，是指道路交通事故参与人的违法行为与损害结果之间存在引起和被引起的关系。可分为：其一，直接因果关系，违法行为直接导致损害发生（如追尾导致前车损毁）；其二，间接因果关系，违法行为与其他因素共同作用导致损害发生（如超速行驶遇行人闯红灯，双方行为叠加致事故）。该因果关系的认定仅需依社会经验，判断行为导致损害发生可能性即可。

4. 过错（或无过错责任的例外）

机动车交通事故责任中的过错，在一般情况下都表现为过失，如疏忽、操作失误等。违反交通运输管理法规，发生重大事故，致人重伤、死亡或者使公私财产遭受重大损失的行为，则构成交通肇事罪。

四、机动车交通事故责任的责任形态

机动车交通事故责任的责任形态，是指法律根据事故中不同主体的行为性质、过错程度及因果关系，对赔偿责任进行划分与组合的具体形式。其核心在于通过多元化的责任分配机制，平衡受害人救济、行为人责任及社会风险分散的需求。

（一）按份责任

机动车交通事故责任中的按份责任是指各责任人按照各自的过错或原因力，分别承担相应份额的赔偿责任。主要适用于机动车之间的事故和多车连环碰撞中可明确区分各车过错的情形。法律依据为《民法典》第 1172 条："二人以上分别实施侵权行为造成同一损害，能够确定责任大小的，各自承担相应的责任；难以确定责任大小的，平均承担责任。"

（二）连带责任

机动车交通事故责任中的连带责任是指多个责任人对受害人承担全部赔偿责任，内部按过错或约定分担。连带责任主要适用于共同侵权行为（如两车共同违规导致事故发生）和法律特别规定的情形（如挂靠关系、非法改装车辆）。法律依据为《民法典》第 1168 条之"二人以上共同实施侵权行为，造成他人损害的，应当承担连带责任"，以及《民法典》第 1211 条之"以挂靠形式从事道路运输经营活动的机动车，发生事故造成损害，属于机动车一方责任的，由挂靠人和被挂靠人承担连带责任"。

（三）补充责任

机动车交通事故责任中的补充责任是指在主责任人无法完全赔偿时，由次责任人承担有限度的补充赔偿责任。主要适用于道路管理者未及时修复缺陷，以及车辆出借人未尽审查义务（如借车给无证驾驶人）导致事故发生的情形。法律依据为《民法典》第 1198 条第 2 款之"因第三人的行为造成他人损害的，由第三人承担侵权责任；经营者、管理者或者组织者未尽到安全保障义务的，承担相应的补充责任。经营者、管理者或者组织者承担补充责任后，可以向第三人追偿"，以及《民法典》第 1209 条之机动车所有人、管理人对损害的发生有过错的，承担相应的赔偿责任"。

（四）替代责任

机动车交通事故责任中的替代责任是指责任人为他人的行为承担责任，常见于雇佣关系或职务行为。比如用人单位对员工职务驾驶行为致害承担责任，或网约车平台对司机接单期间事故的承担责任。法律依据为《民法典》第 1191 条第 1 款："用人单位的工作人员因执行工作任务造成他人损害的，由用人单位承担侵权责任。"

（五）单独责任

机动车交通事故责任中的单独责任是指单一责任人对损害后果承担全部赔偿责任。主要适用于单方全责事故（如醉驾撞护栏）和受害人故意或不可抗力导致事故发生的情形。法律依据为《道路交通安全法》第76条："交通事故的损失是由非机动车驾驶人、行人故意碰撞机动车造成的，机动车一方不承担赔偿责任。"

第二节　特殊责任主体

一、出租机动车发生交通事故致人损害的责任主体确定

在光车出租（即仅出租车辆、不配备驾驶员的租赁模式）中发生交通事故致人损害时，责任主体的确定需结合《民法典》《道路交通安全法》及相关司法解释，综合考量车辆所有人、承租人、保险公司等多方因素。依据《民法典》第1209条之规定可以得知，机动车所有人、管理人对损害的发生有过错的，承担相应赔偿责任；无过错的，由机动车使用人（承租人）承担赔偿责任。

如果机动车所有人、管理人没有过错，机动车使用人作为车辆实际控制人，因驾驶行为造成事故的，承担首要责任。责任范围包括人身损害（医疗费、伤残赔偿金等）、财产损失（车辆维修、第三方财物赔偿等）、精神损害赔偿（若构成伤残或死亡）。机动车所有人、管理人有过错，则应当承担相应的赔偿责任，该赔偿责任根据机动车所有人、管理人的过错程度及其行为原因力来确定。机动车所有人、管理人未履行车辆安全维护义务的（《民法典》第1209条），与出租人承担按份责任。根据《最高人民法院关于审理道路交通事故损害赔偿案件适用法律若干问题的解释》第1条第2款的规定，机动车所有人、管理人未审查承租人驾驶资质的，应依法追究机动车所有人、管理人的责任。

二、出借机动车发生交通事故致人损害的责任主体确定

（一）基本原则

根据《民法典》第1209条，因租赁、借用等情形机动车所有人、管理人与使用人不是同一人时，发生交通事故造成损害，属于该机动车一方责任的，由机动车使用人承担赔偿责任。这一规定明确了使用人作为直接责任主体的法律地位。例如，如果使用人操作不当导致事故发生，机动车所有人、管理人应承担主要的赔偿责任。

（二）机动车所有人、管理人的过错责任

尽管使用人是主要责任主体，但如果机动车所有人、管理人对损害的发生存在过错，也需要承担相应的赔偿责任。具体情形包括但不限于以下几种。

1. 明知使用人不具备驾驶资格

如果机动车所有人、管理人明知借车人无驾驶证、驾驶证过期或准驾车型不符，仍将车辆出借，机动车所有人、管理人须承担相应的过错责任。

2. 明知使用人存在不适合驾驶的情况

如机动车所有人、管理人明知借车人饮酒、服用精神药品或麻醉药品，或者患有不适合驾驶的疾病，仍将车辆出借，机动车所有人、管理人须承担相应的过错责任。

3. 车辆本身存在安全隐患

如果机动车所有人、管理人未对车辆进行必要的维护保养，导致车辆存在安全隐患（如刹车失灵、轮胎磨损严重等），机动车所有人、管理人须承担相应的过错责任。

4. 责任分担的具体情形

（1）机动车所有人、管理人无过错的情形。

如果机动车所有人、管理人在出借车辆时已尽到合理的审查义务（如核实借车人驾驶资格、确认车辆状况良好等），且对事故的发生无任何过错，则赔偿责任完全由使用人承担。

（2）机动车所有人、管理人有过错的情形。

如果机动车所有人、管理人存在上述过错情形，需根据其过错程度承担相应的赔偿责任。例如，机动车所有人、管理人明知借车人无驾驶证仍出借车辆，车主应承担30％～50％的赔偿责任。

（3）连带责任的情形。

在某些特殊情况下，机动车所有人、管理人和使用人可能需要承担连带责任。例如，机动车所有人、管理人明知借车人醉酒仍出借车辆，且使用人因醉酒驾驶导致事故，机动车所有人、管理人和使用人应需共同承担全部赔偿责任。

【案例 13-1】

小张将自己的车辆借给朋友小李，小李在驾驶过程中因操作不当与另一辆车发生碰撞，造成对方车辆损坏及人员受伤。经查，小李具有合法驾驶资格，且小张在出借车辆时已尽到合理的审查义务。在此情况下，赔偿责任应由小李承担，小张无须承担责任。但如果小张明知小李无驾驶证仍出借车辆，则小张需根据其过错程度承担相应的赔偿责任。

三、买卖机动车未过户的赔偿责任主体

机动车发生交通事故造成损害，属于该机动车一方责任的，由机动车使用人承担赔偿责任。如果机动车所有人、管理人对损害的发生有过错的，也应承担相应的赔偿责任。当事人之间已经以买卖或者其他方式转让并交付机动车但未办理登记的情况下，车辆所有权尚未转移登记，然而随着机动车的交付，该车辆的物权已经发生变动，因此赔偿责任主体的认定需要结合具体情况分析。

（一）实际使用人承担主要责任

在已买卖机动车未过户的情况下，买方作为实际使用人，通常对车辆具有直接控制权和使用权。如果交通事故是买方的驾驶行为导致的，买方应承担主要的赔偿责任。

（二）原车主的过错责任

如果原车主对事故的发生存在过错，如明知买方无驾驶资格、车辆存在安全隐患仍出售车辆，原车主应根据其过错程度承担相应的赔偿责任。

（三）特殊情况下的连带责任

如果原车主和买方对事故的发生均存在过错，如原车主未履行告知义务，买方未对车辆进行安全检查，双方应承担连带责任。

【案例 13-2】

王某将车辆出售给李某，但尚未办理过户手续。李某在驾驶过程中因超速与另一辆车发生碰撞，造成对方车辆损坏及人员受伤。经查，李某具有合法驾驶资格，车辆状况良好，王某在出售车辆时无任何过错。在此情况下，赔偿责任应由李某承担，王某无须承担责任。但如果王某明知李某无驾驶证仍出售车辆，则王某需根据其过错程度承担相应的赔偿责任。

四、以挂靠形式经营的机动车发生交通事故的责任分担

《民法典》第 1211 条规定，以挂靠形式从事道路运输经营活动的机动车，发生交通事故造成损害，属于该机动车一方责任的，由挂靠人和被挂靠人承担连带责任。这一规定明确了挂靠人和被挂靠人作为连带责任主体的法律地位。

（一）挂靠人的责任

挂靠人作为车辆的实际使用人和经营者，对车辆的运营具有直接控制权。如果交通事故是因挂靠人的驾驶行为或管理疏忽导致的，挂靠人应承担主要的赔偿责任。例

如，挂靠人超速、酒驾或未对车辆进行必要的维护保养导致事故发生，挂靠人须承担相应的责任。

（二）被挂靠人的责任

被挂靠人作为挂靠关系的另一方，虽然不直接参与车辆的运营，但因其为挂靠人提供了经营资质和信用背书，法律上要求其承担连带责任。例如，被挂靠人未对挂靠人的驾驶资格或车辆状况进行必要的审查，导致事故发生的，被挂靠人须承担相应的责任。

（三）连带责任的具体情形

1. 挂靠人和被挂靠人均无过错的情形

如果交通事故完全由第三方或其他因素导致，且挂靠人和被挂靠人均无任何过错，赔偿责任应由事故责任方承担。挂靠人和被挂靠人无须承担责任。

2. 挂靠人和被挂靠人均有过错的情形

如果挂靠人和被挂靠人对事故的发生均存在过错，例如挂靠人未对车辆进行必要的维护保养，被挂靠人未对挂靠人的驾驶资格进行审查，双方须承担连带责任。

3. 挂靠人或被挂靠人单方有过错的情形

如果仅挂靠人或被挂靠人一方存在过错，有过错的一方须承担主要责任。

【案例 13-3】

挂靠人张某因酒驾造成交通事故，被挂靠人李某已尽到必要的审查义务，张某应承担主要的赔偿责任，李某无须承担责任。

五、擅自驾驶他人机动车发生交通事故的责任分担

《民法典》第 1212 条规定："未经允许驾驶他人机动车，发生交通事故造成损害，属于该机动车一方责任的，由机动车使用人承担赔偿责任；机动车所有人、管理人对损害的发生有过错的，承担相应的赔偿责任，但是本章另有规定的除外。"这一规定明确了使用人作为直接责任主体的法律地位，同时也明确了车主或管理人有过错时的赔偿责任。

（一）使用人的责任

擅自驾驶他人机动车的行为属于未经授权的使用，使用人作为直接控制车辆的一方，应对其驾驶行为导致的交通事故承担主要的赔偿责任。例如，如果使用人因超速、酒驾或未遵守交通规则造成交通事故，使用人须承担全部或主要的赔偿责任。

（二）机动车所有人、管理人的过错责任

尽管使用人是主要责任主体，但如果机动车所有人、管理人对损害的发生存在过错，也需要承担相应的赔偿责任。具体情形包括但不限于以下几种：其一，未妥善保管车辆钥匙或未采取必要的防盗措施。如果机动车所有人、管理人未妥善保管车辆钥匙，导致他人轻易取得车辆并擅自驾驶，机动车所有人、管理人应承担相应的过错责任。其二，车辆本身存在安全隐患。如果机动车所有人、管理人未对车辆进行必要的维护保养，导致车辆存在安全隐患（如刹车失灵、轮胎磨损严重等），机动车所有人、管理人应承担相应的过错责任。

（三）责任分担的具体情形

1. 使用人无过错的情形

如果交通事故完全由第三方或其他因素导致的，且使用人在驾驶过程中无任何过错，赔偿责任应由事故责任方承担。机动车所有人、管理人如果无过错，通常无须承担责任。

2. 使用人有过错的情形

如果交通事故是使用人的驾驶行为所致，使用人应承担主要的赔偿责任。机动车所有人、管理人如果无过错，通常无须承担责任。

3. 机动车所有人、管理人有过错的情形

如果机动车所有人、管理人存在上述过错情形，则需根据其过错程度承担相应的赔偿责任。例如，若机动车所有人、管理人未妥善保管车辆钥匙，导致他人擅自驾驶车辆并发生事故，车主应承担30％～50％的赔偿责任。

六、非法买卖拼装机动车或者报废机动车发生交通事故的责任

《民法典》第1214条规定："以买卖或者其他方式转让拼装或者已经达到报废标准的机动车，发生交通事故造成损害的，由转让人和受让人承担连带责任。"《最高人民法院关于审理道路交通事故损害赔偿案件适用法律若干问题的解释》第6条规定："拼装车、已达到报废标准的机动车或者依法禁止行驶的其他机动车被多次转让，并发生交通事故造成损害，当事人请求由所有的转让人和受让人承担连带责任的，人民法院应予支持。"《最高人民法院关于适用〈中华人民共和国民法典〉侵权责任编的解释（一）》第20条规定："以买卖或者其他方式转让拼装或者已经达到报废标准的机动车，发生交通事故造成损害，转让人、受让人以其不知道且不应当

知道该机动车系拼装或者已经达到报废标准为由，主张不承担侵权责任的，人民法院不予支持。"

这些规定明确了转让人和受让人的连带责任的法律地位。

（一）转让人与受让人均有过错的情形

转让人明知车辆为拼装车或报废车仍出售，受让人明知车辆为拼装车或报废车仍购买并使用，双方均有过错，应承担连带赔偿责任。

（二）使用人无过错的情形

如果使用人不知车辆为拼装车或报废车，且交通事故完全由车辆本身的安全隐患导致，赔偿责任主要由转让人和受让人承担。

（三）使用人有过错的情形

如果使用人明知车辆为拼装车或报废车仍驾驶上路，且交通事故是使用人的驾驶行为（如超速、酒驾等）导致的，使用人应承担主要的赔偿责任，转让人和受让人承担连带责任。

【案例 13-4】

王某将一辆报废机动车出售给李某，李某又将车辆转卖给张某。张某在驾驶过程中因车辆刹车失灵与另一辆车发生碰撞，造成对方车辆损坏及人员受伤。经查，王某和李某均明知车辆为报废车仍进行交易。在此情况下，王某、李某和张某应承担连带赔偿责任。如果张某不知车辆为报废车，可向王某和李某追偿。

七、盗窃、抢夺或抢劫机动车发生道路交通事故的责任主体确定

《民法典》第 1215 条规定："盗窃、抢劫或者抢夺的机动车发生交通事故造成损害的，由盗窃人、抢劫人或者抢夺人承担赔偿责任。"这一规定明确了盗窃人、抢夺人或抢劫人作为直接责任主体的法律地位。例如，如果盗窃人因驾驶不当造成事故，盗窃人应承担主要的赔偿责任。但如果"盗窃人、抢夺人或抢劫人与机动车使用人不是同一人，发生交通事故造成损害，属于该机动车一方责任的，由盗窃人、抢夺人或抢劫人与机动车使用人承担连带责任"，这一规定强调了使用人在特定情况下的连带责任。

机动车所有人未按法律规定办理机动车交通事故责任强制保险的，机动车所有人应当在机动车交通事故责任强制保险责任范围内先行垫付受害人的抢救费，垫付费用之后可以向交通事故责任人追偿。

第三节　机动车交通事故责任负担

一、强制保险、商业保险与侵权人承担责任的顺序

《道路交通安全法》第 17 条、第 76 条明确规定了机动车交通事故责任强制保险（以下简称交强险）的赔偿范围和顺序。《民法典》第 1213 条明确了机动车发生交通事故造成损害时保险赔偿与侵权人赔偿的顺序。《最高人民法院关于审理道路交通事故损害赔偿案件适用法律若干问题的解释》第 16 条进一步明确了交强险、商业保险与侵权人赔偿的具体顺序。《最高人民法院关于适用〈中华人民共和国民法典〉侵权责任编的解释（一）》第 22 条则规定了保险公司不承担赔偿责任的例外情形。

一般情况下，由承保交强险的保险人优先赔偿。交强险是法定的强制性保险，其赔偿范围包括人身损害和财产损失。在交通事故中，首先由承保交强险的保险公司在责任限额内进行赔偿。其次是商业保险补充赔偿。如果损失超过交强险的赔偿限额，且车辆投保了商业第三者责任险，则由承保商业保险的保险公司在保险合同约定的责任限额内进行补充赔偿。最后是侵权人承担剩余责任。如果损失仍未被完全覆盖，剩余部分由侵权人（事故责任方）根据其过错程度承担。

保险公司免责的情形是机动车驾驶人离开车辆后，因未采取制动措施等自身过错受到本车碰撞、碾压造成损害。

【案例 13-5】

小张驾车去菜市场买菜，因比较着急，将自己的车辆停放于一斜坡处，下车时未启用手刹，车辆因缺乏制动而向下滑行，将小张撞伤。对于小张的损失，保险公司不予赔付，由小张自行承担。

二、机动车驾驶人肇事逃逸的责任分担

《民法典》第 1216 条规定："机动车驾驶人发生交通事故后逃逸，该机动车参加强制保险的，由保险人在机动车强制保险责任限额范围内予以赔偿；机动车不明、该机动车未参加强制保险或者抢救费用超过机动车强制保险责任限额，需要支付被侵权人人身伤亡的抢救、丧葬等费用的，由道路交通事故社会救助基金垫付。道路交通事故社会救助基金垫付后，其管理机构有权向交通事故责任人追偿。"这一规定可以从以下三个方面进行解读。

1. 机动车驾驶人逃逸后的保险赔偿

如果肇事机动车投保了交强险，在驾驶人逃逸的情况下，由保险公司在交强险的责任限额范围内对被侵权人进行赔偿。这意味着，即使驾驶人逃逸，保险公司仍应按照交强险的规定承担赔偿责任。

2. 机动车不明或未参加强制保险的情形

如果肇事机动车逃逸且无法查明，或者该机动车未投保交强险，且抢救费用超过交强险责任限额时，被侵权人的人身伤亡抢救、丧葬等费用，由道路交通事故社会救助基金（以下简称救助基金）先行垫付。这一规定旨在确保被侵权人能够及时获得必要的救助，避免因肇事者逃逸或未投保而无法获得赔偿的情况。

3. 救助基金的追偿权

救助基金垫付相关费用后，其管理机构有权向交通事故的责任人进行追偿。这意味着，垫付救助基金并非无偿提供救助，管理机构在垫付费用后，有权要求责任人承担最终的赔偿责任。这一机制既保障了被侵权人的权益，也避免救助基金成为责任人的"避风港"。

三、"好意同乘"情形下因交通事故造成损害的责任

（一）"好意同乘"的概念和特征

好意同乘是指机动车驾驶人出于善意，无偿允许他人搭乘其车辆的行为。这种行为通常发生在熟人之间，例如朋友、同事或邻居之间，驾驶人并非以营利为目的，而是出于帮助或便利的考虑提供搭乘服务。它具有以下特征。

1. 无偿性

好意同乘的核心特征是无偿性，即驾驶人未向搭乘者收取任何费用。如果驾驶人收取费用，则可能构成营运行为，不再属于"好意同乘"的范畴。

2. 善意性

驾驶人提供搭乘服务是出于善意，而非出于合同义务或其他强制性要求。这种善意行为体现了互助精神和社会公德。

3. 非营利性

好意同乘不以营利为目的，驾驶人提供搭乘服务完全出于帮助或便利的考虑，而非为了获取经济利益。

（二）"好意同乘"情形下因交通事故造成损害的责任认定

《民法典》第 1217 条规定："非营运机动车发生交通事故造成无偿搭乘人损害，属于该机动车一方责任的，应当减轻其赔偿责任，但是机动车使用人有故意或者重大过失的除外。"这一规定明确了机动车一方减轻责任规则和承担责任的情形，具体如下。

1. 减轻驾驶人赔偿责任

在"好意同乘"情形下，驾驶人出于善意无偿提供搭乘服务的，应减轻其赔偿责任。这一原则体现了对善意行为的鼓励和对公平原则的维护。本章开头的引例 2 中，甲无偿为乙提供搭乘服务，属于善意行为，虽然甲因自身的过失发生事故造成乙的损失，但应当减轻其赔偿责任。

2. 驾驶人故意或重大过失的例外

如果驾驶人存在故意或重大过失（如酒驾、超速、闯红灯等），则不能减轻其赔偿责任，驾驶人须承担全部或主要责任。

每章一练

一、判断题

1. 机动车与非机动车驾驶人发生交通事故，机动车一方无任何过错，仍可能承担不超过 10% 的赔偿责任。   （   ）
2. 交通事故后驾驶人逃逸的，交强险保险公司可以拒绝赔付。   （   ）

二、单项选择题

1. 非法买卖拼装机动车发生交通事故时，赔偿责任主体可以包括以下哪些？（   ）

A. 转让人   B. 受让人
C. 保险公司   D. 以上都是

2. 在"好意同乘"情形下，以下哪种情况驾驶人不能减轻赔偿责任？（   ）

A. 驾驶人因一般过失导致事故
B. 驾驶人因重大过失导致事故
C. 驾驶人因第三方车辆违规导致事故
D. 同乘人未系安全带

3. 在盗窃机动车发生交通事故时，以下哪一方无须承担赔偿责任？（　　）

A. 盗窃人   B. 车主

C. 保险公司   D. 使用人

三、问答题

1. 简述在"好意同乘"情形下，减轻驾驶人赔偿责任的法律依据及其意义。

2. 简述机动车驾驶人肇事逃逸后，保险公司的赔偿责任范围及例外情形。

第十三章习题答案

医疗损害责任

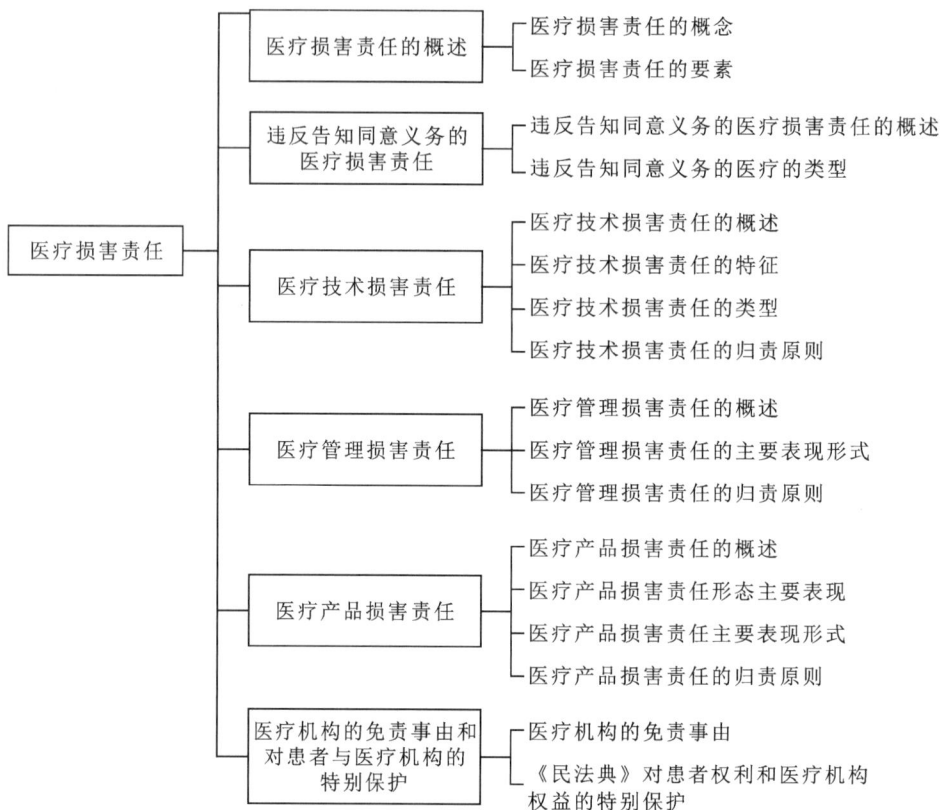

知识体系图

医疗损害责任
- 医疗损害责任的概述
  - 医疗损害责任的概念
  - 医疗损害责任的要素
- 违反告知同意义务的医疗损害责任
  - 违反告知同意义务的医疗损害责任的概述
  - 违反告知同意义务的医疗的类型
- 医疗技术损害责任
  - 医疗技术损害责任的概述
  - 医疗技术损害责任的特征
  - 医疗技术损害责任的类型
  - 医疗技术损害责任的归责原则
- 医疗管理损害责任
  - 医疗管理损害责任的概述
  - 医疗管理损害责任的主要表现形式
  - 医疗管理损害责任的归责原则
- 医疗产品损害责任
  - 医疗产品损害责任的概述
  - 医疗产品损害责任形态主要表现
  - 医疗产品损害责任主要表现形式
  - 医疗产品损害责任的归责原则
- 医疗机构的免责事由和对患者与医疗机构的特别保护
  - 医疗机构的免责事由
  - 《民法典》对患者权利和医疗机构权益的特别保护

学习目标

掌握医疗损害责任的概念、特征和类型；理解医疗技术损害责任、医疗管理损害责任、医疗产品损害责任等的归责原则、构成要件；掌握医疗过失的证明和举证责任；了解我国法律对医疗机构的免责事由和对患者与医疗机构的特别保护规定的相关内容。

引例1

患者因胆囊炎入院，医院为其进行胆囊切除术。手术过程中，医生误将患者的胆总管切断，导致患者术后出现黄疸和肝功能损伤。患者起诉医院要求赔偿。

请思考：这属于哪一种医疗损害责任？

引例2

陈某因 3 个月反复腰痛伴左下肢痛而到医院检查，确诊为椎间盘突出。主治医生张某建议其接受椎间盘切除手术，但张某仅口头告知陈某"手术效果良好"，未书面说明手术风险，也未提及保守治疗（如牵引、理疗）或微创手术（如椎间孔镜）等替代方案。陈某签署手术同意书（内容为模板化条款，未针对性标注风险），术后次日陈某出现左下肢肌力 0 级（完全瘫痪），经检查为术中神经根损伤。

请思考：医生未告知手术风险及替代治疗方案，需要承担主要责任吗？

引例3

患者因糖尿病入院，医生建议其控制饮食并按时服药，但患者未遵医嘱，导致病情恶化并出现并发症。患者起诉医院要求赔偿。

请思考：本案中患者不配合医疗机构进行符合诊疗规范的诊疗，医院可以免责吗？

理论研究

《民法典》对医疗损害责任的规定，不仅在理论上完善了医疗纠纷的法律框架，也在实践中为医患双方提供了明确的行为规范和权益保障。它确定了医疗损害责任的法律基础，为医疗损害责任认定提供了明确的法律依据。将医疗损害责任纳入侵权责任法的范畴，进一步明确了医疗机构的法律义务，加强了对患者权益的保护，推动了医疗伦理与法律责任的结合。

第一节　医疗损害责任概述

一、医疗损害责任的概念

医疗损害责任是指医疗机构及其医务人员在诊疗活动中因过错（如违反诊疗规范、未尽注意义务或告知义务等）导致患者人身、财产或其他合法权益受损时，依法应承担的民事赔偿责任。其核心在于通过法律手段平衡医患双方权益，既保障了患者的合理救济，又约束了医疗行为、规范了医疗秩序。医疗损害责任的法律依据有以下几个。《民法典》第 1218 条规定："患者在诊疗活动中受到损害，医疗机构或者其医务人员有过错的，由医疗机构承担赔偿责任。"《民法典》第 1222 条规定："患者在诊疗活动中受到损害，有下列情形之一的，推定医疗机构有过错：（一）违反法律、行政法规、规章以及其他有关诊疗规范的规定；（二）隐匿或者拒绝提供与纠纷有关的病历资料；（三）遗失、伪造、篡改或者违法销毁病历资料。"

二、医疗损害责任的要素

（一）医疗机构

医疗机构是指依法取得《医疗机构执业许可证》，从事疾病诊断、治疗、预防、保健等活动的医院、诊所、社区卫生服务中心等法人或非法人组织。在医疗损害责任中，医疗机构不仅是医务人员的雇主，更是医疗服务的直接提供者和管理者，其责任具有独立性和特殊性。在医疗损害责任中，医疗机构作为责任主体之一，扮演着至关重要的角色。

第一，医疗机构是医疗服务提供者。医疗机构是依法设立的、具备相应资质的医疗服务提供者，承担为患者提供诊断、治疗、护理等医疗服务的职责。

第二，医疗机构是医务人员的管理者。医疗机构是医务人员的雇主或管理者，对医务人员的执业行为负有监督和管理责任。

第三，医疗机构是责任承担主体。在医疗损害责任中，医疗机构作为法人或非法人组织，对患者的损害承担直接赔偿责任，即使损害是由其医务人员的行为造成，医疗机构也应先行承担赔偿责任。

美容院等如果取得了《医疗机构执业许可证》，应当被认定为医疗机构，如发生了纠纷应当按照医疗损害责任规定处理。

（二）医务人员

医务人员是指在医疗机构中从事医疗、护理、检验、药剂等与诊疗活动相关工作的专业人员。根据我国《执业医师法》《护士条例》等相关法律法规，医务人员需具备相应的执业资格，并在法律规定的范围内开展诊疗活动。医务人员是医疗服务的直接实施者，其行为受《民法典》《执业医师法》《护士条例》等法律法规约束。在医疗损害责任的相关规定中，医务人员的角色具有双重性。首先，医务人员是职务行为代理人。作为医疗机构的雇员，通常由医疗机构为其承担替代责任。其次，医务人员是独立责任主体。医务人员若存在故意或重大过失，可能要承担个人责任，甚至面临行政或刑事处罚。

根据工作性质和职责的不同，医务人员可以分为以下几种。其一，医师。医师是医疗团队的核心成员，负责诊断、治疗和开具处方。根据专业领域的不同，医师可分为内科医师、外科医师、儿科医师等。其二，护士。护士主要负责患者的护理工作，包括执行医嘱、观察病情、提供基础护理等。其三，医技人员。医技人员包括检验师、影像师、药剂师等，负责辅助诊断和治疗工作，如进行实验室检验、影像检查、药品调配等。其四，其他医务人员。包括康复治疗师、营养师、心理咨询师等，负责为患者提供专业化的康复、营养和心理支持服务。

只有取得了相关执业资格证的人员在医疗护理等活动中造成患者人身损害的才构成医疗损害责任。

（三）诊疗活动

诊疗活动是指医疗机构及其医务人员为患者提供诊断、治疗、护理、康复等医疗服务的活动。其目的是通过医学手段解决患者的健康问题，恢复或改善其身体功能。诊疗活动具有以下特征。其一，专业性。诊疗活动的展开需要医疗人员具备丰富的医学知识和技能，诊疗行为需要由具备执业资格的医务人员实施。其二，服务性。诊疗活动以患者为中心，旨在满足患者的医疗需求。其三，连续性。诊疗活动通常包括诊断、治疗、护理等多个环节，是一个系统的过程。

诊疗活动涵盖医疗服务的全过程，主要包括以下内容。其一，诊断，即通过问诊、体格检查、实验室检验、影像检查等手段，确定患者的病因、病情。其二，治疗，即根据诊断结果，制定并实施治疗方案，包括药物治疗、手术治疗、物理治疗等。其三，护理，即为患者提供基础护理、专科护理及心理护理，促进其康复。其四，康复，即通过康复治疗、功能训练等手段，帮助患者恢复身体功能，提高生活质量。其五，预防，即通过健康教育、疫苗接种等手段，预防疾病的发生和传播。

第二节　违反告知同意义务的医疗损害责任

一、违反告知同意义务的医疗损害责任概述

违反告知同意义务的医疗损害责任，又称医疗伦理损害责任，是医疗损害责任的一种特殊形式，其核心在于医疗机构及其医务人员在诊疗活动中违反了医疗伦理和职业良知，未能履行告知、保密等法定义务，从而对患者造成损害。与一般的医疗损害责任不同，违反告知同意义务的医疗损害责任更注重医疗机构及其医务人员在伦理层面的过失，而非纯粹的技术性过错，其责任形态是替代责任。医务人员在执行职务中，造成患者人身损害或者其他损害，构成医疗伦理损害责任的，其直接责任人是医疗机构，而不是医务人员。违反告知同意义务的医疗损害责任主要特征有以下几点。

（一）以违反告知同意义务为前提

违反告知同意义务的医疗损害责任的成立以医疗机构或其医务人员存在医疗伦理过失为前提。这种过失主要表现为违反告知义务、保密义务或其他伦理义务，而非技术性错误。

（二）采用过错推定原则

违反告知同意义务的医疗损害责任的确定，通常采用过错推定原则。即，只要患者能够证明医疗机构或其医务人员存在违反伦理义务的行为，便可推定其有过错，除非医疗机构能够证明自己没有过错。

（三）损害范围广泛

违反告知同意义务的医疗损害不仅包括患者的人身损害，还可能涉及对患者其他民事权益的损害，如知情权、隐私权、自我决定权等。

（四）替代责任形态

违反告知同意义务的医疗损害责任通常由医疗机构承担，即使损害是由医务人员的个人行为造成，医疗机构也须先行承担赔偿责任。

二、违反告知同意义务的医疗类型

（一）违反信息告知损害责任

违反信息告知损害责任指医疗机构未充分告知患者病情、治疗方案及风险，侵害患者知情权的责任。本章开头的引例 2 中，患者因腰椎间盘突出入院，医生建议其接受手术治疗，但未告知手术风险及替代治疗方案。术后患者出现下肢瘫痪，患者以未履行告知义务为由起诉医院，人民法院最终判定医院承担 70% 的责任。

（二）违反患者同意损害责任

违反患者同意损害责任指医疗机构未经患者同意擅自采取医疗措施或停止治疗，侵害患者自我决定权的责任。

（三）违反保密义务损害责任

违反保密义务损害责任指医疗机构或其医务人员泄露患者隐私或未经同意公开其病历资料，侵害患者隐私权的责任。

（四）违反管理规范损害责任

违反管理规范损害责任指医疗机构违反行政管理规范，导致患者身份权等权利受损的责任。

第三节　医疗技术损害责任

一、医疗技术损害责任概述

医疗技术损害责任又称未尽到诊疗义务的损害责任，是医疗损害责任的基本类型之一，指的是医务人员在诊断、治疗、护理等医疗行为中未能达到当时医疗水平所要求的专业标准，从而造成患者损害。医疗技术损害责任的成立需要满足以下条件。

（一）医疗技术过失

医务人员在诊疗活动中存在技术过失，即未能达到应有的技术标准。

（二）损害事实

患者因医疗技术过失遭受了人身损害。

（三）因果关系

医务人员的医疗技术过失与患者损害之间存在直接的因果关系。

二、医疗技术损害责任特征

（一）以医疗技术过失为前提

医疗技术损害责任的成立以医务人员存在技术过失为前提。这种过失主要表现为诊断错误、治疗不当、护理疏忽等。

（二）医疗技术损害责任的过失是医疗技术过失

医疗技术损害责任中的过失，以当时的医疗水平下，医疗机构和医务人员所应当承担的高度注意义务为评判标准，即医疗技术损害责任中的过失违反了医学科学上或者技术上应尽的高度注意义务。

（三）损害范围特定

医疗技术损害责任的损害事实主要指患者遭受人身损害，不包括其他民事权益的损害。

（四）举证责任

在医疗技术损害责任中，通常由患者承担举证责任，证明医务人员存在技术过失。

医疗技术损害责任的责任形态是替代责任，医务人员在执行职务过程中，造成患者人身损害或者其他损害，构成医疗伦理损害责任的，其直接责任人是医疗机构，而不是医务人员。

三、医疗技术损害责任类型

（一）诊断过失损害责任

这是指医务人员在诊断过程中因技术过失导致误诊或漏诊，造成患者损害。

【案例 14-1】

张某因突发胸痛到社区卫生服务中心就诊，医生在未做心电图的情况下诊断为胃食管反流，给予胃药。2 小时后张某猝死，尸检证实为急性心肌梗死。急性胸痛诊疗流程明确要求首诊必须完成 18 导联心电图，以排除心梗，社区医生未执行该标准流程，若及时做心电图发现心梗，通过溶栓或介入治疗可显著降低死亡率。社区医生的行为属于误诊，构成诊断过失损害责任。

（二）治疗过失损害责任

这是指医务人员在治疗过程中因技术过失治疗不当，造成患者损害。

【案例 14-2】

叶某因急性阑尾炎在甲医院接受手术，术后持续腹痛、发热。3 个月后，叶某因症状加重到乙医院检查，才发现腹腔内遗留一块手术纱布，需二次手术取出。甲医院的医生在手术治疗过程中违反操作规程，手术纱布清点记录不全，术后未按规范复查，遗留纱布直接导致患者腹腔感染，构成治疗过失致人损害责任。

本章开头引例 1 的情况，也属于治疗过失损害责任。

（三）护理过失损害责任

医务人员在护理过程中因技术过失护理不当，造成患者损害。

【案例 14-3】

　　李某因胆囊炎在某医院接受胆囊切除术，术后 24 小时内，护士仅为其测量了 2 次体温（医院规定：术后 6 小时内每小时测 1 次，之后每 4 小时 1 次），未记录李某其间体温升至 38.5℃ 的情况，医生也未查房评估，仅通过护士口头汇报判断"患者无异常"。医院未按《外科术后护理规范》每日更换切口敷料，术后 3 天未观察切口情况，李某主动表示"切口疼痛加剧"，护士误认为正常术后反应，未报告医生。术后第 4 天，李某出现寒战、高烧、意识模糊等症状，后诊断为切口感染继发败血症。据《普外科术后护理指南》，胆囊切除术后需密切监测患者生命体征（尤其体温）、切口情况及引流液性质，但医院体温监测频率不足，掩盖感染早期表现，医生未亲自查房，仅依赖护士不完整汇报判断情况，未每日检查切口。护士违反《护士条例》第 21 条"及时报告异常情况"，属于术后护理过失致患者损害。

（四）感染传染损害责任

这是指医务人员在诊疗过程中因技术过失导致患者感染或传染疾病。

【案例 14-4】

　　甲医院的手术室护士为节省时间，对腹腔镜器械进行消毒时，仅用普通消毒液浸泡 20 分钟（规范要求：高温高压灭菌 40 分钟）；同一套器械连续用于 5 台胆囊切除术，未按要求"一人一用一灭菌"，术后 3 天内，5 名患者均出现高热、腹痛，血培养检出耐甲氧西林金黄色葡萄球菌感染，原因就是甲医院擅自变更消毒方式，器械混用直接导致患者交叉感染。本案患者在治病的过程中又因医院过错感染其他疾病，甲医院构成感染传染损害责任。

四、医疗技术损害责任归责原则

　　医疗技术损害责任的归责原则主要是过错责任原则。《民法典》第 1218 条规定，医疗机构或其医务人员在诊疗活动中因过错造成患者损害的，由医疗机构承担赔偿责任。过错责任原则要求患者证明医疗机构或其医务人员在诊疗活动中存在技术过失，且过失与损害之间存在因果关系。

第四节　医疗管理损害责任

一、医疗管理损害责任概述

医疗管理损害责任是指医疗机构在组织、管理和监督医疗活动中，因违反相关法律法规或管理规范，导致患者人身损害或其他权益受损而应承担的赔偿责任。确认医疗管理损害责任的关键在于医疗机构在管理层面的过失行为，而非直接的技术性或伦理性问题。

医疗管理损害责任的特征有以下几点。

（一）以管理过失为前提

医疗管理损害责任的成立以医疗机构存在管理过失为前提。这种过失主要表现为违反法律法规、管理规范或未尽到应有的管理义务。

（二）责任主体为医疗机构

医疗管理损害责任的责任主体是医疗机构，而非直接实施诊疗行为的医务人员。医疗机构作为管理者，对其管理层面的过失行为承担赔偿责任。

（三）损害范围广泛

医疗管理损害所涵盖的范围，不仅包括对患者人身造成的损害，还可能涉及对其他民事权益的侵害，如知情权、隐私权等。

（四）举证责任

医疗管理过失的认定方式是原告举证证明。

此外，医疗管理损害责任的责任形态是替代责任，医疗机构或者其医务人员有过错，由医疗机构承担责任。

二、医疗管理损害责任主要表现形式

（一）违反紧急救治义务的损害责任

《民法典》第1220条规定："因抢救生命垂危的患者等紧急情况，不能取得患者或者其近亲属意见的，经医疗机构负责人或者授权的负责人批准，可以立即实施相应的医疗措施。"本条规定了医疗机构对生命垂危的患者的紧急救治义务，但只从正面规定了紧急救治义务，没有规定医疗机构违反紧急救治义务造成患者损害的侵权责任。

（二）违反病历资料管理职责致害责任

《民法典》第1225条规定："医疗机构及其医务人员应当按照规定填写并妥善保管住院志、医嘱单、检验报告、手术及麻醉记录、病理资料、护理记录等病历资料。患者要求查阅、复制前款规定的病历资料的，医疗机构应当及时提供。"该法条规定了医疗机构及医务人员对病历资料负有的依规填写、妥善保管和及时提供查询的义务，并且这一义务属于强制性义务，医务人员和医疗机构不得违反。医疗机构在履行对患者病历资料的保管义务中未尽管理职责，造成病历资料丢失，具有重大过失的，构成医疗管理损害责任，应当对患者的损失予以赔偿。

（三）救护车急救不及时损害责任

救护站接到患者及近亲属的呼救后，组织救护不及时，致使患者受到损害，也属于医疗管理损害责任。医疗救护站接到求救应当及时进行救护，由于过失而延误时间，救护不及时，致使患者发生损害的，应当承担侵权责任。如果医疗机构救护及时，即使患者有损害发生，也不承担责任。

（四）违反管理职责致使产妇抱错孩子致害责任

医院违反管理职责，致使产妇生产的孩子被抱错，造成亲属关系严重损害的，是典型的医疗管理损害责任。

（五）违法处理患者医疗废物侵害患者权利

违法处理患者因自己的身体异常而形成的医疗废物，侵害了患者对医疗废物的所有权的，也构成侵权。人体医疗废物从患者人体变异而来，成为特殊物，所有权属于患者。医疗机构及医务人员将其据为己有，或未经告知患者而擅自处理，侵害患者的所有权，属于医疗管理损害责任。

【案例 14-5】

某医院擅自将产妇分娩时产出的胎盘出售给某药厂，违反了"无传染性胎盘需经产妇书面同意后，按医疗废物处理；有传染性则直接由医院严格销毁"的操作管理规定。某医院既未尊重产妇的处置权，又未按规范处置胎盘，构成对产妇的侵权，属于医疗管理责任。

（六）医务人员擅离职守

医政管理中，医疗机构的医务人员以及其他工作人员擅离职守，危害很大，后果也很严重。例如，医务人员不坚守岗位，在工作时间睡觉、看书、外出吃饭，以及后勤的水电锅炉等维修部门工作人员失职，导致供水供电中断、仪器故障等，造成患者损害，属于医疗管理损害责任。

三、医疗管理损害责任归责原则

根据《民法典》第 1218 条、第 1222 条的规定，医疗管理损害责任的基本归责原则是过错责任原则。过错责任原则的构成要件之一就是医疗机构或其医务人员在诊疗活动中存在过错，这种过错可以是疏忽、过失或违反诊疗规范等。如果医疗机构违反法律、行政法规、规章以及其他有关诊疗规范的规定，或者隐匿、拒绝提供与纠纷有关的病历资料，或者遗失、伪造、篡改、违法销毁病历资料，法律推定医疗机构存在过错，适用过错推定原则。此时，医疗机构需要证明自己没有过错，否则将承担赔偿责任。

第五节　医疗产品损害责任

一、医疗产品损害责任概述

医疗产品损害责任是医疗损害责任的一种特殊类型，主要涉及医疗产品的使用。医疗产品包括药品、医疗器械、消毒药剂、血液及制品、医疗产品信息等。当这些产品存在缺陷，导致患者在使用过程中受到人身损害时，医疗机构、生产者或销售者需要承担相应的法律责任。这种责任不仅限于医疗机构，还包括医疗产品的生产者和销售者，体现了对患者权益的全面保护。其主要特征有以下几点。

（一）责任主体的多元性

医疗产品损害责任的责任主体不仅包括医疗机构，还包括医疗产品的生产者和销售者。患者可以根据具体情况选择向其中任何一个或多个主体请求赔偿。

（二）损害结果的具体性

医疗产品损害责任的损害结果必须是具体的人身损害，包括致伤、致残甚至死亡。这种损害必须是由医疗产品的缺陷直接导致的。

（三）因果关系的明确性

医疗产品损害责任要求患者的损害与医疗产品的缺陷之间存在明确的因果关系，患者需要证明其损害是由医疗产品的缺陷直接造成的。

（四）归责原则的特殊性

医疗产品损害责任适用无过错责任原则。即无论医疗机构、生产者或销售者是否存在过错，只要医疗产品存在缺陷并导致患者损害，责任主体就应当承担赔偿责任。

（五）责任形态的复杂性

医疗产品损害责任的责任形态涉及替代责任和不真正连带责任。医疗机构在赔偿患者后，有权向负有责任的生产者或销售者追偿。

二、医疗产品损害责任形态的主要表现

（一）替代责任

替代责任是指责任人为他人的行为和自己管理的物件所致损害承担赔偿责任的侵权责任形态。在医疗产品损害责任中，医疗机构作为医疗产品的使用者，需要对因其使用的缺陷产品导致的患者损害承担替代责任。医疗机构在赔偿患者后，可以向医疗产品的生产者或销售者追偿。

（二）不真正连带责任

不真正连带责任是指多个责任人对同一损害负有赔偿责任，但最终责任归属于其中一个责任人。在医疗产品损害责任中，患者可以选择向医疗机构、生产者或销售者中的任何一个请求赔偿。医疗机构在赔偿患者后，有权向负有责任的生产者或销售者追偿。这种责任形态确保了患者能够便捷、充分地获得赔偿，同时也明确了最终责任的归属。

三、医疗产品损害责任主要表现形式

（一）药品损害责任

药品损害责任是指药品存在缺陷，导致患者在使用过程中受到人身损害，药品生产者、销售者或医疗机构应当承担的赔偿责任。药品缺陷包括药品成分不合格、药品说明书不明确、药品包装不当等。例如，某种药品未在说明书中明确标注其可能引发的严重副作用，导致患者在使用后出现严重健康问题，药品生产者和销售者应当承担相应的损害责任。

（二）医疗器械损害责任

医疗器械损害责任是指医疗器械存在缺陷，导致患者在使用过程中受到人身损害，医疗器械生产者、销售者或医疗机构应当承担的赔偿责任。医疗器械缺陷包括设计缺陷、制造缺陷、使用说明不清晰等。例如，某种心脏起搏器在设计上存在缺陷，导致患者在使用后出现心脏功能异常，医疗器械生产者和销售者应当承担相应的损害责任。

（三）消毒药剂损害责任

消毒药剂损害责任是指消毒药剂存在缺陷，导致患者在使用过程中受到人身损害，消毒药剂生产者、销售者或医疗机构应当承担的赔偿责任。消毒药剂缺陷可能包括成分不合格、使用说明不明确等。例如，某种消毒药剂未在说明书中明确标注其可能引

发的皮肤过敏反应，导致患者在使用后出现严重皮肤损伤，消毒药剂生产者和销售者应当承担相应的损害责任。

（四）血液及制品损害责任

血液及制品损害责任是指因血液及制品存在缺陷，导致患者在使用过程中受到人身损害，血液提供机构或医疗机构应当承担的赔偿责任。血液及制品缺陷可能包括血液不合格、血液制品处理不当等。例如，某种血液制品在处理过程中未严格按照规定进行消毒，导致患者在使用后感染严重疾病，血液提供机构和医疗机构应当承担相应的损害责任。

（五）医疗产品信息损害责任

医疗产品信息损害责任是指医疗产品信息存在缺陷，导致患者在使用过程中受到人身损害，医疗产品生产者、销售者或医疗机构应当承担的赔偿责任。医疗产品信息缺陷可能包括产品说明不清晰、警示信息不足等。例如，某种医疗器械未在说明书中明确标注其可能引发的严重并发症，导致患者在使用后出现严重健康问题，医疗产品生产者和销售者应当承担相应的损害责任。

四、医疗产品损害责任归责原则

医疗产品损害责任适用无过错责任原则，其归责原则是确定医疗产品损害责任的中间责任的依据。《民法典》第1223条没有对医疗机构承担医疗产品损害责任的最终责任进行明确规定，但如果医疗机构不能指明缺陷医疗产品的生产者，也不能指明缺陷产品的供货者，以及医疗机构就是医疗产品生产者的，应当承担无过错责任。

第六节　医疗机构的免责事由和对患者与医疗机构的特别保护

一、医疗机构免责事由

医疗机构的免责事由是指在医疗纠纷中，医疗机构能够证明其无须承担法律责任的合法情形。这些事由通常要根据法律规定、医疗行为的特殊性以及具体案件事实进行综合分析。

（一）免责事由的法律依据

《民法典》第1224条规定："患者在诊疗活动中受到损害，有下列情形之一的，医疗机构不承担赔偿责任：（一）患者或者其近亲属不配合医疗机构进行符合诊疗规范的诊疗；（二）医务人员在抢救生命垂危的患者等紧急情况下已经尽到合理诊疗义务；（三）限于当时的医疗水平难以诊疗。前款第一项情形中，医疗机构或者其医务人员也有过错的，应当承担相应的赔偿责任。"

《医疗事故处理条例》第33条规定："有下列情形之一的，不属于医疗事故：（一）在紧急情况下为抢救垂危患者生命而采取紧急医学措施造成不良后果的；（二）在医疗活动中由于患者病情异常或者患者体质特殊而发生医疗意外的；（三）在现有医学科学技术条件下，发生无法预料或者不能防范的不良后果的；（四）无过错输血感染造成不良后果的；（五）因患方原因延误诊疗导致不良后果的；（六）因不可抗力造成不良后果的。"

（二）医疗机构免责的具体情形

1. 患者或其近亲属不配合诊疗

在医疗机构证明其已履行告知义务，并采取了合理措施劝告患者配合诊疗，而患者或其近亲属未如实告知病情、拒绝接受必要检查或治疗、不遵守医嘱等情况下，医疗机构不承担赔偿责任。例如，患者拒绝接受手术，导致病情恶化，医疗机构可主张免责。

2. 限于当时的医疗水平难以诊疗

由于医疗技术、设备或知识的局限性，医疗机构无法预见或避免损害结果，且医疗机构能证明其诊疗行为符合当时的医疗水平，并尽到了合理的注意义务的，医疗机构不承担赔偿责任。例如，某种罕见疾病在当时尚无有效治疗方法，医疗机构可主张免责。

3. 不可抗力

因自然灾害、战争、突发公共卫生事件等不可抗力因素导致诊疗无法进行或损害发生，医疗机构能证明不可抗力与损害结果之间存在直接因果关系的，医疗机构不承担赔偿责任。例如，地震导致医院设备损坏，无法进行手术，医疗机构可主张免责。

4. 患者自身原因

患者因自身疾病、体质特殊或病情复杂导致损害发生，医疗机构能证明其诊疗行为符合医疗常规，且损害结果与患者自身原因直接相关的，医疗机构不承担赔偿责任。例如，患者的严重基础疾病导致术后并发症，医疗机构可主张免责。

5. 紧急情况下的合理诊疗

在紧急情况下，医疗机构为抢救患者生命而采取了合理诊疗措施，医疗机构能证明其行为符合紧急情况下的医疗常规，且已尽到合理的注意义务的，医疗机构不承担赔偿责任。例如，急诊手术中因时间紧迫无法履行完整告知义务，医疗机构可主张免责。

6. 医疗意外

在诊疗过程中发生的无法预见、无法避免的意外事件。医疗机构能证明其诊疗行为符合医疗常规，且已尽到合理的注意义务的，医疗机构不承担赔偿责任。例如，患者用了医疗机构提供的某种药物发生罕见过敏反应，医疗机构可主张免责。

7. 第三人过错

因第三人的行为造成患者损害（如其他医疗机构、药品生产商等的过错），医疗机构能证明其行为与损害结果无直接因果关系，且已尽到合理的注意义务的，医疗机构不承担赔偿责任。例如，患者因使用其他医院开具的错误药物发生损害，原医疗机构可主张免责。

二、《民法典》对患者权利和医疗机构权益的特别保护

（一）对患者权利的特别保护

1. 健康权的保护

《民法典》第1004条规定，自然人享有健康权，任何组织或个人不得侵害他人的健康权。这要求医疗机构及其医务人员在诊疗活动中必须尊重和保护患者的健康权，不得因疏忽或故意行为损害患者的健康。

2. 知情同意权的保护

《民法典》第1219条规定，医务人员在诊疗活动中应当向患者说明病情和医疗措施，需要实施手术、特殊检查、特殊治疗的，医务人员应当及时向患者具体说明医疗风险、替代医疗方案等情况，并取得其明确同意；不能或者不宜向患者说明的，应当向患者的近亲属说明，并取得其明确同意。也就是要求在实施手术、特殊检查、特殊治疗时，医务人员必须详细说明医疗风险和替代方案，确保患者在充分知情的情况下做出决定。

3. 隐私权的保护

《民法典》第1226条规定，医疗机构及其医务人员应当对患者的隐私和个人信息保密。泄露患者的隐私和个人信息，或者未经患者同意公开其病历资料的，应当承担侵权责任。

4. 病历资料的查阅与复制权

《民法典》第 1225 条规定，医疗机构及其医务人员应当按照规定填写并妥善保管住院志、医嘱单、检验报告、手术及麻醉记录、病理资料、护理记录等病历资料。患者要求查阅、复制前款规定的病历资料的，医疗机构应当及时提供。这就表明了患者或其近亲属可以依法获取病历资料，医疗机构不得以任何理由拒绝或拖延。

5. 禁止过度检查

《民法典》第 1227 条规定，医疗机构及其医务人员不得违反诊疗规范实施不必要的检查。因此，医疗机构应遵循诊疗规范，避免对患者进行不必要的检查，以减轻其经济负担和身体负担。

（二）对医疗机构权益的特别保护

1. 紧急情况下的免责

根据《民法典》第 1224 条第 1 款第 2 项的规定，在抢救生命垂危的患者等紧急情况下，医疗机构已尽到合理诊疗义务的，不承担赔偿责任。即在紧急情况下，医疗机构可以采取必要的医疗措施，即使未能取得患者或其近亲属的同意，也无须承担法律责任。

2. 医疗水平的局限性

根据《民法典》第 1224 条第 1 款第 3 项的规定，限于当时的医疗水平难以诊疗的，医疗机构不承担赔偿责任。即，如果损害结果是医疗技术的局限性所致，而非医疗机构的过错，医疗机构可以免责。

3. 患者不配合诊疗的免责

根据《民法典》第 1224 条第 1 款第 1 项的规定，患者或其近亲属不配合医疗机构进行符合诊疗规范的诊疗的，医疗机构不承担赔偿责任。由此可见，如果损害结果是由于患者或其近亲属的不配合行为所致，医疗机构可以免责。本章开头的引例 3 即属于此种情况。

4. 医疗机构合法权益的保护

根据《民法典》第 1228 条规定，医疗机构及其医务人员的合法权益受法律保护。干扰医疗秩序，妨碍医务人员工作、生活，侵害医务人员合法权益的，应当依法承担法律责任。

一、判断题

1. 医疗机构在紧急情况下未取得患者同意实施抢救措施，即使造成损害，也可以免责。（　　）

2. 患者因自身疾病导致的损害，医疗机构无须承担任何责任。（　　）

二、单项选择题

1. 以下哪项不属于医疗损害责任的免责事由？（　　）

A. 患者不配合诊疗　　　　　　　B. 限于当时的医疗水平难以诊疗

C. 医疗机构未履行告知义务　　　D. 不可抗力

2. 根据《民法典》，医疗机构在以下哪种情况下可以免责？（　　）

A. 未取得患者同意实施手术

B. 因医疗设备故障导致手术失败

C. 在紧急情况下抢救生命垂危的患者

D. 未履行告知义务

三、问答题

1. 《民法典》对患者知情同意权有哪些具体规定？

2. 患者如何证明医疗机构须承担医疗损害责任？

第十四章习题答案

环境污染和生态破坏责任

知识体系图

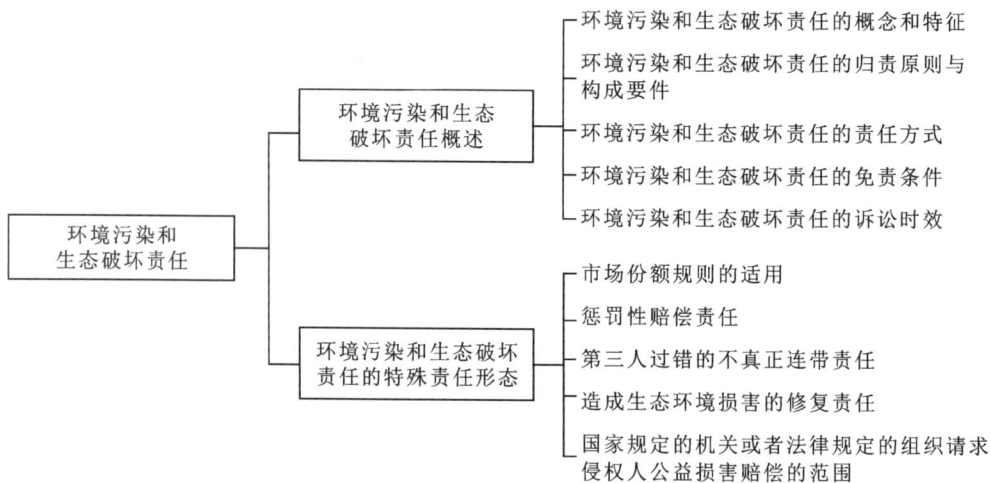

环境污染和生态破坏责任

环境污染和生态破坏责任概述
- 环境污染和生态破坏责任的概念和特征
- 环境污染和生态破坏责任的归责原则与构成要件
- 环境污染和生态破坏责任的责任方式
- 环境污染和生态破坏责任的免责条件
- 环境污染和生态破坏责任的诉讼时效

环境污染和生态破坏责任的特殊责任形态
- 市场份额规则的适用
- 惩罚性赔偿责任
- 第三人过错的不真正连带责任
- 造成生态环境损害的修复责任
- 国家规定的机关或者法律规定的组织请求侵权人公益损害赔偿的范围

学习目标

掌握环境污染和生态破坏责任的概念和特征、归责原则、构成要件、责任方式等；明确环境污染和生态破坏责任的因果关系推定规则；理解环境污染和生态破坏责任中的市场份额规则、惩罚性赔偿责任、第三人过错的不真正连带责任、造成生态环境损害的修复责任等特殊责任形态。

引例1

某化工厂排放的废水流入某湖后，造成大面积鱼类死亡。化工厂认为其排放的废水符合国家规定的排放标准，不应承担环境污染侵权责任。

请思考，化工厂应当承担环境污染侵权责任吗？

引例2

某林业局接到公安局移送的线索，称黄某在未办理采伐手续的情况下擅自采伐国家一级保护植物红豆杉树，某林业局遂向人民法院提起诉讼。

人民法院经审理认为，黄某在未办理采伐手续的情况下擅自采伐国家一级保护植物红豆杉树，实施了破坏生态环境的行为，并对生态环境造成了损害，判令黄某以补植红豆杉树苗等方式承担生态环境修复责任。

请思考，黄某承担的是一种什么责任形式？

《民法典》将绿色原则定为民法的基本原则，凸显了生态环境保护的现实紧迫性和重要性。侵权责任编设专章对环境污染和生态破坏责任进行了规定，明确了生态环境修复的法律责任（《民法典》第1234条），规定了故意污染环境、破坏生态行为的惩罚性赔偿责任（《民法典》第1232条），增加了关于生态环境损害赔偿责任以及公益诉讼的规定（《民法典》第1235条）。这是绿色原则的具体体现，必将进一步强化对生态环境的保护。

第一节　环境污染和生态破坏责任概述

一、环境污染和生态破坏责任的概念和特征

（一）环境污染和生态破坏责任的概念

环境污染和生态破坏责任是指侵权人违反法律规定的义务，以作为或者不作为的方式污染环境、破坏生态，造成损害，依法不问过错，应当承担损害赔偿等法律责任的特殊侵权责任。

《民法典》第1229条规定了环境污染和生态破坏责任的一般条款："因污染环境、破坏生态造成他人损害的，侵权人应当承担侵权责任。"

（二）环境污染和生态破坏责任的特征

1. 环境污染和生态破坏责任是适用无过错责任原则的特殊侵权责任

根据《民法典》第1166条和第1229条，环境污染和生态破坏责任不问过错，即无论侵权人主观上有无过错，只要实施了污染环境、破坏生态的行为并造成损害，就应当承担环境污染和生态破坏责任。

2. 环境污染和生态破坏责任保护的范围

环境污染和生态破坏责任的相关规定保护的是广泛意义的环境和生态，既包括生产生活环境，也包括生态环境。

3. 侵权人的行为表现为作为或者不作为

环境污染和生态破坏责任中，侵权人的行为表现为作为或者不作为，即污染环境、破坏生态的行为既可以是作为的行为，也可以是不作为的行为。无论是作为还是不作为的行为，只要造成环境污染、生态破坏，都构成环境污染和生态破坏责任。

4. 环境污染和生态破坏责任保护的范围广泛

《民法典》第1229条中的"造成他人损害"，不仅指人身损害和财产损害，还包括其他损害，比如生态损害。环境污染和生态破坏责任的权利主体也可以是国家，当国家的环境和生态利益受到侵害时，国家可以请求损害赔偿，可以在环境污染和生态破坏责任中主张公益诉讼。

5. 环境污染和生态破坏责任方式多样

《民法典》第1229条规定："因环境污染、生态破坏造成他人损害的，侵权人应当承担侵权责任。"条文在阐述环境污染和生态破坏责任的责任方式时，并没有采用"赔偿责任"，而是"侵权责任"。因此，环境污染和生态破坏责任的责任方式并不局限于损害赔偿责任，还可以是其他责任形式，比如《民法典》第1234条规定的修复等方式。本章开头的引例2中，黄某承担的就是生态环境修复责任，这是《民法典》新增的一种责任形式。

（三）环境污染和生态破坏侵权的具体类型

《民法典》没有规定环境污染和生态破坏侵权的具体类型。根据不同标准，我们可以对环境污染和生态破坏侵权进行不同的分类。比如，按环境要素可分为大气污染、水污染等；按污染物的性质可分为生物污染、化学污染等；按污染物的形态可分为废气污染、固体废物污染等。下面我们以环境、生态要素污染和有毒有害物质污染为基本标准，对环境污染和生态破坏侵权的几种具体表现形式进行简要分析。

1. 转基因农产品污染

基因污染，是指在天然的生物物种基因中掺入人工重组的基因，这些外来的基因可能随着被污染生物的繁殖而发生扩散。因此，基因污染是一种非常特殊又非常危险的环境污染。

转基因产品是现代科学技术的产物。生产、销售转基因产品，未尽说明义务而造成污染损害的，构成侵权责任。

2. 水污染

水污染，是指水体因某种物质的介入而发生化学、物理、生物或者放射性等方面特性的改变，造成水质恶化，从而影响水的有效利用的现象。我国水资源严重紧缺，水污染防治在我国具有重要的意义。

向水体中排放或者向地下渗透污水或废液，污染水环境，对他人的人身、财产造成损害的，侵权人有责任消除危害，并赔偿直接被侵权人的损失。同时，水资源受到污染，给国家造成环境损害的，可以由行政主管部门代表国家向责任者提出损害赔偿要求。

3. 大气污染

大气污染，是指因自然现象或人为活动使某种物质进入大气而造成其化学、物理、生物或者放射性等方面的特性发生改变，使人们的身体健康和精神状态以及财产等直接或间接遭受破坏或者受到恶劣影响的现象。能够引起大气污染和生态破坏的物质被称为大气污染物。大气污染是人类最常见的环境污染，大气污染侵权行为应当确定两个层次的责任：首先，向大气中排放有害物质污染大气环境的，排放者有责任消除危害；其次，对他人的人身、财产造成直接损害的，排放者应当承担赔偿损失责任。

4. 固体废弃物污染

固体废弃物污染，是指因不适当地排放、扬弃、贮存、运输、使用、处理和处置固体废物而造成的各种环境污染和生态破坏。固体废弃物本身就是污染物，同时还可能造成土壤污染、大气污染和水污染等。

排放、堆放固体废弃物，是一种污染环境的侵权行为，这种侵权行为的特殊之处，可以从两个方面来考察：从实体上看，排放或者堆放固体废物污染环境，对他人的人身、财产造成损害的，排放者一是有责任排除危害，二是应当承担赔偿损失的责任。从程序上看，固体废弃物污染国有土地资源，给国家造成环境、生态损害的，由国家规定的机关或者法律规定的组织向责任者提出损害赔偿要求。

5. 海洋污染

《海洋环境保护法》第120条第1款规定："海洋环境污染损害，是指直接或者间接地把物质或者能量引入海洋环境，产生损害海洋生物资源、危害人体健康、妨害渔业和海上其他合法活动、损害海水使用素质和减损环境质量等有害影响。"

向海洋中排放或者倾倒有害物质，污染海洋环境、生态，并对他人的人身、财产造成损害的，排放者一是应当承担消除危害的责任，二是应当承担赔偿被侵权人损失的责任。同样，对于海洋环境的损害，如破坏海洋生态、海洋水产资源、海洋保护区等，给国家造成环境损害的，国家规定的机关和法律规定的组织可以向责任者提出损害赔偿要求。

6. 能量污染

随着科学技术的发展，能量的污染日益严重。例如，城市高楼大量使用玻璃幕墙，形成光污染；人类活动大量排放温室气体（如二氧化碳），产生温室效应；等等。这些，都是能量污染。能量污染对环境和人类健康有不良影响，也可构成侵权责任。违反法律规定，向环境中排放噪声、电磁波、光波、热能等能量，对他人人身、财产造成损害的，排放者有责任消除危害，并应当承担赔偿直接被侵权人损失的责任。如果向环境中排放的能量未超过国家规定标准，但被侵权人证明其正常的生活、工作和学习受到严重干扰的，排放者有责任消除危害。

7. 有毒有害物质污染

有毒有害物质是指人们在生产或日常生活中使用的，在一定条件下会污染环境、破坏生态、危害人体或者动植物生命和健康的物质。有毒有害物质包括化学物质、农药、放射性物质、电磁波辐射等。

向环境中排放放射性物品、有毒化学品、农药等危险品污染环境，并对他人的人身、财产造成损害的，排放者要承担消除危害的责任，承担赔偿直接被侵权人损失的责任。

8. 环境噪声污染

环境噪声，是指在工业生产、建筑施工、交通运输等社会生产生活中所产生的干扰周围居民生活的声音。环境噪声污染是指所产生的环境噪声超过国家规定的环境噪声排放标准，并干扰他人正常生活、工作和学习的现象。当噪声污染侵权达到一定程度，超过合理限度，有关行为人应当承担侵权责任。

二、环境污染和生态破坏责任的归责原则与构成要件

（一）环境污染和生态破坏责任的归责原则

根据《民法典》，环境污染和生态破坏责任适用无过错责任原则。其理由如下。

第一，环境污染和生态破坏责任的确认适用无过错责任原则是各国立法的通例，采用这一立法例原则，顺应世界侵权责任法的发展潮流，同时也有利于我国民商法与国际民商法的接轨。

第二，适用无过错责任原则，强化了侵权人的法律责任，有利于全社会增强环保意识，强化环境观念，主动履行环保义务，严格控制和积极治理环境污染。

第三，适用无过错责任原则，减轻了被侵权人的举证责任，同时加重侵权人的举证责任，这更有利于保护被侵权人的合法权益。

（二）环境污染和生态破坏责任的构成要件

构成环境污染和生态破坏责任须具备以下三个要件。

1. 须有污染环境、破坏生态的行为

污染环境、破坏生态的行为，是指将废气、废水、废渣、粉尘、垃圾、放射性物

质等有毒有害物质排放或传播到大气、水、土壤等环境中，使环境和生态受到一定程度损害的行为，无论该行为是作为还是不作为，都是污染环境、破坏生态行为。

污染环境和破坏生态行为的表现形式是违反环境保护法律的禁止性规范，未履行环境保护法律赋予的防止环境污染的义务，或者滥用环境保护法律授权的权利。应当注意的是，依据《民法典》第1229条，侵权人即使符合规定，比如排污符合排放标准，但如果造成了损害，也应当承担侵权责任。

2. 须有损害事实

环境污染和生态破坏的损害事实，是指污染环境、破坏生态的行为致使国家、集体的财产和公民的人身财产，以及环境生态受到损害的事实。没有损害事实，不构成环境污染和生态破坏的侵权责任。

在环境污染和生态破坏引发的损害事实中，人身损害是较为常见的损害类型。污染水源、空气等都可能造成大范围的人身损害。同时，污染环境和破坏生态行为所造成的人身损害，多数还具有潜在性和隐蔽性的特点。即被侵害人在开始被侵害时，损害事实并不明显，但随着时间的推移，损害逐渐显露，如人体功能减退、器官早衰等，这种潜在的危害也应属于为人身损害的事实。环境污染和破坏生态造成的财产损害，主要是指财产减少或丧失价值和使用价值，包括直接损失和间接损失。

本章开头的引例1中，虽然某化工厂排放的废水符合国家规定的排放标准，但是造成了环境污染，有损害事实，具备符合环境污染和生态破坏责任的构成要件，应当承担环境污染和生态破坏侵权责任。

3. 须有因果关系

环境污染和生态破坏责任确认的前提之一是，污染环境、破坏生态的行为与损害事实之间存在因果关系。

在环境污染和生态破坏责任的构成要件中，污染环境、破坏生态的行为与损害事实之间的因果关系具有非常重要的地位。环境污染和生态破坏责任适用的是无过错责任原则，即不问过错，在构成要件中无须具备过错要件。因此，只有确定被侵权人的损害事实与污染环境、破坏生态的行为之间具有因果关系，才能够确定侵权责任。

【案例15-1】

某化工公司排放的废水、废气、废渣等对周边环境造成污染，特别是其排放的氨气，造成大片树林、竹林、果树、庄稼枯死，鱼虾不能生存。对此，相关部门出具了现场勘验报告和环境污染情况报告，并提出了损失计算标准。当地居民张某等人据此提起诉讼，请求某化工公司立即停止侵害，赔偿农作物及竹、木等损失，并清除厂内及后山废渣。某化工公司辩称其排污均为达标排放，不应承担赔偿责任。

环境污染和破坏生态责任的构成要件包括污染环境、破坏生态行为，损害事实，以及二者具有因果关系。其中，因果关系的认定是环境污染责任纠纷中的重要问题。环境污染责任系无过错责任，侵权人除举证证明存在法律规定的不承担责任或者减轻责任的情形，以及因果关系不成立外，均应承担侵权责任，因此，本案中排污达标的抗辩理由不成立。

环境污染和生态破坏责任作为一种特殊侵权责任，构成要件中的因果关系的认定，适用因果关系推定规则。《民法典》第1230条规定了环境污染和生态破坏责任的因果关系推定规则，即"因污染环境、破坏生态发生纠纷，行为人应当就法律规定的不承担责任或者减轻责任的情形及其行为与损害之间不存在因果关系承担举证责任"。据此，实践中，环境污染和生态破坏责任的因果关系推定规则包括以下几点。

第一，被侵权人证明存在因果关系的可能性，即环境污染、破坏生态行为与损害事实之间的因果关系在普通情况下存在可能性，其标准是一般人运用一般社会知识经验观察即可知道二者之间具有因果关系。

第二，法官要对因果关系进行推定。原告完成了对因果关系盖然性标准的举证工作后，法官要作出因果关系的推定，即如果无污染环境、破坏生态行为发生，就不会发生这种损害后果；同时要排除其他可能原因，即排除损害事实与污染环境、破坏生态行为之间的其他可能性。判断存在因果关系可能性的标准是运用一般社会知识经验能够观察到，即推定的标准并不是科学技术证明，而是通常标准，也即按照一般社会知识经验判断为可能，在解释上与有关科学结论无矛盾，就可进行推定。

第三，举证责任倒置，由行为人证明污染环境、破坏生态行为与损害事实之间没有因果关系。行为人只要举证证明污染环境、破坏生态行为与损害事实之间无因果关系，就有可能推翻因果关系的推定，从而免除自己的责任。

第四，如果行为人无因果关系的证明是成立的，则推翻因果关系的推定，不构成侵权责任；行为人不能证明或者证明不足的，因果关系推定成立。

行为人举证否认因果关系的存在，主要从以下几个方面考虑：一是无污染行为，损害也会发生；二是他人或者被侵权人存在过错，并且该过错是损害发生的原因，即行为人能够证明损害事实是其他原因造成的，例如侵权人自己的行为或者他人的行为是造成损害的原因，就可以免除或者减轻行为人的侵权责任；三是证明污染环境、破坏生态行为不是损害发生的原因；四是推定具有科学上的矛盾，无法得出这样的结论，据此可以推翻因果关系的推定。

实践中，行为人能证明下列情形之一，即能判断行为与损害之间不存在因果关系。一是未排放可导致损害发生的污染物，或者排放的污染物无导致损害发生的可能性；二是排放可导致损害发生的污染物不在损害发生地或者受害人未接触污染物；三是损害在排放该污染物之前就已经发生。

在环境污染和生态破坏责任的构成要件中，因果关系的认定适用推定规则，同时又给予了行为人举证的机会，使其能够举证证明自己的污染行为与损害后果之间不存在因果关系，从而保护自己的合法权益。

三、环境污染和生态破坏责任的责任方式

我国《民法典》第 179 条规定了承担民事责任的主要方式。《民法典》第 1167 条规定："侵权行为危及他人人身、财产安全的，被侵权人有权请求侵权人承担停止侵害、排除妨碍、消除危险等侵权责任。"在"环境污染和生态破坏责任"中，《民法典》又做了特别规定。第 1229 条规定："因污染环境、破坏生态造成他人损害的，侵权人应该承担侵权责任。"第 1232 条规定："侵权人违反法律规定故意污染环境、破坏生态造成严重后果的，被侵权人有权请求相应的惩罚性赔偿。具体计算方法没有规定，可以参照有关法律规定确定。"第 1234 条规定："违反国家规定造成生态环境损害，生态环境能够修复的，国家规定的机关或法律规定的组织有权请求侵权人在合理期限内承担修复责任。"第 1235 条对损害赔偿的范围和费用做了规定。同时，《环境保护法》《水污染防治法》《大气污染防治法》等与环境保护有关的法律、法规，都把消除危害、赔偿损失作为承担民事责任的主要形式，因此，我国环境污染和生态破坏责任的责任方式主要有消除危害、赔偿损失、修复等。

（一）消除危害

消除危害是指排除可能发生的危害或停止已经发生的环境危害行为，并消除其影响的民事责任方式。消除危害主要适用于已经实施了侵权行为或侵权行为正在造成被侵权人损害的情形，具有防止损害结果的发生或者避免造成更严重的损害后果的功能，是一种积极的、有预防和防止作用的责任方式，在环境污染和生态破坏责任中比较常用。比如，《海洋环境保护法》第 104 条规定："违反本法规定，工程建设项目有下列行为之一，由依照本法规定行使海洋环境监督管理权的部门或者机构责令其停止违法行为、消除危害，处二十万元以上一百万元以下的罚款；情节严重的，报经有批准权的人民政府批准，责令停业、关闭：（一）使用含超标准放射性物质或者易溶出有毒有害物质的材料的；（二）造成领海基点及其周围环境的侵蚀、淤积、损害，或者危及领海基点稳定的。"

（二）赔偿损失

赔偿损失是指侵权人以自己的财产弥补对他人所造成的财产损失的责任方式，这是环境污染和生态破坏责任中最常采用的责任方式。赔偿责任主要适用于侵害行为已经造成了损害的情形。侵权损害赔偿的根本目的是救济损害、补偿损失，使受到损害的权利得到救济。

（三）修复

修复是指通过修复的方式，使被破坏的环境和生态恢复原状。《民法典》第 1234 条规定："违反国家规定造成生态环境损害的，生态环境能够修复的，国家规定的机关

或者法律规定的组织有权请求侵权人在合理期限内承担修复责任。侵权人在期限内未修复的，国家规定的机关或者法律规定的组织可以自行或者委托他人进行修复，所需费用由侵权人负担。"

【案例 15-2】

　　重庆市某综合码头非法侵占长江岸线 400 余米，经专家评估，受损地块生态环境损害价值量化金额为 21 万余元。经当地水利、交通、生态环境等多部门协商、督促，赔偿义务人在拆除原有建筑物进行整改的同时，开展生态环境复绿修复，并通过了专家的验收评估，实现受损生态环境的及时恢复。

四、环境污染和生态破坏责任的免责条件

　　环境污染和生态破坏责任的免责条件，是指根据法律规定，因环境污染和生态破坏致人损害时，侵权人可以不承担责任的事由。该事由通常是由环境污染和生态破坏责任的归责原则和构成要件所决定的，各国立法不尽相同。

　　我国法律规定，环境污染和生态破坏责任的免责事由适用举证责任倒置规则，由行为人自己证明免责事由存在。能够证明的，免除其侵权责任；不能证明的，应当承担责任。根据法律规定，环境污染和生态破坏责任的免责事由主要有以下情形。

（一）不可抗力

　　《民法典》第 180 条规定，因不可抗力不能履行民事义务的，不承担民事责任。《海洋环境保护法》第 116 条规定："完全属于下列情形之一，经过及时采取合理措施，仍然不能避免对海洋环境造成污染损害的，造成污染损害的有关责任者免予承担责任：（一）战争；（二）不可抗拒的自然灾害；（三）负责灯塔或者其他助航设备的主管部门，在执行职责时的疏忽，或者其他过失行为。"只有在侵权人及时采取了合理措施，仍不能避免对海洋环境造成污染损害时，才可以免责。因此，不可抗力构成海洋环境污染的免责条件，须满足两方面的条件，一是仅指不可抗拒的自然原因；二是对不可抗拒的自然灾害及时采取了合理措施仍不能避免损害发生。这种对免责条件的严格限制性规定，有利于保障被侵权人的损害得到赔偿。不过，《水污染防治法》中对不可抗力的规定则没有附加上述条件，该法第 96 条第 2 款规定："由于不可抗力造成水污染损害的，排污方不承担赔偿责任；法律另有规定的除外。"

（二）受害人故意

　　我国《民法典》规定，损害是因受害人故意造成的，行为人不承担责任（第 1174 条）。相关法律中也做了类似的规定，如《水污染防治法》第 96 条第 3 款规定："水污染损害是由受害人故意造成的，排污方不承担赔偿责任。水污染损害是由受害人重大

过失造成的，可以减轻排污方的赔偿责任。"受害人对损害的发生具有故意，表明受害人的行为是损害发生的直接原因，即该损害与侵权人的行为无因果关系，便可免除侵权人的责任，此时侵权人应该对受害人的故意承担举证责任。

（三）其他免责条件

《海洋环境保护法》第116条规定：属于"负责灯塔或者其他助航设备的主管部门，在执行职责时的疏忽，或者其他过失行为"，经过及时采取合理措施，仍然不能避免对海洋环境造成污染损害的，造成污染损害的有关责任者免予承担责任。

五、环境污染和生态破坏责任的诉讼时效

《环境保护法》第66条规定："提起环境损害赔偿诉讼的时效期间为三年，从当事人知道或者应当知道其受到损害时起计算。"《民法典》第188条规定，向人民法院请求保护民事权利的诉讼时效期间为三年；第188条第2款对诉讼时效期间的起算点进行规定——诉讼时效期间自权利人知道或者应当知道权利受到损害以及义务人之日起算。因此，诉讼时效期间的起算条件，除了当事人知道或者应当知道其权利受到损害外，增加了"知道或应当知道义务人"这一条件。

第二节 环境污染和生态破坏责任的特殊责任形态

一、市场份额规则的适用

《民法典》第1231条规定："两个以上侵权人污染环境、破坏生态的，承担责任的大小，根据污染物的种类、浓度、排放量，破坏生态的方式、范围、程度，以及行为对损害后果所起的作用等因素确定。"这一条款，确立了环境污染和生态破坏责任中的市场份额规则。

市场份额规则在环境污染和生态破坏责任中适用的条件是：两个以上的侵权人污染环境、破坏生态，不能确定究竟是谁的污染行为造成了损害后果，但都存在造成损害的可能性。每个可能造成损害的行为人承担按份责任。

【案例15-3】
甲、乙、丙三家公司生产三种不同的化工产品，生产场地的排污口相邻。某年，当地大旱导致河水水位大幅下降，三家公司排放的污水混合发生化学反应，产生有毒物质，致使河流下游丁养殖场的鱼类大量死亡。经查明，三家公司排放的污水分别经过处理且符合国家排放标准。后丁养殖场向甲、乙、丙三家公司索赔。

根据《民法典》第 1231 条的规定，三家公司应按照污染物的种类、排放量等因素承担责任。

二、惩罚性赔偿责任

《民法典》第 1232 条规定："侵权人违反法律规定故意污染环境、破坏生态造成严重后果的，被侵权人有权请求相应的惩罚性赔偿。"这一规定明确了环境污染和生态破坏惩罚性赔偿责任的适用情形。

确认环境污染和生态破坏惩罚性赔偿责任的要件是以下几点：

第一，侵权人实施了污染环境、破坏生态的行为；

第二，侵权人在主观上存在故意，即故意违反法律规定污染环境和破坏生态；

第三，侵权人故意实施的污染环境、破坏生态的行为造成了严重的损害后果，即损害后果要到达"严重"程度。

符合上述条件，被侵权人有权请求侵权人承担相应的惩罚性赔偿责任。《民法典》没有明确规定惩罚性赔偿的计算方法，但我们可以根据《民法典》以及相关法律的规定比照确定。例如《消费者权益保护法》第 55 条规定："经营者提供商品或者服务有欺诈行为的，应当按照消费者的要求增加赔偿其受到的损失，增加赔偿的金额为消费者购买商品的价款或者接受服务的费用的三倍；增加赔偿的金额不足五百元的，为五百元。法律另有规定的，依照其规定。经营者明知商品或者服务存在缺陷，仍然向消费者提供，造成消费者或者其他受害人死亡或者健康严重损害的，受害人有权要求经营者依照本法第四十九条、第五十一条等法律规定赔偿损失，并有权要求所受损失二倍以下的惩罚性赔偿。"比照上述规定的情形，环境污染和生态破坏惩罚性赔偿责任，在赔偿实际损失后，可以考虑再赔偿实际损失 2 倍以下的惩罚性赔偿。

【案例 15-4】

2020 年 5 月至 2023 年 2 月，某汽车零部件有限公司维修人员将装有废水的吨桶运到厂区南侧荒地，并打开吨桶的阀门直接排放废水，废水渗入土内，造成土壤生态环境污染。2023 年 3 月，当地生态环境局和某汽车零部件有限公司共同委托第三方进行评估。第三方评估后，出具了某汽车零部件有限公司污染环境事件生态环境损害评估报告。本次环境污染和生态破坏责任的实际发生费包括清理费用、固体废物处置费用、生态环境损害费用等，合计 19 万余元。当地生态环境局认为某汽车零部件有限公司的违法行为具有主观故意性，并且受污染土壤面积较大，废液长时间渗透到地下的影响难以估量，造成了严重的环境损害，应当适用惩罚性赔偿。经计算，惩罚性赔偿系数为 1.275。

根据上述损害事实及评估意见，2023 年 10 月 19 日，当地生态环境局向某汽车零部件有限公司发出赔偿意见书，与当地人民检察院一同开展生态环境损害赔偿磋商，某汽车零部件有限公司同意赔偿，并签订了生态环境损害赔偿（修复）协议。

三、第三人过错的不真正连带责任

《民法典》第 1233 条规定："因第三人的过错污染环境、破坏生态的，被侵权人可以向侵权人请求赔偿，也可以向第三人请求赔偿。侵权人赔偿后，有权向第三人追偿。"这一规定，不同于《民法典》第 1175 条关于"损害是因第三人造成的，第三人应当承担侵权责任"的一般性规定。《民法典》第 1233 条的规定确立了环境污染和生态破坏责任中第三人过错的不真正连带责任。

适用第三人过错的不真正连带责任的具体规则是：

第一，侵权人和第三人基于不同行为造成一个损害结果，两个行为都是损害发生的原因，而损害事实又是一个损害结果，并不是两个损害结果，这是环境污染和生态破坏责任第三人责任的基本特点。符合这一特点的，才可以适用这一规则。

第二，侵权人和第三人的行为产生的侵权责任，相对于救济被侵权人损害而言，具有同一目的。也就是说，侵权人的环境污染和生态破坏的赔偿责任与第三人的过错赔偿责任，都是为了救济被侵权人遭受的损失，具有同一目的。因此，侵权人和第三人行为产生的不同侵权责任之目的都是救济同一被侵权人的同一损害。

第三，被侵权人选择性行使其享有的不同的损害赔偿请求权，但只能"择一"。即，可以选择向侵权人或者向第三人请求赔偿，而不是向侵权人和第三人同时行使请求权。并且，被侵权人选择的请求权实现之后，其他请求权消灭。

第四，损害赔偿责任归于最终责任人。如果侵权人选择的是第三人，第三人承担的是最终的侵权责任。如果侵权人选择的并不是第三人（即最终责任人），而是侵权人，侵权人此时承担的是"中间责任"，那么承担了赔偿责任的侵权人可以向最终责任人即第三人追偿，第三人应当承担最终责任。

【案例 15-5】

李某驾驶牵引车与某市汽车运输公司所有的重型罐式货车相撞，导致罐式货车所载的一甲胺溶液发生泄漏，造成环境污染。交通事故认定李某承担此次事故的全部责任，重型罐式货车的驾驶员不承担责任。此次交通事故中泄漏的一甲胺溶液有 5.34 吨，对当地鱼塘、农田造成污染。

此案就是第三人（李某）过错产生的不真正连带责任，被侵权人可以向侵权人（某市汽车运输公司）请求赔偿，也可以向第三人（李某）请求赔偿。侵权人赔偿后，有权向第三人追偿。

四、造成生态环境损害的修复责任

生态环境损害修复责任，是指将受到损害的生态环境恢复原状。《草原法》规定的限期恢复植被和《森林法》规定的补种毁坏的树木等，都是修复责任。《民法典》第1234条规定："违反国家规定造成生态环境损害，生态环境能够修复的，国家规定的机关或者法律规定的组织有权请求侵权人在合理期限内承担修复责任。侵权人在期限内未修复的，国家规定的机关或者法律规定的组织可以自行或者委托他人进行修复，所需费用由侵权人负担。"

适用修复责任的规则如下：

第一，违反国家规定造成生态环境损害，生态环境能够修复的，才承担修复责任；

第二，国家规定的机关或者法律规定的组织是请求权人，有权请求侵权人在合理期间内承担修复责任。

环境污染和生态破坏责任是一种特殊侵权责任。法律规定由国家规定的机关或者法律规定的组织代表国家行使赔偿请求权，如生态环境保护政府部门或者环保社会公益组织。例如，《海洋环境保护法》第114条第2款规定："对污染海洋环境、破坏海洋生态，给国家造成重大损失的，由依照本法规定行使海洋环境监督管理权的部门代表国家对责任者提出损害赔偿要求。"该条第3款规定："前款规定的部门不提起诉讼的，人民检察院可以向人民法院提起诉讼。前款规定的部门提起诉讼的，人民检察院可以支持起诉。"

《民法典》第1234条、第1235条中的"国家规定的机关或者法律规定的组织"，与《民事诉讼法》第58条的相关规定基本一致。《民事诉讼法》第58条规定："对污染环境、侵害众多消费者合法权益等损害社会公共利益的行为，法律规定的机关和有关组织可以向人民法院提起诉讼。人民检察院在履行职责中发现破坏生态环境和资源保护、食品药品安全领域侵害众多消费者合法权益等损害社会公共利益的行为，在没有前款规定的机关和组织或者前款规定的机关和组织不提起诉讼的情况下，可以向人民法院提起诉讼。前款规定的机关或者组织提起诉讼的，人民检察院可以支持起诉。"因此，违反法律规定造成生态环境损害的，有权请求侵权人赔偿的国家机关，一般是指国家规定的负有生态环境保护职能的政府有关部门，即生态环境保护的主管部门；法律规定的有关组织，一般是指保护生态环境的社会公益组织；在没有前述机关和组织提前诉讼的情况下，人民检察院可以提起诉讼。

第三，侵权人在合理期限内未履行修复责任的，国家规定的机关或者法律规定的组织可以自行或者委托他人进行修复，所需费用责令侵权人承担。

五、国家规定的机关或者法律规定的组织请求侵权人公益损害赔偿的范围

《民法典》第1235条规定："违反国家规定造成生态环境损害的，国家规定的机关或者法律规定的组织有权请求侵权人赔偿下列损失和费用：（一）生态环境受到损害至修复完成期间服务功能丧失导致的损失；（二）生态环境功能永久性损害造成的损失；（三）生态环境损害调查、鉴定评估等费用；（四）清除污染、修复生态环境费用；（五）防止损害的发生和扩大所支出的合理费用。"

【案例 15-6】

某市公安分局接到某汽车租赁公司报案，称其所属出租车的三元催化器大面积被盗。警方侦查发现，以收售汽车废旧配件为生的熊某，假意租赁汽车、借机盗取共享出租汽车的三元催化器，变卖取财。公安机关侦查完毕后，将案件移送检察院审查起诉。检察机关审查认为，三元催化器是汽车排气系统中最重要的机外净化装置，可以将汽车尾气中排出的几种主要有害物质转变为无害物质，熊某的行为将导致大气污染，损害公共利益，于是将案件线索移送至公益诉讼部门。

2023年11月，某市第一中级人民法院判决熊某赔偿生态环境损害费用72323元，并承担生态环境损害专家咨询评估费用10000元。

每章一练

一、判断题

1. 环境污染和生态破坏责任适用无过错责任原则，是指侵权人主观上没有过错。

（　　）

2. 侵权人违反法律规定污染环境、破坏生态造成严重后果的，被侵权人有权请求相应的惩罚性赔偿。

（　　）

二、多项选择题

1. 环境污染和生态破坏责任的构成要件为（　　）。

A. 污染环境、破坏生态的行为

B. 污染环境、破坏生态的损害事实

C. 污染环境、破坏生态行为与损害事实之间有因果关系

D. 侵权人有主观故意

2. 环境污染和生态破坏责任的免责事由有（　　）。

A. 不可抗力

B. 受害人故意

C. 第三人过错

D. 海洋污染损害是由负责灯塔等助航设备的主管部门在执行职责时的疏忽造成的

三、问答题

1. 在环境污染和生态破坏责任中，如何理解侵权人的举证责任？

2. 如何理解第三人过错造成的环境污染和生态破坏责任？

第十五章习题答案

高度危险责任

知识体系图

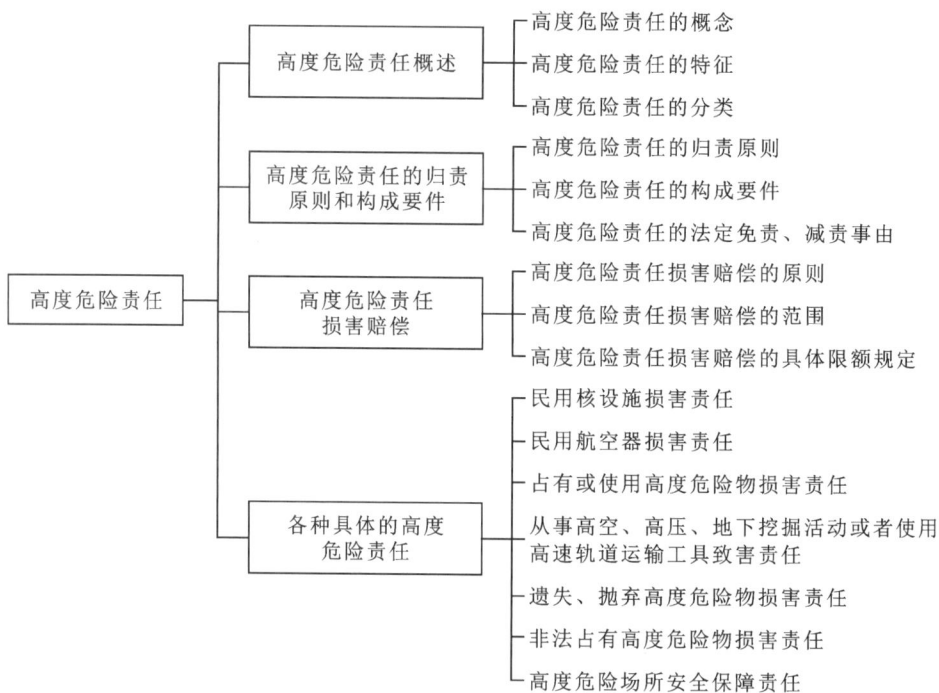

学习目标

掌握高度危险责任的归责原则和构成要件，了解其赔偿的原则；深入理解各种具体的高度危险责任，并能够灵活处理相关法律纠纷。

引例1

杨某持票在某高铁站 23 站台西端下车后，沿第 22 站台向东行至换乘电梯附近并在周围徘徊。随后杨某在列车驶近时，由 22 站台跃下并进入轨道线路，后迅速横穿线路向 21 站台方向奔跑，杨某是越过站台间立柱，于列车车头前横穿线路。列车值乘司机发现有人跃下站台，立即采取紧急制动措施并鸣笛示警。杨某横向穿越轨道，在列车车头前努力向 21 站台攀爬，但未能成功爬上站台。后列车将杨某腰部以下挤压于车体与站台之间，最终杨某死亡。事故发生后，杨某父母与铁路集团公司、高铁站交涉赔偿问题未果，遂向某铁路运输法院提起诉讼。

请思考：铁路集团公司、高铁站需要承担赔偿责任吗？

引例2

　　某市政工程公司负责城市某区域的地下排水管道铺设工程。在挖掘施工时，施工人员因疏忽大意，没有仔细查看地下管线分布资料，误将相邻的通信电缆挖断，导致该区域多个小区的通信中断长达数小时，给居民的生活和工作带来极大不便，同时也给通信运营商造成了经济损失。

　　请思考：该市政工程公司需要对此承担赔偿责任吗？

理论研究

　　科技的发展与工业的不断进步，在推动人类文明前进的同时，也带来了一系列特殊的风险隐患。高度危险作业作为其中典型代表，不可避免地带来了一些难以预估的风险与损害。准确界定、妥善处理高度危险责任问题，不仅直接关系到当事人的切身权益，也关系到司法裁判的公正性与权威性，以及整个社会的安全稳定秩序。深入探究高度危险责任的内涵、特征及其归责原则，切实保障公民、法人的合法权益，维护社会稳定与公平正义具有不可忽视的重要意义。

第一节　高度危险责任概述

一、高度危险责任的概念

　　高度危险责任，是指从事高度危险作业致人损害或者保有的高度危险物致人损害而承担的侵权责任。在现代社会中，随着科技的进步和工业化的进一步发展，人类活动的范围不断扩大、复杂性不断增加，高度危险作业和高度危险物品的使用也日益普遍。

　　高空建筑施工、高压输电设施维修、高速运输工具（如飞机、高铁）维修、核能设施检查等高度危险作业，以及易燃、易爆、剧毒、放射性物品等高度危险物品，为社会带来了巨大的经济利益和便利，但也伴随着较高的风险，一旦发生事故，往往会造成严重的人员伤亡和财产损失。因此，法律对高度危险责任的规定，旨在平衡科技进步与社会安全之间的关系，确保受害者的合法权益得到保护，同时促进相关行业的健康发展。

二、高度危险责任的特征

（一）高度危险责任属于危险责任

危险责任是德国法中的专用术语，大致相当于美国法中的严格责任，通常也被称作无过错责任。在德国法中，危险责任的范围非常宽广，涵盖了动物致害、环境污染、产品责任、铁路或悬浮轨道致害、机动车致害、航空器致害、核技术设施致害、能源设施致害、开挖矿山致害、开发基因技术致害等多种情形。在我国，高度危险责任通常是指高空、高压、高速运输工具等相关的危险作业活动或者易燃、易爆、剧毒、放射性等危险物品致人损害的责任。需要注意的是，我国法律中所说的高度危险责任并不完全等同于国外的危险责任。例如，产品责任、环境污染责任以及饲养动物致害责任在我国一般不被列为高度危险责任，而是作为独立的侵权责任类型加以规范。因此，理解高度危险责任时，必须结合我国法律的具体规定，避免简单地将其与国外的危险责任概念混为一谈。

（二）高度危险责任是因合法行为或合法保有高度危险物品致人损害产生的责任

高度危险责任所规范的高度危险作业是一种合法行为，至少是不为法律所禁止的行为。保有高度危险物也是人类正常生活之必需。现代社会中，许多高度危险活动和物品的存在是科技进步和经济发展的重要标志。例如，核能发电虽然具有极高的危险性，但其为社会提供了清洁高效的能源；高速运输工具虽然可能引发事故，但其极大地提高了运输效率。因此，法律允许这些活动和物品的存在，并赋予其合法性。德国法中，明确区分了"不法"与"不幸"。过错责任以侵权人不法侵害他人的合法权益为前提，而危险责任的基本思想则是对不幸损害进行合理分配，并非对违法行为进行制裁。换句话说，高度危险责任的核心在于对风险的合理分配，而非对违法行为的惩罚。

（三）高度危险责任是一种无过错责任

高度危险责任是一种典型的无过错责任形式。其理论基础在于，从事高度危险活动或保有高度危险物的主体，具有对危险活动或危险物品的控制能力和收益享有权，应当对由此产生的损害承担责任，而无须证明其主观上存在过错。然而，我国侵权责任法中的高度危险责任并不等同于无过错责任。一方面，高度危险责任只是危险责任的一种类型，其他类型的危险责任（如产品责任、环境污染责任）也有其独立的法律规范；另一方面，无过错责任的范围也不限于高度危险责任，还包括一些特殊情形下的侵权责任（如饲养动物致害责任）。因此，在理解高度危险责任时，需要明确其在无过错责任体系中的具体定位，避免将其与其他无过错责任类型混淆。

（四）高度危险责任是自己责任

在高度危险责任中，责任主体通常是相关活动的经营者、物品的占有人或使用人。这些主体是为自己的经营活动承担责任，而不是为其雇员或他人的过错行为承担责任。例如，核设施的运营者对其设施导致的核事故承担责任，高压输电设施的管理者对其高压电线损坏致人损伤事故承担责任。这种责任形式被称为"自己责任"，与替代责任（如监护人责任、用人者责任）存在根本区别。这种责任分配机制体现了法律对风险控制主体的严格要求，同时也符合公平原则，因为责任主体通常是对危险活动或物品具有实际控制力和收益权的一方。

三、高度危险责任的分类

高度危险责任可以根据危险来源的不同分为两类：高度危险作业致人损害的责任和高度危险物致人损害的责任。

（一）高度危险作业致人损害的责任

高度危险作业致人损害责任的危险来源是作业活动本身。例如，高空建筑施工可能导致坠物伤人，高压输电可能导致电击事故，高速运输工具（如飞机、高铁）可能因操作失误或机械故障引发事故。这些作业活动的危险性源于其技术复杂、操作难度高以及具有潜在的破坏力。法律对这类责任的规范，旨在确保作业活动的经营者采取充分的安全措施，降低事故发生的风险，同时确保受害者能够得到及时的赔偿。

（二）高度危险物致人损害的责任

高度危险物致人损害责任的危险性在于物品自身的危险性。例如，易燃、易爆、剧毒、放射性物品等高度危险物，即使在正常使用或储存过程中，也可能因意外事件（如泄漏、爆炸）造成损害。法律对这类责任的规范，要求占有人或使用人对其保有的危险物采取严格的管理措施，防止危险的发生。一旦发生事故，占有人或使用人应承担相应的赔偿责任。

需要注意的是，高度危险作业致人损害的责任和高度危险物致人损害的责任之间并无绝对的区分。例如，我国《民法典》将营运民用核设施致人损害的责任，归入对高度危险作业的责任，而德国法中则将其归入对危险物的责任。同样地，石油、天然气、电力的运输，既可以从营运行为的角度将其归入高度危险作业，也可以从客体（高度危险物）的角度将其定为高度危险物。这种分类上的交叉反映了危险来源的复杂性，也提示我们在具体案件中需要根据实际情况灵活适用法律规范。

第二节　高度危险责任的归责原则和构成要件

一、高度危险责任的归责原则

高度危险责任适用无过错责任原则。无论行为人是否有过错，只要其行为具有高度危险性并造成损害，就要承担责任。这一原则的确立，不仅是法律对高度危险活动风险的合理分配，也是对现代社会复杂风险治理的一种回应。以下是其适用无过错责任原则的主要理由。

（一）开启危险者应当承受其风险

法律允许经营者从事高度危险作业或持有高度危险物，是基于社会发展的需要。然而，法律在允许这些活动的同时，也要求开启危险的主体对其行为可能造成的损害承担责任。这种责任分配机制体现了"风险与收益相一致"的原则，即谁从危险活动中获益，谁就应当承担由此产生的风险。

（二）督促责任主体采取有力措施控制风险

在高度危险作业中，相关经营者和高度危险物保有人最有可能采取措施控制风险。例如，核设施的运营者需要配备先进的安全设备，高压输电设施的管理者需要定期检查线路，高速运输工具的运营者需要严格遵守操作规程。将风险分配给这些主体，可以督促他们投入更多资源用于风险预防，从而降低事故发生率。从经济学角度看，这种安排是合理的，因为责任主体能够以更低的成本控制风险，而将风险分配给单个受害人则可能导致更高的社会成本。

（三）享有其利益者，承受其风险

危险活动的经营者或高度危险物的保有者通常从相关活动中获得直接或间接的经济利益。例如，核能发电企业通过售电获利，高速公路运营公司通过收取通行费获得收益。这些主体能够从危险活动中获益，法律要求他们承担由此产生的风险和损害责任是公平合理的。这种责任分配机制也符合社会契约理论，即享有利益的一方应当承担相应的社会责任。

（四）价格机制和保险制度的分散风险作用

无过错责任原则的实施并不会显著增加责任主体的经济负担，因为其可以通过价格机制和保险制度将风险社会化。例如，核能发电企业可以通过提高电价将部分风险

成本转嫁给消费者，高速公路运营公司可以通过购买高额责任保险将风险分散到整个社会。相比之下，单个受害人往往缺乏足够的经济能力承担重大损害，因此将责任分配给责任主体更符合社会公平原则。

（五）减轻受害人举证负担

在高度危险责任中，受害人通常处于信息劣势，无法了解致害的危险活动或危险物的具体情况。例如，核泄漏事故的受害者可能无法证明核设施运营者的过错，高压电击事故的受害者可能无法证明输电设施管理者的疏忽。无过错责任原则减轻了受害人的举证负担，使他们更容易获得赔偿。这种安排不仅保护了受害人的合法权益，也凸显了社会对弱势群体的关怀。

二、高度危险责任的构成要件

高度危险责任的成立需要具备以下三个构成要件。

（一）从事高度危险作业或管理高度危险物

高度危险作业包括高空、高压、使用高速运输工具等危险作业活动，高度危险物包括易燃、易爆、剧毒、放射性等。这些活动和物品的危险性通常在于其技术复杂、操作难度高以及具有潜在的破坏力。例如，高空建筑施工作业可能导致坠物伤人，高压变电站输电设备可能导致电击伤人事故，核设施可能因泄漏造成环境污染。法律对这些活动和物品的管理有严格要求，责任主体必须具备相应的资质和条件。

【案例 16-1】

宋某与某集团公司建设公司签订了劳动合同书，成为其下属公司的农民季节工。宋某在前往工作现场的路上，看到有一小金属链，于是，拾起并装入裤袋中。之后出现严重不适。至当日下午，某集团公司在原告的床下找到放射源（即原告拣到的小金属链），立即将原告送到化工医院。先后进行了7次手术，后经委托本院技术鉴定处鉴定，结论为原告属一级伤残。宋某将某集团公司告上法庭，法院判决化建公司赔偿宋某医疗费、差旅费、住院补助费、护理费、误工费、代步车费、精神损失费等费用。

（二）造成他人损害

高度危险作业或管理高度危险物品的行为必须已经造成了他人的人身或财产损害。损害包括直接损害（如身体伤害、财产损失）和间接损害（如因事故导致的收入减少）。例如，核泄漏事故可能导致周边居民的身体健康受损；高压电击事故可能导致受害人家属的经济负担增加。法律对损害的认定通常较为严格，要求造成的损害具有现实性和可测量性。

【案例 16-2】

装修工人张某从事室内装修时，路过楼道时不慎踩到了地面上洒落的不明液体，当场滑倒在地。令人没想到的是，导致张某滑倒的液体并非水渍或油污，而是高浓度硫酸，造成其手臂前臂，臀部等接触部位被硫酸严重烧伤，当即被送医治疗。后经查，硫酸系楼上住户李某家所有。事发当天，李某将自家未使用完的一瓶硫酸与其他废品一同放置在楼道内，并联系了一名收废品人员上门回收，但不知是何原因，残存的部分硫酸洒落在楼道地面，致使张某摔倒并烧伤。张某住院治疗十余天，自行支付了大量医疗费用，并于出院后找到李某要求赔偿，但均遭到李某拒绝，于是张某一纸诉状将李某起诉至西固法院。法院判决支持了原告张某的诉讼请求，判令被告李某承担张某因受伤所受的全部经济损失 3 万余元。

（三）损害与高度危险作业或管理高度危险物品的行为有因果关系

受害人所受的损害必须与高度危险作业或管理高度危险物品的行为具有因果关系。这种因果关系通常需要通过科学证据或技术鉴定来证明。例如，在核泄漏事故中，受害者需要证明其健康问题是由核泄漏直接引起的；在高压电击事故中，受害者需要证明事故是由输电设施的管理不善导致的。因果关系的认定是高度危险责任的核心问题之一，直接影响责任的成立。

【案例 16-3】

某公司发现其经营的农业产业园区内出现了塌陷，某煤矿向农业园区发出撤离通知。后农业园塌陷程度愈发严重，园内温室大棚、管理用房、树木等损毁倒塌。因地面塌陷进一步扩大，农业园区停建停产，项目整体报废。经查，某煤矿系某环能公司的分公司。为维护权益，某公司以某煤矿和某环能公司为被告，向省高级人民法院提起诉讼，请求被告承担侵权责任，赔偿农业园区损失。省高院受理该案后委托专业机构对园区塌陷原因进行鉴定，鉴定结论为：农业园区土地塌陷与某煤矿地下采煤存在直接因果关系。故一审法院判决某煤矿赔偿某公司因土地塌陷造成的损失等共计 2.6 亿余元，某环能公司承担连带赔偿责任。

一审宣判后，原被告均向最高人民法院提起上诉。最高人民法院二审判决某煤矿向某公司赔偿各项损失共计 2.7 亿余元，某环能公司承担连带赔偿责任。

三、高度危险责任的法定免责、减责事由

根据我国《民法典》的相关规定，从事高空、高压、地下挖掘活动或者使用高速轨道运输工具造成他人损害的，使用民用航空器造成他人损害，占有或者使用易燃、

易爆、剧毒、高放射性、强腐蚀性、高致病性等高度危险物造成他人损害，未经许可进入高度危险活动区域或者高度危险物存放区域受到损害等情形，可能存在免责、减责事由。能够证明损害是因受害人故意或者不可抗力造成的，侵权人不承担责任，受害人对损害的发生有重大过失的，可以减轻侵权人的责任。

因此，高度危险责任的成立需要排除法定的免责事由，如受害人故意、不可抗力等。比如，如果受害人故意接近高压输电设施并触电，责任主体可能被免除赔偿责任；如果事故是由地震、台风等不可抗力事件导致的，责任主体也可能被免责。受害人对损害的发生有重大过失的，可以减轻侵权人责任，然而，免责、减责事由的适用通常受到严格限制，责任主体需要提供充分的证据证明免责事由的存在。

通过以上分析可以看出，高度危险责任的归责原则和构成要件体现了法律对风险的合理分配，既保护了受害人的合法权益，也促进了相关行业的健康发展。在具体案件中，法律适用需要结合实际情况，综合考虑责任主体的行为、受害人的权益以及社会公共利益。

第三节　高度危险责任损害赔偿

一、高度危险责任损害赔偿的原则

高度危险责任是一种特殊的侵权责任，其特点在于无论行为人是否有过错，只要其高度危险行为或管理的高度危险物造成他人损害，就应承担赔偿责任，除非能证明损害是受害人故意造成的。这一原则体现了对高度危险活动的严格监管和对受害人权益的充分保护。在具体实践中，这一原则不仅保障了受害者的合法权益，也促使从事高度危险活动的主体更加谨慎地履行其义务，从而减少事故的发生。

高度危险责任的赔偿原则主要包括以下几个方面。

（一）无过错责任原则

如前所述，高度危险责任的确认适用无过错责任原则，即无论行为人是否存在过错，只要其从事了高度危险活动或管理了高度危险物，并因此造成了他人的人身或财产损害，就应当承担侵权责任。这一原则的核心在于强调风险分配的公平性。例如，核能发电虽然具有极高的危险性，但其为社会提供了清洁高效的能源，因此法律允许其存在，但要求核设施运营者对其可能造成的损害承担责任。这种安排主要目的是保护了受害者的权益，也能促使核设施运营者采取更严格的安全措施，减少事故发生的可能性。

（二）赔偿限额原则

我国《民法典》第 1244 条规定："承担高度危险责任，法律规定赔偿限额的，依照其规定，但是行为人有故意或者重大过失的除外。"在某些高度危险责任中，法律规定了赔偿限额，即赔偿金额不得超过一定的上限。这一原则旨在平衡行为人的赔偿责任和受害人的损失，避免行为人因承担过重的赔偿责任而陷入困境。例如，在民用航空器事故中，法律规定了对每名旅客的赔偿责任限额。这种限额的设定并不是为了减轻责任主体的负担，而是为了确保责任主体能够通过保险或其他机制分散风险，从而维持其正常运营。同时，法律也允许责任主体通过与受害人协商或购买更高额的保险来提高赔偿限额，以更好地保护受害人的权益。

【案例 16-4】

某航空公司的客运飞机因设备故障，落地时发生事故，导致旅客受伤。根据《民法典》第 1238 条，某航空公司应承担侵权责任，但该责任属于高度危险责任，赔偿金额依法受国家规定限额约束（如每人最高 40 万元）。

不过，如果行为人有故意或重大过失，赔偿金额就可能会突破这个限额。

（三）公平合理原则

在确定高度危险责任损害赔偿金额时，应坚持公平合理的原则，确保赔偿金额与受害人的实际损失相符，同时考虑行为人的经济状况和赔偿能力。这一原则要求在具体案件中，法官或仲裁机构应综合考虑多种因素，如受害人的实际损失、责任主体的经济能力、事故的严重程度等，以确保赔偿金额既能够充分补偿受害人的损失，又不会对责任主体造成不合理的经济压力。例如，在铁路交通事故赔偿中，虽然法律规定了最高赔偿限额，但如果责任主体的经济能力较强，法官可以根据具体情况适当提高赔偿金额，以更好地保护受害人的权益。

二、高度危险责任损害赔偿的范围

高度危险责任损害赔偿的范围主要包括人身损害赔偿、财产损害赔偿以及精神损害赔偿等。这些赔偿类型旨在全面保护受害人的合法权益，确保其因事故所遭受的各种损失能够得到充分补偿。

（一）人身损害赔偿

行为人的高度危险活动或管理高度危险物的行为导致受害人的人身遭受损害时，行为人应承担相应的赔偿责任，包括医疗费、误工费、护理费、交通费、住宿费、住院伙食补助费、必要的营养费以及残疾赔偿金、死亡赔偿金等。

【案例 16-5】

　　一起高压电击事故中的受害者李某可能需要长期住院治疗，责任主体应承担其全部医疗费、护理费、伙食费、营养费等，并根据李某的误工情况赔偿其误工损失。此外，如果事故导致李某残疾或死亡，责任主体还需支付相应的残疾赔偿金或死亡赔偿金，以补偿李某及其家属的经济损失。

（二）财产损害赔偿

　　行为人的高度危险活动或管理高度危险物的行为使受害人的财产遭到损害时，行为人同样应承担赔偿责任。这包括直接财产损失和间接财产损失，如物品损坏修复费用、停产停业损失等。例如，在剧毒化学品泄漏事故中，周边居民的房屋和农田可能受到污染，责任主体应承担修复或赔偿费用。此外，如果事故导致企业停产停业，责任主体还需赔偿企业的经营损失，以确保其能够恢复正常运营。

（三）精神损害赔偿

　　在高度危险责任中，如果受害人的精神健康受到损害，如恐惧、焦虑等导致的精神痛苦，行为人还应承担精神损害赔偿责任。这通常包括精神损害抚慰金等形式的赔偿。例如，在核泄漏事故中，周边居民可能因对核辐射的恐惧而产生严重的心理压力，责任主体应通过支付精神损害抚慰金等方式对其进行补偿。这种赔偿不仅是对受害者的精神安慰，也是对其心理健康的修复和支持。

三、高度危险责任损害赔偿的具体限额规定

　　高度危险责任损害赔偿的限额因具体类型和情况而异。不同类型的事故的危险性和潜在影响不同，法律对其赔偿限额的规定也有所差异。以下是几种常见高度危险责任的赔偿限额规定。

（一）国际航空事故赔偿限额

　　《民用航空法》第 129 条规定，国际航空运输承运人对每名旅客的赔偿责任限额为 16600 计算单位（特别提款权），但旅客可以与承运人书面约定高于此规定的赔偿责任限额。对托运行李或货物的赔偿责任限额为每公斤 17 计算单位。然而，如果行为人有故意或重大过失，则不能依据此赔偿限额进行赔偿。这一规定旨在确保航空运输企业在承担合理赔偿责任的同时，能够通过保险等机制分散风险，维持其正常运营。

（二）核损害赔偿限额

　　根据《国务院关于核事故损害赔偿责任问题的批复》，核电站的营运者和乏燃料贮存、运输、后处理的营运者，对一次核事故所造成的核事故损害的最高赔偿额为 3 亿

元人民币；其他营运者对一次核事故所造成的核事故损害的最高赔偿额为 1 亿元人民币。核事故损害的应赔总额超过规定的最高赔偿额的，国家提供最高限额为 8 亿元人民币的财政补偿。对非常核事故造成的核事故损害赔偿，需要国家增加财政补偿金额的由国务院评估后决定。这一限额的设定反映了核事故的高风险性和潜在的巨大危险。核设施运营者通常需要购买高额责任保险，以确保在事故发生时能够履行其赔偿义务。

（三）铁路交通事故赔偿限额

根据《铁路交通事故应急救援和调查处理条例》，铁路运输企业对每名铁路旅客人身伤亡的赔偿责任限额为人民币 15 万元，对每名铁路旅客自带行李损失的赔偿责任限额为人民币 2000 元。这一限额的设定旨在平衡铁路运输企业的赔偿责任和受害人的损失，确保铁路运输企业能够在承担合理赔偿责任的同时，维持其正常运营。

（四）国内航空事故赔偿限额

根据《国内航空运输承运人赔偿责任限额规定》，国内航空运输承运人对每名旅客的赔偿责任限额为人民币 40 万元，对每名旅客随身携带物品的赔偿限额为人民币 3000 元，对旅客托运的行李和对运输的货物的赔偿限额，为每公斤人民币 100 元。这一限额的设定反映了国内航空运输的特点和风险，旨在确保航空公司在承担合理赔偿责任的同时，能够通过保险等机制分散风险。

（五）海上运输损害赔偿限额

根据《港口间海上旅客运输赔偿责任限额规定》，承运人在每次海上旅客运输中的赔偿责任限额，按照下列规定执行：旅客人身伤亡的，每名旅客不超过 40000 元人民币；旅客自带行李灭失或者损坏的，每名旅客不超过 800 元人民币。这一限额的设定旨在平衡海上运输企业的赔偿责任和受害人的损失，确保海上运输企业能够在承担合理赔偿责任的同时，维持其正常运营。

通过以上分析可以看出，高度危险责任损害赔偿的原则、范围和限额体现了法律对风险分配的合理安排，既保护了受害人的合法权益，也促进了相关行业的健康发展。在具体案件中，法律的适用需要结合实际情况，综合考虑责任主体的行为、受害人的权益以及社会公共利益。

第四节　各种具体的高度危险责任

我国《民法典》侵权责任编第八章是关于高度危险侵权责任的规定，共 9 个条文（第 1236 条至第 1244 条）。"高度危险"包括两种情况：高度危险作业和高度危险物。

第 1236 条规定，从事高度危险作业造成他人损害的应当承担侵权责任。这是一种无过错责任。营运民用核设施（包括运入和运出核设施的核材料。第 1237 条）、营运民用航空器（第 1238 条）以及从事高空、高压、地下挖掘活动或者使用高速轨道运输工具（第 1240 条）造成他人损害的，营运单位（经营者）应当承担无过错责任。占有或者使用高度危险物造成他人损害的，占有人或者使用人承担无过错责任（第 1239 条）。法律对遗失、抛弃高度危险物造成他人损害的侵权责任（第 1241 条）、非法占有高度危险物造成他人损害（第 1242 条）的侵权责任分别做了规定。该章还对不承担责任、减轻责任的事由（第 1237 条后段、第 1238 条后段、第 1239 条后段、第 1240 条后段、第 1243 条）以及赔偿限额（第 1244 条）等做出了规定。

一、民用核设施损害责任

（一）责任主体

民用核设施损害责任的责任主体是民用核设施的营运单位。核设施的营运单位是指依法取得核设施运营许可的企业或机构。这些单位通常需要具备高度的专业技术能力和严格的安全管理措施，以确保核设施的安全运行。例如，核电站的运营者需要配备先进的安全设备和专业的技术人员，以防止核事故的发生。

（二）责任情形

民用核设施或者运入运出核设施的核材料发生核事故造成他人损害的，民用核设施的营运单位应当承担侵权责任。核事故是指核设施运营过程中或核设施的核材料在运入运出过程中发生的意外事件，导致放射性物质泄漏或其他形式的核危害。例如，核电站的冷却系统故障可能导致核泄漏，对周边环境和居民造成严重损害。营运单位需要对这些事故造成的损害承担无过错责任；但是能够证明损害是因战争、武装冲突、暴乱等情形或者受害人故意造成的，不承担责任。

二、民用航空器损害责任

（一）责任主体

民用航空器损害责任的责任主体是民用航空器的经营者。民用航空器的经营者通常是指航空公司或航空器的所有者，这些主体负责航空器的日常运营和安全管理。例如，航空公司需要定期对飞机进行维护和检查，确保其符合安全标准。

（二）责任情形

民用航空器可能因机械故障、操作失误或其他原因发生事故，造成乘客或第三人伤亡或财产损失。民用航空器造成他人损害的，适用无过错责任原则，民用航空器的经营者须承担侵权责任。但是，能够证明损害是因受害人故意造成的，不承担责任。此外，根据相关法律法规，在赔偿方面存在最高限额。

【案例 16-6】

一架飞机在起飞的过程中冲出跑道造成火灾，使得 10 名乘客重度烧伤。航空公司作为飞机的经营者需要对这 10 名受害人承担无过错责任，除非能够证明损害是由受害人故意造成的。

三、占有或使用高度危险物损害责任

（一）责任主体

占有或使用高度危险物损害责任的责任主体是高度危险物的占有人或使用人。占有人或使用人是指实际控制或使用高度危险物品的个人或单位。例如，化工厂的经营者如果储存或使用剧毒化学品，其就属于占有人或使用人。

（二）责任情形

占有或者使用易燃、易爆、剧毒、高放射性、强腐蚀性、高致病性等高度危险物造成他人损害的，占有人或者使用人应当承担侵权责任；但是，能够证明损害是因受害人故意或者不可抗力造成的，不承担责任。被侵权人对损害的发生有重大过失的，可以减轻占有人或者使用人的责任。

高度危险物品的危险性通常源于其物理或化学性质。例如，剧毒化学品可能因泄漏造成人员中毒，易燃物品可能因火灾造成财产损失。占有人或使用人需要对这些物品的管理采取严格的安全措施，以防止事故发生。

【案例 16-7】

于某在一家大排档就餐时，大排档的煤气罐发生爆炸，将包括于某在内的 5 人炸伤，于某等人花费医药费 2 万元。该大排档的经营者作为煤气罐的占有者和使用者，应当对于某等 5 人承担赔偿责任，除非大排档能证明煤气罐爆炸是不可抗力引发的，或是受害者故意引爆的，否则不能免责。

四、从事高空、高压、地下挖掘活动或者使用高速轨道运输工具致害责任

（一）责任主体

从事高空、高压、地下挖掘活动或者使用高速轨道运输工具致害责任的责任主体

为从事高空、高压、地下挖掘活动的经营者。经营者通常指从事高空、高压、地下挖掘活动或使用高速轨道运输工具的单位或个人。例如，建筑公司如果从事高空作业，就属于从事高空、高压、地下挖掘活动或者使用高速轨道运输工具致害责任的责任主体。

（二）责任情形

从事高空、高压、地下挖掘活动或者使用高速轨道运输工具造成他人损害的，经营者应当承担侵权责任。但是，能够证明损害是因受害人故意或者不可抗力造成的，不承担责任。被侵权人对损害的发生有过失的，可以减轻经营者的责任。

这些活动的危险性通常源于其技术复杂性和潜在的破坏力。例如，高空作业可能导致坠物伤人，高压输电可能导致电击事故，地下挖掘可能导致地面塌陷。经营者需要采取严格的安全措施，以防止事故发生。如果事故是因受害人故意或不可抗力造成的，经营者可以免责。本章开头的引例2中，某市政工程公司作为地下管道铺设这一地下挖掘活动的经营者，因施工过程中的过错造成他人（通信运营商）财产权受损，应当承担侵权责任，赔偿通信运营商修复电缆的费用以及因通信中断所遭受的经济损失。

五、遗失、抛弃高度危险物损害责任

（一）责任主体

遗失、抛弃高度危险物损害责任的责任主体为高度危险物的所有人或管理人。所有人是指对高度危险物具有所有权的个人或单位。管理人是指受所有人所托，管理高度危险物的个人或单位。例如，化工厂的所有者如果遗失或抛弃剧毒化学品，就属于责任主体。

（二）责任情形

遗失、抛弃高度危险物造成他人损害的，由所有人承担侵权责任。所有人将高度危险物交由他人管理的，由管理人承担侵权责任；所有人有过错的，与管理人承担连带责任。

遗失或抛弃高度危险物可能导致这些物品被他人非法获取或意外引发事故。例如，剧毒化学品被遗失后可能被不法分子利用，造成严重后果。所有人需要对这些物品的管理采取严格的安全措施，以防止遗失或抛弃。如果所有人将物品交由他人管理，管理人也需要承担相应的责任。

六、非法占有高度危险物损害责任

（一）责任主体

非法占有高度危险物损害责任的责任主体是非法占有人，非法占有人是指未经许可占有或使用高度危险物的个人或单位。例如，盗窃剧毒化学品的犯罪分子属于非法占有人。一定条件下，责任主体还应包括高度危险物的所有人、管理人。

（二）责任情形

非法占有高度危险物造成他人损害的，由非法占有人承担侵权责任。所有人、管理人不能证明对防止非法占有尽到高度注意义务的，与非法占有人承担连带责任。法律之所以这样规定，是因为非法占有高度危险物可能导致这些物品被滥用或引发意外事故。连带责任的规定也是因为高度危险物的危险性极强，需要其所有人、管理人尽到超过理性人应有的注意程度的注意义务，防止发生他人非法占用事件，进而对社会和他人产生不应有的侵害。

【案例 16-8】

孙某盗窃某化工厂的剧毒化学品用于制造毒气报复社会，孙某需要对其造成的损害承担侵权责任。如果该化工厂未能尽到高度注意义务导致化学品被盗，也需要和孙某一起承担连带责任。

七、高度危险场所安全保障责任

（一）责任主体

高度危险场所安全保障责任的责任主体为管理人（在特定情况下）。管理人是指对高度危险场所具有管理职责的个人或单位。例如，核电站的运营者对核设施区域具有管理职责，化工厂的经营者对危险化学品生产、储存区域具有管理职责。

（二）责任情形

未经许可进入高度危险活动区域或者高度危险物存放区域受到损害，管理人能够证明已经采取足够安全措施并尽到充分警示义务的，可以减轻或者不承担责任。

高度危险场所通常是指存在较高风险的区域，如核设施区域、危险化学品储存区域等。管理人需要采取严格的安全措施，如设置警示标志、安装监控设备、限制人员进入等，以防止未经授权的人员进入。如果管理人能够证明已经采取了足够的安全措施并尽到了充分的警示义务，可以减轻或免除其责任。本章开头的引例 1 中，人民法院认为，高铁站作为人流量较大的公共场所，在地面有警示标识、站台有广播提示等情况下，高铁站履行了安全保障与警示义务；且列车值乘司机发现有人跃下站台，立即采取紧急制动措施并鸣笛示警，履行警示义务非常充分。高铁站内的轨道属于高度危险活动区域，杨某未经许可，在高铁站设有安全通道的情况下，横穿线路，造成损害，显然系自身原因引起本次事故发生，杨某依法应负本起事故的全部责任。故驳回原告的诉讼请求。

【案例 16-9】

某烟花爆竹厂在生产区域设置了"禁止烟火"的标志，但没有对进入工厂的门禁进行严格的管理。有一次，附近村民赵某偷偷溜进该厂并在厂区内吸烟，引发了小型爆炸事故，赵某自己也被炸伤。烟花爆竹厂虽然设置了基本的警示标志，但是门禁形同虚设，导致赵某未经许可进入厂区，没有全面履行高度危险场所的安全保障责任，应对赵某的受伤承担相应的责任。而赵某未经允许进入具有高度危险的烟花爆竹厂并在厂内吸烟，导致爆炸事故而受伤，自己也存在过错，应当承担相应的责任。

每章一练

一、单项选择题

1. 某化工厂在生产过程中，因设备故障导致有毒气体泄漏，造成周边居民身体健康受损。关于本案，以下说法正确的是（ ）。

A. 化工厂无须承担赔偿责任，因为设备故障属于意外事件

B. 化工厂应承担无过错责任，因其从事高度危险作业

C. 居民应自行承担损失，因化工厂已尽到安全注意义务

D. 居民应证明化工厂存在过错，才能要求其承担赔偿责任

2. 某核电站因工作人员操作失误，导致放射性物质泄漏，造成周边地区环境污染和居民身体健康受损。关于本案，以下说法正确的是（ ）。

A. 核电站无须承担赔偿责任，因为操作失误属于内部管理问题

B. 核电站应承担过错责任，因其工作人员存在过错

C. 核电站应承担无过错责任，因其从事高度危险作业

D. 居民应证明核电站存在过错，且过错与损害结果之间存在因果关系

二、问答题

1. 有哪些具体的高度危险责任？

2. 高度危险责任损害赔偿的范围有哪些？

第十六章习题答案

饲养动物损害责任

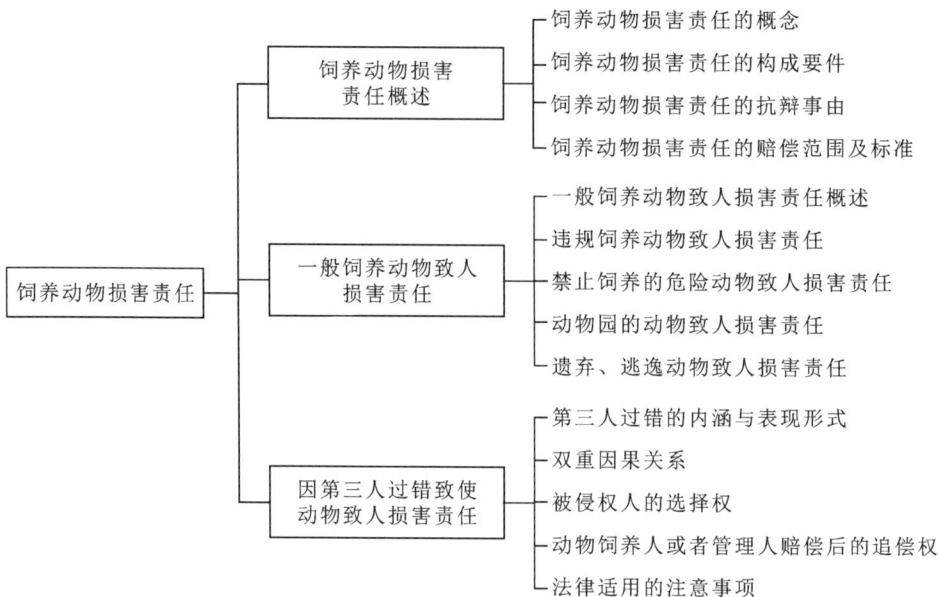

学习目标

　　本章内容围绕饲养动物损害责任展开，这是侵权责任法中特殊侵权责任的重要组成部分，涉及对饲养动物造成他人损害的法律责任认定。掌握本章内容，有助于深入理解饲养动物损害责任的特殊构成要件和归责原则，为处理相关法律纠纷提供坚实的理论基础和实践指导。

引例1

　　黄某养了一只狗看家护院，有一天狗不见了，黄某找了找没有找到，他觉得又不是什么名贵狗就没有再找。三天后，马某称自己的儿子被黄某的狗咬伤，要求黄某赔偿。黄某称自己的狗早就丢失了，自己不承担责任。

　　请思考：黄某的说法正确吗？

引例2

　　小明在小区内玩耍时，看到一只狗被拴在树旁。小明的好友小刚故意用树枝挑逗该狗，狗被激怒后挣脱绳索，咬伤了小明。小明的父母找小刚的父母索赔遭到拒绝，小刚的父母称是狗咬伤了小明，应该找狗主人索要赔偿。

请思考：应该由谁来对小明进行赔偿？

近年来，人民群众物质生活水平日益提高，无论是在城市还是农村，饲养动物的情形越来越常见。《2025年中国宠物行业白皮书（消费报告）》显示，2024年，中国城镇宠物（犬猫）数量超过1.2亿只，饲养动物数量增长的同时，也带来了越来越多的问题，如动物咬人、动物噪声扰民等。为了更好地规范饲养动物行为，《民法典》就饲养动物损害责任进行了详细规定。

第一节　饲养动物损害责任概述

《民法典》侵权责任编第九章对饲养动物损害责任进行了规定，共7个条文（第1245条至第1251条）。第1245条是对饲养动物致损害责任的一般规定。第1246条规定了违反规定未对动物采取安全措施致害责任。第1247条规定了禁止饲养的烈性犬等危险动物造成他人损害的侵权责任。第1248条规定了动物园的动物造成他人损害的侵权责任。第1249条规定了遗弃、逃逸的动物造成他人损害的侵权责任。第1250条规定了第三人过错致使动物造成他人损害的侵权责任承担。第1251条是对饲养动物的行为规范规定。除了动物园需要对其动物造成的他人损害承担过错推定责任外，其他饲养动物造成他人损害的侵权人（动物的饲养人或者管理人、动物的原饲养人或者管理人等）承担无过错责任；有过错的第三人致使动物造成他人损害的，被侵权人可以向动物饲养人或者管理人请求赔偿（无过错责任），也可以向第三人请求赔偿（过错责任）。该章还对不承担责任和减轻责任的若干情况作出了规定（第1245条后段、第1246条后段、第1248条后段）。

一、饲养动物损害责任的概念

饲养动物损害责任是指因饲养的动物造成他人损害，动物饲养人或管理人应当承担的侵权责任。这一责任的法律依据主要是《民法典》的相关规定。

二、饲养动物损害责任的构成要件

饲养动物致人损害责任的构成要件包括以下几个方面。

（一）致害物须为饲养的动物

这里所说的饲养动物是指人们占有或控制的动物。饲养动物的范围广泛，涵盖了人们日常生活中常见的各类宠物和家养动物，如狗、猫、兔子、鸡、鸭等。这些动物与人类生活密切相关，因此受到法律的特别规范。如家庭饲养的宠物狗咬伤他人，就属于饲养动物致人损害的情形。野生动物自然保护区的动物不属于饲养的动物，因此不适用此责任。

（二）须是动物的独立动作

动物的独立动作是指动物自身的动作，而不是受外力驱使或强制实施的。如果动物是在人们的强制或驱使下损害他人的权益，则不属于动物的独立动作，而是属于人的行为，应由行为人承担一般侵权责任。例如，如果某人故意驱使别人的狗去攻击他人，导致他人受伤，这种情况下，狗的行为并非独立动作，而是受人驱使，因此应由驱使狗的人承担侵权责任，而非动物饲养人或管理人承担饲养动物损害责任。

（三）必须存在损害后果

损害后果包括人身损害和财产损害。损害后果与动物加害之间必须有因果关系，即损害后果是由动物的加害行为直接导致的。例如，一只宠物猫抓伤了邻居的孩子，导致孩子皮肤破损并需要接种狂犬疫苗，这就是人身损害的后果；如果宠物猫咬坏了邻居的衣物，这就是财产损害的后果。在司法实践中，确定因果关系通常需要结合具体案情和相关证据进行综合判断。

三、饲养动物损害责任的抗辩事由

饲养动物损害责任的抗辩事由主要包括以下几个方面。

（一）受害人过错

如果动物造成损害是受害人的过错引起的，则动物饲养人或者管理人不承担民事责任。受害人有过错，应当由动物饲养人或者管理人举证证明。

【案例 17-1】

某人故意挑衅一只温顺的狗，导致狗被激怒而咬伤该人。这种情况下，动物饲养人或管理人可以主张受害人存在过错，从而免除自己的赔偿责任。

但需要注意的是，饲养人或管理人必须提供充分的证据证明受害人的过错是损害发生的直接原因。

（二）第三人的过错

如果动物的致害行为是第三人的故意或过失引起的，则由第三人承担全部或部分赔偿责任。在第三人存在过错的情况下，动物饲养人或管理人可以在承担赔偿责任后向第三人的监护人追偿。

【案例 17-2】

邻居的孩子故意挑逗一只被拴住的狗，导致狗挣脱绳索咬伤了路过的人，这种情况下，邻居的孩子作为第三人存在过错，应由其监护人承担相应的赔偿责任。动物饲养人或管理人在先行赔付后，有权向第三人的监护人追偿。

（三）不可抗力

不可抗力是指不能预见、不能避免且不能克服的客观情况。如果动物致害行为是不可抗力引起的，动物饲养人或管理人可以主张免责。但需要注意的是，在不可抗力介入的情况下，如果是出于营业或生计以外的目的饲养的动物致害，则不能免责。

【案例 17-3】

一场突如其来的地震导致一只被圈养的猛兽逃出伤人，这种情况下，饲养人或管理人可以主张不可抗力免责。但如果是饲养人或管理人私自圈养猛兽，且未采取合理的安全措施，导致动物在不可抗力事件中造成损害的，则不能免责。

四、饲养动物损害责任的赔偿范围及标准

饲养动物损害责任的赔偿范围包括人身损害和财产损害两个方面。

（一）人身损害赔偿

人身损害赔偿包括医疗费、误工费、护理费、交通费、住宿费、住院伙食补助费、必要的营养费以及精神损害抚慰金等。具体赔偿数额应根据受害人的实际损失和法律规定进行计算。

1. 医疗费

饲养动物损害责任赔偿的医疗费金额要根据医疗机构出具的医药费、住院费等收款凭证，结合病历和诊断证明等相关证据确定。赔偿义务人对治疗的必要性和合理性有异议的，应当承担相应的举证责任。

受害人因被狗咬伤而住院治疗，其医疗费用包括手术费、药品费、检查费等，这些费用须有明确的医疗发票和病历记录作为依据。

2. 误工费

饲养动物损害责任赔偿的误工费金额要根据受害人的误工时间和收入状况确定。误工时间根据受害人接受治疗的医疗机构出具的证明确定。受害人有固定收入的，误工费按照实际减少的收入计算；受害人无固定收入的，按照其最近三年的平均收入计算；受害人不能举证证明其最近三年的平均收入状况的，可以参照受诉法院所在地相同或者相近行业上一年度职工的平均工资计算。

【案例 17-5】

一位公司职员被狗咬伤住院一周，导致其无法正常上班，公司扣发了其一周的工资，这部分工资损失金额即可作为误工费的计算标准。

3. 护理费

饲养动物损害责任赔偿的护理费金额要根据护理人员的收入状况和护理人数、护理期限确定。如果受害人因伤需要专人护理，亲朋好友等护理人员的收入损失或聘请护工的费用应由赔偿义务人承担。

【案例 17-6】

一位老人被狗咬伤后行动不便，需要家人请假照顾，家人因照顾老人而产生的误工费金额即可作为护理费的计算标准。

4. 精神损害抚慰金

受害人或者死者近亲属遭受精神损害，赔偿权利人向人民法院主张精神损害抚慰金的，适用《最高人民法院关于确定民事侵权精神损害赔偿责任若干问题的解释》予以确定。

【案例 17-7】

一位女性被狗咬伤面部，留下了明显的疤痕，对其心理和精神造成了较大的伤害，她可以主张一定数额的精神损害抚慰金。

（二）财产损害赔偿

财产损害赔偿包括直接损失和间接损失两个方面。

1. 直接损失

直接损失是指饲养动物的加害行为直接导致的财产损失，如被咬坏的衣物、被毁坏的财物等。

【案例17-8】

一只狗咬坏了邻居的沙发，沙发的修复或更换费用即为直接损失，应由动物饲养人或管理人承担赔偿责任。

2. 间接损失

这是指因动物的加害行为造成的可得利益的丧失，如因受伤无法工作而减少的收入等。

【案例17-9】

一位自由职业者因被狗咬伤而住院治疗，导致其无法按时完成手头的工作，从而失去了与客户约定的项目收入。这部分预期收入的损失就是间接损失，可以进行索赔。

通过以上内容可以看出，法律对饲养动物致人损害责任的认定有着明确的规定。在实际生活中，饲养动物的主人应加强对动物的管理，采取必要的安全措施，以避免动物对他人造成损害。一旦发生损害事件，应依法承担相应的赔偿责任，确保受害人的合法权益得到保障。同时，受害人也应了解相关法律规定，合理维护自己的权益。

第二节　一般饲养动物致人损害责任

一、一般饲养动物致人损害责任概述

（一）责任主体

饲养的动物造成他人损害时，动物饲养人或者管理人应当承担侵权责任。饲养人或管理人是指实际控制和管理动物的个人或单位。

【案例17-10】

家庭宠物的主人、动物养殖场的经营者、动物园经营者等都是动物的饲养人或管理人。他们对动物负有管理和控制的义务，应采取安全措施，防止动物对他人造成损害。

（二）免责事由

一般情况下，饲养的动物造成他人损害的，动物饲养人或者管理人承担的赔偿责任需根据具体情况来认定。如果是被侵权人故意或重大过失造成的，动物饲养人或管理人可以不承担或者减轻责任。

小华故意挑衅一只拴在主人院子中的小狗，导致狗被激怒而咬伤自己，这种情况下，动物饲养人或管理人可以主张小华存在过错，从而免除自己的赔偿责任。但需要注意的是，饲养人或管理人必须提供充分的证据证明受害人的过错是损害发生的直接原因。

（三）赔偿范围

一般饲养动物致人损害责任的赔偿对象通常包括人身损害和财产损失两方面，具体赔偿金额需根据实际情况和法律规定进行计算。人身损害赔偿包括医疗费、误工费、护理费、交通费、住宿费、住院伙食补助费、必要的营养费以及精神损害抚慰金等。财产损害赔偿包括直接损失和间接损失，如被咬坏的衣物、被毁坏的财物以及因受伤无法工作而减少的收入等。

（四）法律原则

一般饲养动物致人损害责任适用无过错责任原则，即不以饲养人、管理人的过错为承担侵权责任的要件。这意味着，无论饲养人或管理人是否尽到了合理的注意义务，只要其饲养的动物造成了他人的损害，就应当承担侵权责任。这一原则体现了法律对受害人权益的保护，同时也促使饲养人或管理人更加谨慎地履行其管理义务。

二、违规饲养动物致人损害责任

（一）概念与法律依据

违反规定饲养动物致人损害责任，是指动物饲养人或管理人违反法律、法规、规章等关于饲养动物的规定，未对动物采取必要的安全措施，导致动物对他人的人身或财产造成损害，依法应承担的侵权责任。这一责任的法律依据是《民法典》第 1246 条及其他相关法律法规。

（二）责任构成的要素

1. 违反规定

《民法典》第 1246 条规定："违反管理规定，未对动物采取安全措施造成他人损害的，动物饲养人或者管理人应当承担侵权责任；但是，能够证明损害是因被侵权人故意造成的，可以减轻责任。"因此，违反规定饲养是饲养人或管理人违反了关于饲养动物的相关规定（关于饲养动物的规定，通常由各省、自治区、直辖市以及较大的市的地方立法机关制定），未按照规定对动物进行登记、采取免疫措施、检疫等，或未采取必要的安全措施等的情形。

安全措施包括：不得携带犬只进入市场、商店等公共场所；携犬出户时应束犬链、戴嘴套等；养犬不得干扰他人生活；对犬在户外排泄的粪便应当立即清除；等等。

【案例 17-12】

李某家住某小区，饲养了一只未经登记的宠物狗，且李某遛狗未拴犬链，任其在小区乱跑，导致该犬咬伤他人。李某的行为就属于违反管理规定，未对动物采取安全措施造成他人损害。

2. 动物致害行为

饲养的动物必须实施了导致他人伤害的行为，这是责任构成的客观要件。

【案例 17-13】

一只鹦鹉因饲养人未关好笼子飞走，之后撞坏了邻居家的名贵物件。

3. 损害后果

饲养动物必须造成了可衡量的实质性损失，包括人身损害（如伤害、残疾、死亡）和财产损失（如直接损失和间接损失），才可能构成违规饲养动物致人损害责任。案例17-12中，他人被李某的狗咬伤所花费的医疗费用，以及案例17-13中鹦鹉撞坏他人物件产生的维修费用都属于损害后果。

4. 因果关系

动物致害行为与损害后果之间必须存在必然的关联，即动物的行为是导致损害发生的直接或主要原因。

【案例 17-14】

饲养的宠物咬伤他人的行为直接导致了他人受伤，这种因果关系是显而易见的。

（三）赔偿责任的承担

1. 全面赔偿原则

饲养人或管理人应当承担全面的赔偿责任，包括赔偿医疗费、护理费、交通费、营养费、住院伙食补助费等为治疗和康复支出的合理费用，以及因误工减少的收入。造成死亡的，还应当赔偿丧葬费和死亡赔偿金。

2. 存在减责事由

一般情况下，在违反规定饲养动物致人损害的情况下，饲养人或管理人不存在任何免责事由。但是根据《民法典》第 1246 条，能够证明损害是因被侵权人故意造成的，可以减轻责任。

（四）法律后果

饲养人或管理人违反规定饲养动物致人损害的，除承担民事侵权责任外，还可能面临行政处罚或刑事责任。例如，被处以罚款、没收动物、吊销养犬许可证等行政处罚；情况严重的，如构成犯罪的，还可能被追究刑事责任。

三、禁止饲养的危险动物致人损害责任

（一）概述

禁止饲养的危险动物致人损害责任，是指动物饲养人或管理人违反法律、法规、规章等禁止性规定，饲养烈性犬等危险动物，且这些动物造成他人损害，依法应承担的侵权责任。这一责任制度的设立，旨在保护公民的人身安全和财产安全，维护社会公共秩序和公共利益。禁止饲养的危险动物致人损害责任的法律依据是《民法典》及其他相关法律法规。其中，《民法典》第 1247 条明确规定："禁止饲养的烈性犬等危险动物造成他人损害的，动物饲养人或者管理人应当承担侵权责任。"

（二）责任构成的要素

1. 饲养禁养动物

饲养人或管理人违反了关于饲养动物的相关规定，饲养了法律、法规等禁止饲养的烈性犬等危险动物，是禁止饲养的危险动物致人损害责任的构成要素。如《重庆市禁养烈性犬、攻击性犬种类目录和大型犬标准（试行）的通告》中明确规定，藏獒、拿破仑犬、巴西獒犬、中亚牧羊犬、标准牛头梗等 32 种犬，在一般管理区和重点管理区都要禁养。

【案例 17-15】

　　王某在位于重庆市中心的自家院内饲养了一只藏獒，该藏獒十分凶悍，邻居们路过无不退避三舍。藏獒属于违禁饲养的犬类，王某的行为不当。

2. 动物致害行为

禁止饲养的危险动物必须实施了导致他人伤害的行为，这是禁止饲养的危险动物致人损害责任构成的客观要件。禁养动物因其本身的危险性，更容易对他人造成伤害。案例 17-15 中王某饲养的藏獒如果咬伤了邻居的孩子，就属于致害行为。

3. 损害后果

在确认为禁止饲养的危险动物致人损害责任时，禁止饲养的危险动物必须造成了可衡量的实质性损失，包括人身损害（如伤害、残疾、死亡）和财产损失（如直接损失和间接损失）。这些损害后果是由禁养动物的行为直接导致的。案例 17-15 中王某饲养的藏獒如果咬伤了邻居家的孩子，需要住院治疗，由此产生的高额医疗费用就是损害后果。

4. 因果关系

禁养动物致害行为与损害后果之间必须存在必然的关联性，即动物的行为是导致损害发生的直接或主要原因。比如案例 17-15 中，王某饲养的藏獒如果咬伤邻居家的孩子，孩子的损害就与藏獒的行为之间存在因果关系。

（三）赔偿责任的承担

1. 无过错责任原则

禁止饲养的危险动物致人损害的，饲养人或管理人应当承担无过错责任。这意味着，无论饲养人或管理人在饲养过程中是否存在过错，只要禁止饲养的危险动物造成了损害，他们就必须承担赔偿责任，且必须进行全面赔偿。

2. 不得减轻或免除责任

禁止饲养的危险动物致人损害的情况下，饲养人或管理人不存在任何减轻或免除责任的事由。即使被侵权人存在过错，也不能减轻饲养人或管理人的责任。这是因为饲养禁养动物本身就是一种违法行为，且这种违法行为与损害后果之间存在直接的因果关系。

（四）法律后果

饲养人或管理人违反规定饲养禁养动物致人损害的，除承担侵权责任外，还可能面临行政处罚或刑事责任。例如，被处以罚款、没收动物、吊销养犬许可证等行政处罚；在严重情况下，如构成犯罪，还可能被追究刑事责任。

四、动物园的动物致人损害责任

（一）责任主体与法律依据

动物园的动物致人损害的责任主体是动物园。动物园作为专业的动物管理机构，对动物负有照顾、管理和保护义务。当动物园饲养的动物致人损害时,动物园应承担相应的侵权责任。这一责任的法律依据是《民法典》第 1248 条及相关法律法规。

(二)责任构成的要素

1. 动物园饲养的动物

损害必须是由动物园饲养的动物造成的。这包括动物园内所有种类的动物,无论是猛兽、禽类还是其他类型的动物。比如某市动物园内的一只老虎逃出笼子咬伤了游客。

2. 致人损害的行为

动物园饲养的动物必须实施了导致他人伤害的行为。包括直接的攻击、撕咬等行为,以及动物逃逸后的致害行为。比如某市动物园的老虎咬伤游客的行为直接造成游客受伤。

3. 损害后果

动物园饲养的动物之致害行为必须造成了可衡量的实质性损失,包括人身损害(如伤害、残疾、死亡)和财产损失(如直接损失和间接损失)。比如,游客被动物园老虎咬攻击需要住院治疗,产生的医疗费用和误工损失就是损害结果。

4. 因果关系

动物园饲养的动物的致害行为与损害后果之间必须存在必然的关联性。即动物的行为是损害发生的直接或主要原因。比如动物园的老虎的咬伤行为直接导致了游客的受伤。

(三)责任的判定与承担

1. 过错推定原则

在动物园饲养动物致人损害的案件中,一般采用过错推定原则归责。即如果动物园不能证明自己已经尽到了合理的安全保障义务,就推定其存在过错,应承担侵权责任。动物园需要提供充分的证据证明自己在动物的饲养、管理、保护等方面已经采取了必要的安全措施,并且这些措施是合理、有效的。

2. 免责事由

动物园在以下情况下可以免责:一是能够证明尽到了管理职责,即动物园已经采取了必要的安全措施,并且这些措施是合理、有效的;二是损害是由受害人故意或者重大过失造成的,如受害人主动挑衅动物、擅自进入动物园的禁区等。在这些情况下,动物园可以减轻或免除赔偿责任。

（四）动物园的义务与责任

1. 安全保障义务

动物园作为专业的动物管理机构，应建立健全安全管理制度，加强对动物的管理和保护，确保动物不会对游客造成伤害。动物园应设置明显的警示标志和隔离设施，防止游客与动物直接接触。同时，动物园还应定期对动物进行健康检查和治疗，确保动物处于良好的健康状态。

2. 救助义务

动物园饲养的动物实施致人损害的行为时，动物园应立即采取措施，救治受伤人员，防止损害扩大。动物园还应配合有关部门进行事故调查和处理，提供必要的协助和支持。

3. 教育义务

动物园作为公众科普教育基地，应加强对游客的宣传和教育，提高游客的安全意识和自我保护能力。动物园可以通过设置宣传栏、播放宣传片等方式，向游客普及动物知识和安全常识。

五、遗弃、逃逸动物致人损害责任

（一）责任主体

遗弃、逃逸的动物致人损害时，责任主体通常为动物的原饲养人或管理人。这意味着，即使动物已被遗弃或逃逸，其原饲养人或管理人仍然需要对动物的行为负责。这一规定旨在促使动物饲养人或管理人更加负责任地对待动物，避免动物成为流浪动物并对他人造成伤害。

遗弃、逃逸动物致人损害责任的法律依据是《民法典》及其他相关法律法规。其中，《民法典》第 1249 条规定："遗弃、逃逸的动物在遗弃、逃逸期间造成他人损害的，由动物原饲养人或者管理人承担侵权责任。"这一规定明确了遗弃、逃逸动物致人损害的责任主体。本章开头的引例 1 中，黄某的狗走失后黄某没有积极寻找，三天后马某的儿子被狗咬伤。如果马某有证据证明咬伤人的狗就是黄某丢失的狗，且受害人无过错，那么作为逃逸动物的主人黄某应当赔偿。

（二）责任构成

1. 动物遗弃或逃逸

遗弃、逃逸动物致人损害责任构成的前提之一是，动物必须处于被遗弃或逃逸的状态。这包括动物被主人故意遗弃、因管理不善而逃逸等情形。例如，某人将宠物狗遗弃在公园，或者宠物猫因门未关好而逃逸。

2. 致人损害

遗弃或逃逸的动物必须实施了致人损害的行为，这是遗弃、逃逸动物致人损害责任的重要构成要件。致人损害的行为包括直接的攻击、撕咬等行为，以及动物逃逸后造成交通事故的行为。

【案例 17-16】

被遗弃的狗咬伤了路人，或者逃逸的猫撞上行驶中的车辆导致交通事故，都属于遗弃、逃逸的动物致人损害的行为。

3. 因果关系

遗弃或逃逸动物的行为与损害后果之间必须存在因果关系，即动物的行为是损害发生的直接或主要原因。比如，遗弃的狗咬伤路人，其咬伤行为直接导致了路人的受伤。

（三）归责原则

遗弃、逃逸动物致人损害的案件，一般采用无过错责任归责原则归责。这意味着，无论动物的原饲养人或管理人是否存在过错，只要其遗弃或逃逸的动物造成了他人的损害，就应当承担相应的侵权责任。这一归责原则有助于保护受害人的权益，并促使动物饲养人或管理人更加负责任地对待动物。

（四）责任承担

动物原饲养人或管理人需要承担其遗弃、逃逸动物致人损害而产生的侵权赔偿责任。侵权赔偿责任包括赔偿医疗费、误工费、精神损害抚慰金等（如果造成人身伤害），以及赔偿财产损失或者恢复原状等（如果造成财产损失）。

如果动物饲养人或管理人违反了相关动物管理规定，如遗弃动物或者未采取安全措施导致动物逃逸并致人损害的，还可能面临行政处罚。例如，被处以罚款、没收动物、吊销养犬许可证等。在极少数情况下，如果遗弃、逃逸动物致人损害的行为构成犯罪，如过失致人重伤或过失致人死亡等，动物原饲养人或管理人还可能承担刑事责任。

（五）特殊情况

1. 动物已回归自然

如果遗弃、逃逸的动物已回归自然，变成了野生动物，原饲养人或管理人就无须再承担责任。

2. 动物被他人收留

如果遗弃、逃逸的宠物已被他人收留，并有新的管理者，则应由新的饲养人或管理人承担责任。

3. 受害人过错

如果受害人因与动物接触时没有采取适当的预防措施或者主动挑衅动物造成损害的，可以减轻或免除动物原饲养人或管理人的责任。但这一规定并不适用于所有情况，具体需根据案件具体情况和法律规定来判断。

（六）预防措施

为了避免遗弃、逃逸动物致人损害的情况发生，动物饲养人或管理人应加强对动物的管理和保护。具体措施包括：

第一，建立健全动物管理制度，确保动物不会遗失或逃逸；

第二，对动物进行必要的训练和约束，防止其攻击他人；

第三，可能接触动物的区域设置明显的警示标志和隔离设施；

第四，加强对动物的健康检查和治疗，确保动物处于良好的健康状态。

第三节　因第三人过错致使动物致人损害责任

《民法典》第 1250 条规定："因第三人的过错致使动物造成他人损害的，被侵权人可以向动物饲养人或者管理人请求赔偿，也可以向第三人请求赔偿。动物饲养人或者管理人赔偿后，有权向第三人追偿。"

一、第三人过错的内涵与表现形式

第三人过错是指除动物饲养人、管理人和被侵权人之外的其他人，因故意或过失实施了不当行为，导致动物的内在危险性被激发，从而造成他人损害。这种过错行为通常表现为投喂、挑逗、挑衅动物等。

【案例 17-17】

赵某在小区内故意用石头投掷一只温顺的狗，导致狗被激怒后咬伤他人，这种情况下，赵某就是有过错的第三人。

二、双重因果关系

法律规定的"因第三人的过错致使动物造成他人损害"，包含了两层因果关系。

（一）第三人有过错的行为是激发动物危险性的原因

动物的内在危险之所以表现出来，是由于第三人的过错行为。

【案例 17-18】

赵某故意挑逗一只被拴住的狗，导致狗挣脱绳索咬伤他人，赵某的挑逗行为是激发狗攻击性的直接原因。

（二）动物的"举动"造成了他人的损害

动物的"举动"是造成他人损害发生的原因。

【案例 17-19】

狗在被赵某激怒后咬伤了路人，狗的咬人行为是导致路人受伤的直接原因。

从单纯的条文措辞看，《民法典》第 1250 条规定的第三人的责任不涉及多因一果的情况。如果存在多因一果的情况，还应参考《民法典》第 1172 条等条文，进行综合适用。

三、被侵权人的选择权

被侵权人受到损害，可以向动物饲养人或者管理人请求赔偿，也可以向第三人请求赔偿。

需要注意的是，这两个选择是相互排除的：如果被侵权人选择了向动物饲养人或者管理人请求赔偿，则不能再选择向第三人请求赔偿；反之，如果选择了向第三人请求赔偿，也不能再选择向动物饲养人或者管理人请求赔偿。

动物饲养人或者管理人与第三人不构成共同侵权责任，也不构成按份的侵权责任，因此不能同时选择二者作为被告请求赔偿。

在此等情况下，人民法院通常要告知作为原告的被侵权人其选择权的内容以及正确的行使方式。例如，人民法院会明确告知被侵权人，他们可以选择向动物饲养人或管理人索赔，也可以选择向有过错的第三人索赔，但不能同时选择两者。本章开头的引例 2 中，小明的家长可以选择向狗的主人索赔，也可以选择向小刚索赔。

四、动物饲养人或者管理人赔偿后的追偿权

如果被侵权人选择动物饲养人或者管理人承担赔偿责任，动物饲养人或者管理人应当依据《民法典》第 1250 条规定承担相应的赔偿责任。其承担赔偿责任之后，可以依据该条后半段规定，向有过错的第三人追偿。

如果损害完全是由于第三人的过错造成的，承担了赔偿责任的动物饲养人或者管

理人可向该第三人追偿全部赔偿金额。引例 2 中，如果小明的家长选择向狗的主人索赔，狗的主人在赔偿后，有权向小刚（的家长）追偿全部赔偿金额。

如果损害的一部分是由于第三人的过错造成的，承担了该部分赔偿责任的动物饲养人或者管理人可向该第三人追偿相应部分的赔偿金额。

《民法典》第 1250 条规定的追偿权是单向的，即承担了赔偿责任的动物饲养人或者管理人有权向该第三人追偿赔偿金额。第三人承担了赔偿责任的，无权向动物饲养人或者管理人追偿。因为第三人有过错造成损害，第三人应当对自己的过错行为引起的损害承担责任。这一过错责任是最终的责任，没有追偿、分担的问题。

五、法律适用的注意事项

在实践中，确定第三人过错时需要充分考虑以下几点。

（一）过错行为的认定

必须证明第三人的行为存在故意或过失，并且该行为直接导致了动物的危险性被激发。

（二）因果关系的证明

需要明确第三人的过错行为与动物致害行为之间的因果关系，以及动物致害行为与损害后果之间的因果关系。

（三）责任分配的合理性

在涉及多因一果的情况下，应综合考虑各方的过错程度和责任分配，确保赔偿责任的合理性和公平性。

通过以上内容可以看出，《民法典》第 1250 条对因第三人过错导致动物致人损害责任进行了明确的规定，既保护了被侵权人的合法权益，也确保了责任分配的合理性和公平性。在实际案件中，应根据具体情况进行分析，合理适用相关法律规定。

每章一练

一、单项选择题

1. 甲在小区内散步时，被邻居乙家未拴绳的宠物狗咬伤。关于本案，以下说法正确的是（   ）。

A. 乙无须承担赔偿责任，因为宠物狗只是轻轻咬了甲一下，并未造成严重后果

B. 甲应自行承担损失，因为甲在散步时未注意避让宠物狗

C. 乙应承担赔偿责任，因为乙作为宠物狗的主人，未尽到管理职责

D. 甲应证明乙存在过错，才能要求乙承担赔偿责任

2. 某小区居民丙饲养的宠物猫经常跳出窗户挠伤过往行人。某日，丁路过丙家楼下时被丙家的宠物猫挠伤。关于本案，以下说法正确的是（　　）。

A. 丙无须承担赔偿责任，因为宠物猫是自行跳出窗户的，丙无法控制

B. 丁应自行承担损失，因为丁路过丙家楼下时未注意防范

C. 丙应承担赔偿责任，因为丙作为宠物猫的主人，未尽到管理职责

D. 丁应证明丙存在过错，才能要求丙承担赔偿责任

3. 戊在公园里散步时，被游客己饲养的猴子咬伤。关于本案，以下说法正确的是（　　）

A. 己无须承担赔偿责任，因为猴子是野生动物，无法控制

B. 戊应自行承担损失，因为戊在公园里散步时未注意防范

C. 己应承担赔偿责任，因为己作为猴子的饲养人，未尽到管理职责

D. 戊应证明己存在过错，才能要求己承担赔偿责任

第十七章习题答案

建筑物和物件损害责任

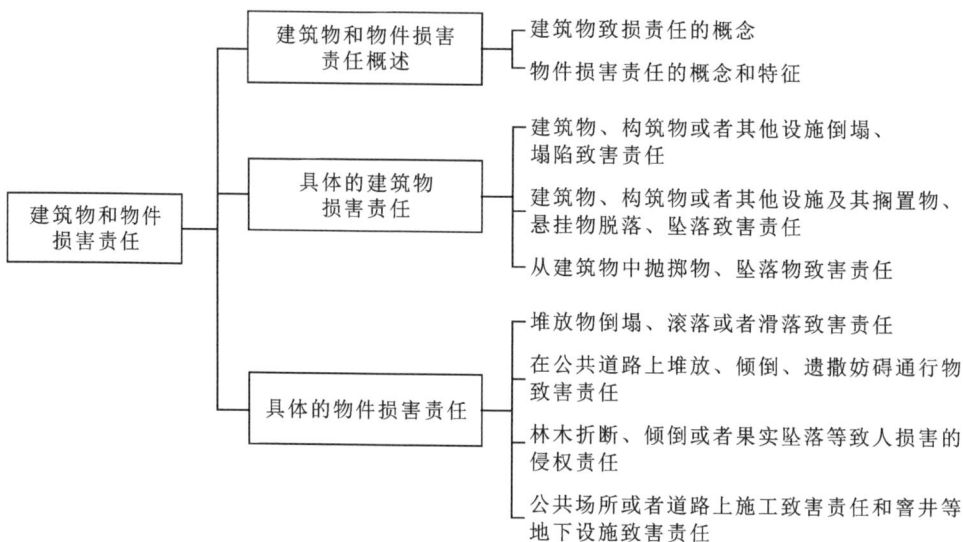

　　学习并理解建筑物和物件损害责任的基本概念，熟悉建筑物和物件损害责任的构成要件。掌握责任主体及其认定，明确建筑物和物件损害责任的主体范围及不同责任主体在不同情形下的责任划分。理解物件致损的具体情形，并通过案例分析，掌握建筑物和物件损害责任的法律适用。通过以上内容的学习，全面掌握建筑物和物件损害责任的法律知识，并具备解决实际问题的能力，为法律实践和理论研究奠定基础。

　　某市一栋老旧居民楼的阳台护栏因年久失修，发生松动。某日，居民张某在阳台上晾晒衣物时，护栏突然脱落，砸中了楼下正在行走的路人李某，导致李某头部受伤住院。经调查，该居民楼的所有人为某房地产公司，实际管理人为某物业公司。

　　请思考：本案中，谁应当对李某的损害承担责任？是居民张某、房地产公司（所有人），还是物业公司（管理人）？

引例2

　　某小区一栋高层住宅的业主王某在阳台上放置了几个花盆。某日，由于大风天气，一个花盆从阳台上坠落，砸中了停在楼下的一辆轿车，轿车车顶严重损坏。经调查，花盆坠落的原因是王某未将花盆固定牢固，且物业公司未及时提醒业主注意高空坠物的风险。

　　请思考：本案中，谁应当对轿车的损害承担责任？

理论研究

　　《民法典》关于建筑物和物件损害责任的规定，共 7 个条文（第 1252 条至第 1258 条）。本章规定的侵权责任大多适用过错推定原则（第 1252 条、第 1253条、第 1255 条、第 1256 条、第 1257 条、第 1258 条）。关于从建筑物中抛掷物品、坠落物品致害责任规则（第 1254 条），要根据各种具体情况细化处理，引入管理人的违反安全保障义务责任，强调公安等机关依法及时调查职责。

第一节　建筑物和物件损害责任概述

一、建筑物致损责任的概念

　　《民法典》侵权责任编第十章对建筑物致人损害的责任与其他物件致人损害的责任进行了规定，笔者沿用我国法律的分类方法，分别阐释建筑物致人损害和建筑物之外的其他物件致人损害的责任。

（一）建筑物损害责任的概念

　　建筑物损害责任是指建筑物、构筑物因质量缺陷或因质量缺陷以外的原因倒塌、坍塌，或建筑物相关其他设施与其搁置物、悬挂物脱落，或从建筑物中抛掷物品、坠落物品而造成他人损害需要承担的侵权责任（《民法典》第 1252 条至第 1254 条）。建筑物损害责任的主体包括建设单位、施工单位或建筑物的所有人、管理人、使用人或第三人。建筑物致损责任在归责方式上适用过错推定责任原则或严格责任原则，属于物件致损责任的重要类别。

1. 建筑物

"建筑物"主要是指房屋，是人工建造的固定在地面，用于居住、生产、储存等的相对封闭空间，如住宅、办公楼、车间、仓库等。"构筑物"是指桥梁、码头、堤坝、隧道、井架、电线杆、路灯、水塔、围坊、纪念碑、雕塑等。"其他设施"指建筑脚手架、起重塔吊、缆车、索道、电线、路标、广告牌、标语牌等。需要注意的是，服务于高空、高压、易燃、剧毒、放射性和高速运输工具作业的某些设施（如高压输电线、高速公路上的设施）不宜被纳入此类"建筑物""构筑物""其他设施"的范畴，因为它们属于高度危险作业的设施，其造成侵权损害时，应当适用不同的法律条文进行归责。

2. 倒塌

根据《民法典》第 1252 条第 1 款，发生损害的原因是建筑物、构筑物或者其他设施倒塌、塌陷。这里的"倒塌"既包括建筑物等完全倒塌，也包括部分倒塌。

3. 塌陷

根据《民法典》第 1252 条第 1 款规定中的"塌陷"，是指建筑物、构筑物或者其他设施垂直陷落。

4. 搁置物、悬挂物

搁置物、悬挂物是我国法律中的独特规定，其并非建筑物的组成部分或者从物，仅仅是搁置、悬挂在建筑物上的物件而已。放置在窗台上的花盆是搁置物，安装在建筑物过道的吊灯是悬挂物。而龙门吊车的吊斗、吊钩是龙门吊车的组成部分，不是悬挂物。因为搁置物、悬挂物与建筑物存在物理联系，可能发生坠落风险，故而与建筑物放在一起进行规范。

5. 脱落、坠落

脱落是指部分与整体相分离并掉落，如玻璃窗的玻璃从窗子框架脱落，建筑物的墙皮包、外墙砖等脱落。坠落一般指从高处向低处掉落，如搁置的花盆从窗台坠落。

6. 他人损害

遭受损害的"他人"是指建设单位、施工单位之外的其他人。建设单位、施工单位及其工作人员因建筑物等倒塌受到人身损害和财产损失，不适用《民法典》第 1252 条的规定承担侵权责任。

二、物件损害责任的概念和特征

（一）物件损害责任的概念

物件损害责任也称物件造成他人损害责任，是指物件的所有人、管理人或者其他主体因其所管领的物件致人损害所承担的侵权责任。其中的"物件"既包括地上物件，如建筑物、构筑物，其他设施及其搁置物、悬挂物，妨碍通行的堆放物，倾倒物、遗撒物，折断倾倒的林木等，也包括地面施工，如未尽注意义务的地面施工致人损害、窨井等地下设施施工致人损害等。物件损害责任并不是对自己的不当行为承担责任，而是对物造成的损害承担责任，因而属于"准侵权行为"责任。

（二）物件损害责任的特征

1. 物件致人损害的基础是物而不是人的行为

物件损害责任是基于物件的特殊危险而产生的一类损害赔偿责任，造成损害的直接原因不是人的行为而是物件危险的实现，如建筑物倒塌、搁置物坠落等。物件损害责任中的人的行为过错，是物件所有人或者管理人违反作为义务，因为物件设置存在缺陷和维护不当而造成损害。如果行为人故意利用物件侵害他人权益，如从建筑物中投掷物品击打他人，则构成一般侵权责任而不是物件损害责任。

2. 物件致人损害原则上适用过错推定责任原则

物件损害责任中物件的危险程度高于一般生活物品，但未达到高度危险物品的危险程度，适用过错推定责任，故一般由物件所有人或者管理人证明自己没有过错，但也存在例外。

第二节　具体的建筑物损害责任

一、建筑物、构筑物或者其他设施倒塌、塌陷致害责任

随着城镇化进程的加速，各类建筑物和设施被大量建造，随之出现了大量工程质量纠纷与部分建筑物倒塌事件，针对这些问题，《民法典》第1252条专门规定了建筑物、构筑物或者其他设施倒塌、塌陷致害责任，以该条第1款对正在建设的建筑物因质量缺陷倒塌致人损害的责任进行规制，以第2款对已经交付的建筑物、构筑物及其他设施倒塌、塌陷致人损害的责任进行规制。要构成建筑物、构筑物或者其他设施倒塌、塌陷致害责任，应当具备如下要件。

第一，致使他人损害的是建筑物、构筑物或者其他设施。建筑物等物件不是动产，而是不动产或附属于不动产的物件。因此，在此种侵权中，致害的物是特定的，这里的建筑物等倒塌致损仅指在建的建筑物与已交付的建筑物等倒塌致人损害的情形。不包括搁置物和悬挂物，仅限于建筑物、构筑物或者其他设施。具体来说，包括三类。一是建筑物。它是指附着于土地之上的，为了人类居住、物品存放等目的而建造的不

动产。二是构筑物。它是指附着于土地之上的，为了其他目的而建造的设施。例如，围墙倒塌属于构筑物损害。三是其他设施。

第二，损害必须是建筑倒塌造成的。建筑物等物件倒塌致人损害的侵害形态是特定的，即建筑物等的"倒塌"。它不仅包括建筑物等的全部倒塌，还包括其部分的倒塌；不仅包括建筑物倒塌，也包括一些附属设施的倒塌。例如，设置在马路边上的大型广告牌，被大风吹倒，砸伤路人。此种情况也应属于该条款适用的范围。如果建筑物有倒塌的危险，但是，没有造成他人损害，则属于排除妨害、消除危险的责任范畴。

（一）在建建筑物等倒塌、塌陷致人损害的责任

1. 在建建筑物等倒塌、塌陷致人损害的责任认定

（1）责任主体。

《民法典》第1252条第1款规定："建筑物、构筑物或者其他设施倒塌、塌陷造成他人损害的，由建设单位与施工单位承担连带责任，但是建设单位与施工单位能够证明不存在质量缺陷的除外。建设单位、施工单位赔偿后，有其他责任人的，有权向其他责任人追偿。"根据此款规定，建筑物、构筑物或者其他设施因"质量缺陷"倒塌、塌陷致人损害的，由建设单位与施工单位承担过错推定责任、连带责任。

建设单位是指具有一定经营资格的，自己建造或委托他人建造建筑物等的法人或其他组织。在我国，有一定规模的经营实体、取得一定的资质等级的建造高层建筑、大型建筑的单位，才可以从事一定的建造活动。法律要求建设单位承担在建建筑物等倒塌、塌陷致人损害的责任，是因为建筑物的倒塌主要是施工过程中未能尽到相关的施工注意义务。建设单位作为最初的建筑物发包方，其参与了施工单位的选择、施工过程的控制等全过程，因此，其应当承担相应的安全施工的法定义务。

所谓施工单位，是指具有合法的施工资质，从事施工活动的法人或其他组织。施工可能由建设单位亲自完成，也可能由建设单位委托的施工单位来完成。如果建造人并非直接实施建造，施工单位就要独立完成建造活动。施工单位是直接从事建筑物建造工作的组织，它虽然不是所有人，但全程参与、控制了建筑物的建造活动。从实践来看，大部分建筑工程质量问题是施工单位没有按照建造设计施工引起的，如偷工减料、以次充好，甚至出现"豆腐渣工程"等。法律要求施工单位承担责任，可以起到督促其按照法律规定严格遵循建筑设计进行施工的作用，从而保障建筑物等的安全。

（2）归责原则。

《民法典》1252条第1款采取了过错推定责任的归责原则，即规定了建设单位与施工单位存在过错，须对此等损害承担连带责任。同时，该条款又规定"建设单位与施工单位能够证明不存在质量缺陷的除外"。其含义是：法律推定建设单位与施工单位有过错，被侵权人无须对其过错举证和证明；但是给予建设单位与施工单位证明自己没有过错的机会，如果其能够证明自己没有过错，则不用承担侵权责任，反之，则需要承担侵权责任。证明没有过错的方法和路径是，证明在建的建筑物等"不存在质量缺

陷"。关于是否存在质量缺陷，应当结合有关建筑质量的法律法规和部门规章、行业标准进行综合判断。这里需要指出的是，建设单位或者施工单位某一方，不能仅单方面证明自己没有过错而主张不承担责任，还需要证明在建的建筑物等不存在质量缺陷才能免除其侵权责任。

（3）建设单位与施工单位承担连带责任。

在建建筑物等倒塌、塌陷致人损害的，由建设单位与施工单位承担连带责任。建设单位和施工单位对外要对被侵权人承担赔偿责任，对内要进行责任分担、清偿等，并按照连带责任的规则（《民法典》第178条）处理。这种规定加重了建设单位、施工单位的责任负担。规定连带责任的正当性在于：建设单位与施工单位在在建建筑物的质量管控方面存在密切的合作关系；被侵权人往往是在获取相关信息、知识等方面处于劣势地位的自然人，规定建设单位与施工单位承担连带责任有利于被侵权人获得损害赔偿。

（4）建设单位与施工单位承担连带责任后的追偿权。

《民法典》1252条第1款进一步规定，建设单位与施工单位赔偿后，有其他责任人的，有权向其他责任人追偿。这里的"其他责任人"包括：其行为导致没有质量缺陷的在建建筑物倒塌的第三人、其行为导致本身有质量缺陷的在建建筑物等倒塌的第三人、对建筑物产生质量缺陷有过错的人，如建筑物的设计人、施工监理人等。

2. 在建建筑物等倒塌、塌陷致人损害的责任构成要件

要构成在建建筑物等倒塌、塌陷致人损害的侵权责任，需要满足以下构成要件。

第一，有质量缺陷的建筑物等倒塌、塌陷。这里的"倒塌、塌陷"不做限定，既包括建筑物、构筑物等的完全倒塌，也包括部分倒塌；而"质量缺陷"包含了导致发生倒塌、塌陷的危险性。

第二，侵权责任的客体"他人"遭受损害，这种损害包含人身损害和财产损害。

第三，具有因果关系。这里有两层因果关系：其一，质量缺陷导致建筑物、构筑物等倒塌、塌陷，质量缺陷是建筑物等倒塌、塌陷的原因，是侵权行为发生的前提条件；其二，建筑物等倒塌、塌陷，导致他人遭受损害，建筑物等倒塌、塌陷是被侵权人损害结果发生的原因。

【案例18-1】

甲为建筑办公楼，委托乙设计图纸后，发包给丙施工建造。交付使用后不久，该办公楼倒塌，死伤数人。经查，倒塌的原因为设计与施工均有缺陷。由建设单位甲与施工单位丙承担无过错责任、连带责任。设计人乙虽有过错，不对外承担责任。甲、丙承担连带责任后，可以向有过错的乙部分追偿。建筑物因质量缺陷倒塌致人损害，大多数都是建设单位与施工单位"偷工减料"造成的，《民法典》第1252条第1款在发挥救济受害人功能的同时，还能发挥良好的指引功能，使建设单位与施工单位不敢偷工减料，减少"楼倒倒""楼歪歪""楼裂裂"发生的概率。

（二）已经交付的建筑物等倒塌致人损害的责任

1. 已交付建筑物等倒塌致人损害的责任认定

《民法典》第 1252 条第 2 款对于已经交付的建筑物致人损害的责任进行了明确规定："因所有人、管理人、使用人或者第三人的原因，建筑物、构筑物或者其他设施倒塌、塌陷造成他人损害的，由所有人、管理人、使用人或者第三人承担侵权责任。"这一条款是对《民法典》第 1252 条第 1 款中"但是建设单位与施工单位能够证明不存在质量缺陷的除外"这一内容的阐明。建筑物、构筑物或者其他设施"非因质量缺陷"，而是已经交付之后，因所有人、管理人、使用人或者第三人方面的"其他原因"倒塌致人损害的情形下，应由所有人、管理人、使用人或者第三人依照法律的规定承担共同责任。对于所有人、管理人、使用人与第三人的责任认定主要有以下区分。

（1）所有人、管理人、使用人。

建筑物建造完成，并交付使用后，建筑物所有人、管理人不当地使用、装修、改建、扩建等也可能造成建筑物等物件倒塌。例如，建筑物所有人将承重墙打断导致建筑物等物件倒塌。因此，应当由建筑物的所有人、管理人、使用人承担责任。

（2）其他造成建筑物倒塌的责任人即第三人。

例如，工人在装修过程中将承重墙损坏而导致建筑物受损的情况下，如果是装修人在工作中的疏忽而导致损害发生的，最终的责任自然应当由装修人承担。

对于已经交付的建筑物等倒塌致损情形的责任认定，《民法典》第 1252 条第 2 款规定，责任主体指该建筑的所有人、管理人、使用人或者有过错的第三人。但本条款没有特别规定适用无过错责任原则还是过错推定责任原则，故应当将本条款规定的侵权责任理解为一般过错责任，即所有人、管理人、使用人或者第三人在有过错的情况下才承担责任，没有过错就不承担责任。其过错应当由被侵权人举证证明。

2. 对于已经交付的建筑物等倒塌致人损害的责任构成要件

对于已经交付的建筑物等倒塌致人损害的责任构成要件包括以下四个。

第一，倒塌、塌陷是交付后发生的，是"非因质量缺陷"导致的。

第二，损害既包括人身损害，也包括财产损失。

第三，损害与建筑物等的倒塌、塌陷之间存在因果关系。

第四，所有人、管理人、使用人存在管理、养护、维修等方面的过失，使得建筑物等具有发生倒塌事故的危险性。

值得注意的是，对于"第三人"而言，其责任构成在原因、结果以及因果关系三方面与上述责任构成相同，但是过错要件的内容则不同。一是对建筑物等的质量缺陷的产生存在过错；二是对建筑物等直接施加了有过错的行为从而导致其倒塌。如驾驶机动车撞击建筑物使其倒塌的情形，《民法典》1252 条第 2 款规定，由第三人承担责任。

【案例 18-2】

　　甲发包给乙建造的 A 高架桥经竣工验收质量合格后投入使用。丙在地铁建设工程中，将部分地下挖掘工程依法发包给有资质的丁公司完成。丁公司的雇员在挖掘过程中因看错图纸，发生挖掘方位与挖掘高度错误，导致 A 高架桥倒塌致数人受伤。构筑物 A 高架桥非因质量缺陷倒塌致人损害，建设单位甲与施工单位乙不承担责任。构筑物 A 高架桥完全是因为第三人丁公司的错误行为倒塌致人损害，根据《民法典》第 1252 条第 2 款，由丁公司承担无过错责任。

　　已经交付的建筑物倒塌，首先应当查清建筑物倒塌的原因，以确定责任主体。如果是建设单位或施工单位的原因造成的，则应当由其负责；而如果是建设单位或施工单位以外的人造成的，则应当由"其他责任人"（所有人、管理人、使用人或第三人）承担责任。但在很多情况下，这些责任人可能都具有过错，此时要考虑哪一方行为是造成损害的主要原因。如果建设单位和施工单位是建筑物倒塌的主要原因，二者要承担连带责任；而如果其他人是建筑物倒塌的主要原因，则应当由其他人承担责任。

二、建筑物、构筑物或者其他设施及其搁置物、悬挂物脱落、坠落致害责任

（一）建筑物等脱落、坠落造成他人损害的责任认定

　　《民法典》第 1253 条规定："建筑物、构筑物或者其他设施及其搁置物、悬挂物发生脱落、坠落造成他人损害，所有人、管理人或者使用人不能证明自己没有过错的，应当承担侵权责任。"此处的责任主体包括所有人、管理人或者使用人。但是需要指出的是，就具体案件而言，责任主体原则上只能是其中之一，不大可能二者或三者同时成为责任主体。所有人、管理人和使用人也鲜有可能对本条规定的责任承担连带责任或者按份责任。如本章开头的引例 1 中，物业公司作为管理人，应承担阳台护栏的维护责任，因此李某的损害应该由物业公司承担；引例 2 中，业主王某作为花盆的所有人未将花盆固定牢固导致其因大风坠落，存在明显过错，须承担主要赔偿责任，物业公司未尽到安全保障义务承担次要补充责任，双方按过错比例分担损失。

（二）建筑物等脱落、坠落造成他人损害的归责原则和构成要件

1. 归责原则

　　建筑物等脱落、坠落造成他人损害的归责原则为过错推定原则：推定所有人、管理人或者使用人有过错，被侵权人无须证明其存在过错。所有人、管理人或者使用人

能够证明自己没有过错的不承担侵权责任；不能证明自己没有过错的，应当承担侵权责任。

"证明自己没有过错"，通常是证明其尽到了法律、法规等要求的注意义务，且尽到了一个"理性人"应当尽到的注意程度。

2. 责任构成要件

《民法典》第1253条规定的侵权责任，需要具备以下要件。

第一，建筑物、构筑物或者其他设施及其搁置物、悬挂物发生脱落、坠落的客观事实。

第二，他人受到损害，包括人身损害或财产损失。"他人"不包括应当承担侵权责任的所有人、管理人或者使用人及其员工等。

第三，他人受到的损害与脱落、坠落之间存在因果关系。

【案例18-3】

甲把房屋出租给乙，但未对维修义务承担问题做约定。租赁期间，一日，屋檐脱落砸伤路过的行人丙。根据《民法典》第712条，屋檐的维修义务应当由甲承担。对丙遭受的损害，房屋所有人如果甲不能证明自己尽到了维护管理等义务，应承担过错推定的责任，房屋使用人乙不承担。

【案例18-4】

甲把房屋出租给乙。租赁期间，一日，大风吹落乙放置于阳台上的花盆，花盆砸伤路过的行人丙。租赁期间，阳台上的花盆由乙负责管护。对丙遭受的损害，由房屋使用人乙承担过错推定的责任，房屋所有人甲不承担责任。

（三）所有人、管理人或者使用人的追偿权

依据《民法典》第1253条的规定，所有人、管理人或者使用人在承担责任赔偿后，若有其他责任人的，可以对其进行追偿。此处的"其他责任人"通常是指两种人：一是其行为造成建筑物、构筑物或者其他设施及其搁置物、悬挂物发生脱落、坠落，并致人损害的人；二是对建筑物、构筑物或者其他设施及其搁置物、悬挂物存在脱落、坠落的隐患有过错的人，如施工单位、设计单位以及维修单位等。

所有人、管理人或者使用人对其他责任人进行追偿时，是全额追偿还是按份追偿，则通常取决于其他责任人的过错以及其过错与建筑物、构筑物或者其他设施及其搁置物、悬挂物发生脱落、坠落造成损害的原因力大小。

三、从建筑物中抛掷物、坠落物致害责任

从建筑物中抛掷物、坠落物致人损害，就是我们通常所说的"高空抛物"致害，是指从建筑物中抛掷物品或者从建筑物上坠落的物品造成他人损害，这种情形往往难

以确定具体侵权人的侵权行为。在我国，随着城市化进程的推进，住宅正向着商品化、高层化发展，城市人口日趋密集，生活空间越来越狭小，高层住宅和办公楼成为城市建设的主旋律，而高楼上的抛掷物、坠落物会对社会公共安全带来严重危害，对他人的合法权益造成严重损害。

因此，为了维持人们正常安全的生活工作环境，高层住宅的每个居民都应当具备一定的社会公德，并尽到注意他人安全的义务。《民法典》第1254条正是基于此目的，以三款条文内容从立法上确立了从建筑物中抛掷物、坠落物造成他人损害的责任制度。其中，第1款是关于从建筑物中抛掷物、坠落物造成他人损害的侵权责任和补偿办法的规定；第2款是对物业服务企业等未尽到安全保障义务的侵权责任的规定；第3款是对公安等机关及时调查、查清责任人的规定。

（一）从建筑物中抛掷物、坠落物致害责任的责任主体

1. 责任主体

《民法典》第1254条第1款规定了高空抛物行为的责任主体，即"从建筑物中抛掷物品或者从建筑物上坠落的物品造成他人损害的，由侵权人依法承担侵权责任"。可见，在发生从建筑物中抛掷物、坠落物造成他人损害的事件时，应当由侵权人依法承担侵权责任。此处的"侵权人"包括：实施抛物行为的人（或者其监护人、用人单位、个人雇主等）；致害物品的所有人、管理人、使用人（或者其监护人、用人单位、个人雇主等）。此处的"依法"则是指依据《民法典》有关条文和其他相关法律的规定。

《民法典》第1254条第1款最后一句进一步规定："可能加害的建筑物使用人补偿后，有权向侵权人追偿。"行使这一追偿权的前提是在案件审理结束且判决得到执行后，查明了真正的侵权人。在此情况下，"可能加害的建筑物使用人"已经支付的补偿，因此需要通过向侵权人追偿来弥补其用于补偿的财产损失。

《民法典》第1254条第2款规定："物业服务企业等建筑物管理人应当采取必要的安全保障措施防止前款规定情形的发生；未采取必要的安全保障措施的，应当依法承担未履行安全保障义务的侵权责任。"从而明确了，未尽必要安全保障措施的物业服务企业也要承担侵权责任。

2. 责任的承担顺序

《最高人民法院关于适用〈中华人民共和国民法典〉侵权责任编的解释（一）》对于《民法典》1254条进一步做了明确补充，即高空抛掷物、坠落物造成他人损害的，具体侵权人是第一责任主体，未采取必要安全保障措施的物业服务企业等建筑物管理人承担顺位在后的与其过错相应的补充责任；无法确定具体侵权人的，未采取必要安全保障措施的物业服务企业等建筑物管理人先行承担与其过错相应的责任。被侵权人其余部分的损害，由可能加害的建筑物使用人给予适当补偿。上述责任主体承担责任后皆有权向将来确定的具体侵权人追偿。

关于责任主体方面的清晰界定，基于对现实中高空抛物案件法律实践的分析与考量。考虑到高空抛物事件的突发性与破坏性，法律应当尽可能地保护被害人利益，让高空抛物案件被害人得以优先获得补偿，避免公共利益进一步受损。

（二）建筑物中抛掷物品、坠落物品致害的归责原则和构成要件

1. 归责原则

《民法典》第1254条规定：从建筑物中抛掷物、坠落物致害责任由侵权人承担，而在无法确定侵权人时，适用过错推定责任原则。在从建筑物中抛物、坠落物致人损害的事件发生，但是经调查没有办法确定侵权人的情况下，人民法院会推定可能加害的建筑物使用人有过错，被侵权人无须证明其存在过错，除非使用人能够证明自己不是侵权人的除外。不能证明的，则由可能加害的建筑使用人及没有采取必要的安保措施的物业公司等建筑物管理人进行具体责任的分担，由未尽到安全保障义务的物业方面即建筑物管理人承担其部分责任，由可能加害的建筑物使用人进行适当补偿，并保有追偿权利。

2. 责任构成要件

构成从建筑物中抛掷物、坠落物致害责任，需要具备以下要件。

第一，发生了从建筑物中抛掷物品或者从建筑物上有物品坠落的客观事实。

第二，他人受到损害，包括人身损害或财产损失。"他人"不包括应当承担侵权责任的物业管理人或者可能加害的使用人等。

第三，他人受到的损害与从建筑物中抛掷物品或建筑物上有物品坠落的客观事实之间存在因果关系。

第四，可以确定侵权人的由法定侵权人承担责任，不能确定的由可能加害的建筑物使用人进行适当补偿责任。

第五，物业服务企业未采取必要的安全保障措施。

（三）公安等机关的调查职责

《民法典》1254条第3款规定："发生本条第一款规定的情形的，公安等机关应当依法及时调查，查清责任人。"这是对公安等机关履行调查职责进行提示的条款，公安等机关应当依法及时调查以查清侵权责任人，促进相关案件的审理，保护被侵权人的合法权益，减少乃至避免"可能加害的建筑物使用人补偿"的适用。

【案例 18-5】

某小区居民李某在楼下散步时，被一高空坠落的陶瓷摆件砸中头部，造成颅脑损伤（花费医疗费10万元）。经公安机关调查，花盆坠落位置为小区3号楼2单元（共20层，每层4户），但因该单元楼未安装高空监控，无法确定具体侵权人。李某遂将3号楼2单元全体80户业主（除已证明事发时家中无

人的 12 户外）及小区物业公司诉至法院，要求承担赔偿责任。根据《民法典》第 1254 条，若查明具体侵权人，由其承担全部责任（如住户 C 被后续证据锁定），物业承担补充责任，若无法查明具体侵权人，则由物业与无法自证清白的 68 户业主进行具体责任分担。若其中住户 A（无花盆且阳台封闭）、住户 B（不在场证明充分）可免责；住户 C 未提供证据，需参与补偿。业主和物业后续可向实际侵权人追偿。

第三节　具体的物件损害责任

传统上，物件损害责任仅限于建筑物、构筑物或者其他设施致人损害，但我国《民法典》在建筑物、构筑物或者其他设施损害责任外，还规定了物件致人损害的多种情形的责任。从致人损害物的种类的角度，物件致人损害可以分为地上物件致人损害责任和施工致人损害责任。地上物件致人损害的情形又包括：建筑物、构筑物或者其他设施致人损害，堆放物倒塌、滚落或者滑落致人损害，在公共道路上堆放、倾倒、遗撒妨碍通行物致人损害，林木折断、倾倒或者果实坠落等致人损害。施工作业致人损害情形包括：公共场所或道路上施工致人损害、窨井等地下设施致人损害。

一、堆放物倒塌、滚落或者滑落致害责任

《民法典》第 1255 条对堆放物倒塌、滚落或者滑落造成他人损害的侵权责任的规定，是我国法律独有的，其立法的理论依据与建筑物等造成他人损害责任的相似。所谓"堆放物"是人工堆积存放之物，日常生活中，常见的堆放物包括堆放的货物、堆放的农副产品、堆放的建筑材料以及堆放的原木、矿石等。堆放物倒塌、滚落或者滑落造成他人损害的侵权责任属于责任人对物造成的损害承担的责任，是"准侵权行为"责任，责任人不是对自己的侵害行为承担责任。

（一）堆放物倒塌、滚落或者滑落致害的责任认定

在对堆放物倒塌、滚落或者滑落造成他人损害的责任进行认定时，应当遵循以下逻辑。

第一，根据《民法典》第 1255 条，堆放物倒塌、滚落或者滑落致害责任通常应当由"堆放人"承担。在此处，堆放人承担的是过错推定责任，也即法律推定其有过错，被侵权人无须对其过错作证明。但是，法律同样也给予了堆放人证明自己没有过错的机会。第 1255 条同时规定，堆放人如果能够证明自己没有过错就无须承担侵权责任，如果不能证明自己没有过错则应当承担侵权责任。

第二，《民法典》第 1255 条并没有规定"代负责任"和追偿权等，一旦认定堆放

人没有过错就应当直接确认其不承担责任。如果损害是由第三人的过错造成的，则被侵权人应当依照《民法典》第1175条另行起诉，请求第三人承担侵权责任。如果是被侵权人自己故意或者过失造成损害的，则不能请求他人赔偿损失。堆放物倒塌、滚落或者滑落造成他人损害，堆放人不能证明自己没有过错的，由堆放人承担侵权责任。

堆放人是指自己或者指示其工作人员（雇员）等设置堆放物的人。堆放人可以通过以下方式和路径证明自己没有过错：设置堆放物不违反法律、行政法规、部门规章等的禁止性规定，是其有权实施的行为；物品堆放的选址没有过错；物品堆放的规模、结构、方式等方面没有过错；堆放物的管理、维护、警示等方面没有过错。

（二）堆放物倒塌、滚落或者滑落致害责任的构成要件

构成堆放物倒塌、滚落或者滑落致害侵权责任，需要符合以下要件。

第一，堆放物倒塌、滚落或者滑落。堆放物由于其自身的重量、堆积高度积累的势能以及结构的松散性，而具有内在危险性。此等危险性一旦以倒塌、滚落或者滑落的方式爆发出来，就可能造成损害。

第二，被侵权人受到损害，包括人身损害和财产损失。

第三，被侵权人受到的损害与堆放物倒塌、滚落或者滑落之间存在因果关系。

第四，堆放人有过错。在过错推定的情况下，法律推定堆放人有过错。其被认定的过错是承担侵权责任的构成要件之一。

二、在公共道路上堆放、倾倒、遗撒妨碍通行物致害责任

（一）在公共道路上堆放、倾倒、遗撒妨碍通行物致害的责任认定

《民法典》第1256条规定："在公共道路上堆放、倾倒、遗撒妨碍通行的物品造成他人损害的，由行为人承担侵权责任。"同时明确了不能证明已经尽到清理、防护、警示等义务的公共道路管理人也应当承担责任——"公共道路管理人不能证明已经尽到清理、防护、警示等义务的，应当承担相应的责任。"在进行责任认定时，需对以下概念进行了解和区分。

第一，这里的"公共道路"是指国家或者集体所有的，开放供公众使用的道路。民事主体私有的专用道路，以及国有、集体所有的专用道路，不属于公共道路。只有在公共道路上堆放、倾倒、遗撒妨碍通行的物品造成他人损害的，才适用《民法典》第1256条的规定。

第二，"行为人"是指在公共道路上堆放、倾倒、遗撒妨碍通行的物品的人。值得注意的是，法律规定行为人承担侵权责任，不是因为其在公共道路上堆放、倾倒、遗撒物品，而是因为此等物品妨碍了通行。

第三，"造成他人损害"是指对正常通行起到妨碍作用的堆放物、倾倒物、遗撒物造成他人损害。"他人"则是指《民法典》第1256条规定的行为人、管理人（及其工作人员）之外的任何使用公共道路的第三人，常见的损害主要是交通事故损害。

（二）在公共道路上堆放、倾倒、遗撒妨碍通行物致害的归责原则和责任构成要件

1. 归责原则

《民法典》第1256条没有直接规定行为人的侵权责任的归责原则，但学界一般认为应适用过错责任原则，即行为人有过错才承担责任。过错主要体现在故意以堆放、倾倒的方式设置道路障碍，而遗撒则是过失制造了道路障碍。不能证明自己没有过错的公共道路管理者也应当承担侵权责任。该条规定是因为，如果妨碍通行的是倾倒物或遗洒物，有时会难以查明倾倒人或遗洒人，故将公共道路管理者纳入责任主体范围。此外《道路交通事故损害赔偿解释》第7条也做了相应规定，即道路管理者不能证明已按照法律、法规、规章的规定，或者按照国家标准、行业标准或者地方标准尽到安全防护、警示等义务的，应当承担相应的赔偿责任。

2. 责任构成要件

在公共道路上堆放、倾倒、遗撒妨碍通行物致害责任的承担方式主要是损害赔偿，其责任的确定需要具备以下构成要件。

第一，在公共道路上堆放、倾倒、遗撒了妨碍通行的物品，此等物品具有妨碍通行、造成损害的内在危险性。

第二，他人受到损害，包括人身损害和财产损失。

第三，他人受到的损害与在公共道路上堆放、倾倒、遗撒妨碍通行的物品之间存在因果关系。

第四，侵权人（行为人）有过错（基于行为违法认定）。

【案例18-6】

甲公司的油罐车发生泄漏，运输的润滑油被遗撒在高速公路上。公路管理部门乙公路段的管理人见状未采取任何措施。遗撒的润滑油引发连环追尾事故。法院判定，遗撒人甲公司承担过错推定责任；公共道路管理人乙承担过错推定责任；甲、乙均不能证明自己没有过错，甲、乙承担按份责任。本案中的甲公司将润滑油遗撒在高速公路，为行为人；乙公路段作为管理人如不能证明自己已经尽到清理、防护、警示等义务的，也应当在自己的范围内承担侵权责任。

三、林木折断、倾倒或者果实坠落等致人损害的侵权责任

《民法典》1257条规定了"林木折断、倾倒或者果实坠落等致人损害"的侵权责任，并明确规定由林木的所有人、管理人承担相关的侵权责任。本条规定中的林木包括自然生长和人工栽植的林木。例如，风雨交加所导致的大树倾倒，砸坏路边停放的机动车；脱落的干枯树枝折断砸伤路人；果树的果实脱落造成行人损害。

（一）林木折断、倾倒或者果实坠落等致人损害的归责原则

《民法典》第1257条的规定明确了本条文侵权责任的归责原则，即过错推定责任原则。也就是说，折断、倾倒的林木或坠落的果实之林木所有人、管理人只有在有过错的情形下才承担侵权责任，没有过错则不承担侵权责任。被侵权人无须对所有人或者管理人的过错进行举证证明。

在推定过错的同时，法律给予所有人或者管理人证明自己没有过错的机会。如果能证明自己没有过错，就不承担侵权责任；反之，如果不能证明自己没有过错，则应当承担侵权责任。证明自己没有过错就是证明自己尽到了合理的注意义务，具体如下：

第一，所有人或者管理人是在特定的地点种植林木，没有过错，不违反禁止性规定。

第二，所有人或者管理人尽到了养护、管理职责，如及时清除干枯树枝或者病害的危险树干，及时采摘成熟果实。

第三，遇到不可抗力或者恶劣天气，地质灾害后，所有人或者管理人做出了及时和适当的处理。

第四，对第三人造成的某种危险情形进行了及时处理和警示。同时还需注意，在不同区域、不同性质的场所，所有人或者管理人应当尽到的注意义务的程度是不一样的，应具体结合实际环境来确定。

（二）林木折断、倾倒或者果实坠落等致害的责任构成要件

折断、倾倒的林木以及坠落果实的林木所有人承担《民法典》第1257条规定的侵权责任（主要是损害赔偿责任），需要具备以下构成要件。

第一，存在林木折断、倾倒或者其果实坠落的事实。

第二，被侵权人受到损害，包括人身损害和财产损失。

第三，林木折断、倾倒或者其果实坠落是损害发生的原因，二者之间存在因果关系。

第四，所有人或者管理人有过错。法律推定所有人或者管理人有过错，且所有人或者管理人不能证明自己没有过错。

【案例18-7】

孙某在某城市公园内散步时，一棵树龄约30年的槐树因内部遭虫蛀腐朽突然折断，将其砸成重伤（医疗费15万元、伤残赔偿金30万元）。经查，该树木由公园管理处管理，近3年未进行病虫害防治及加固维护，且未设置安全警示标志。孙某起诉公园管理处，要求赔偿全部损失。根据《民法典》第1257条，公园管理处作为管理人，若不能证明已履行日常巡查、维护义务，则推定其存在过错。本案中，管理处无法提供近3年树木检查记录或虫害防治证据。树木折断是长期虫蛀导致的，与管理疏漏直接相关，非突发不可抗

力所致。免责抗辩无效，虫蛀属于可预见、可防范的风险，管理人未及时处理构成过错，不能以自然原因为由免责。

四、公共场所或者道路上施工致害责任和窨井等地下设施致害责任

《民法典》第1258条规定了公共场所或者道路上施工致害责任和窨井等地下设施致害责任。其中，根据条文设置的逻辑，该条第1款规定了地面施工致害责任，即因在公共场所或者道路上挖掘、修缮安装地下设施等行为，造成他人损害的，由未尽警示义务的施工人承担相关责任；第2款规定了地下设施致害的管理人责任，即因下水道井盖、地下光纤井盖等地下窨井设施破损，造成他人损害的，由管理人承担相关责任。

（一）地面施工致人损害责任

1. 地面施工致人损害的责任认定

《民法典》第1258条第1款规定："在公共场所或者道路上挖掘、修缮安装地下设施等造成他人损害，施工人不能证明已经设置明显标志和采取安全措施的，应当承担侵权责任。"

关于该条款规定的侵权责任，在理论界一直存在争议，其核心焦点在于该责任究竟应归属于行为责任范畴，还是应界定为物造成损害的责任。从立法安排看，将其放在"建筑物和物件损害责任"一章，表明立法者倾向于认为此等侵权责任属于物件损害责任。但是，在此等案件中，造成损害的往往不是某个特定的处于稳定状态的物而是施工人的具体行为。这种行为在人的行为性质上与"高度危险作业"行为有相似之处，不同的是此处规定的侵权行为危险性低一些。造成损害的原因很难归咎于物件的内在危险，而更容易解释为施工人的不当行为。所以，学理上也可以将此等侵权责任理解为施工人的行为责任。

2. 地面施工致人损害的归责原则

一般认为，《民法典》第1258条第1款规定，施工人有过错的承担侵权责任，没有过错的不承担侵权责任。由于法律设定了施工人的安全保障义务，施工人违反安全保障义务即被认定为有过错，应当承担侵权责任。施工人能够证明已经设置明显标志和采取安全措施的，施工单位无过错，不承担责任。在此要着重注意其中的"和"字，即施工人证明自己没有过错的路径和方法是同时证明"已经设置明显标志"与"已经采取安全措施"，二者缺一不可。

3. 地面施工致人损害的责任构成要件

《民法典》第1258条第1款规定的侵权责任主要是损害赔偿责任，需要具备以下要件。

第一，存在施工行为，即在公共场所或者道路上做出挖坑、修缮安装地下设施等行为。

第二，被侵权人受到损害，包括人身损害和财产损失，但是不包括施工人及其工作人员、雇员等受到的损害。

第三，事故行为与被侵权人受到的损害之间存在因果关系。

第四，施工人有过错，没有"设置明显标志和采取安全措施"。

【案例 18-8】

王某在某超市购物时，货架上一箱未固定好的红酒突然坠落，致其右臂骨折（医疗费 3 万元）。经查，员工张某补货时操作疏忽未锁紧固定装置，且超市未定期检查货架安全性。王某将超市诉至法院，要求赔偿全部损失。根据《民法典》第 1258 条第 1 款，行为人因过错侵害他人民事权益的，应当承担侵权责任。本案中，张某未固定红酒的行为直接导致货架坠落，与王某受伤存在直接因果关系。张某作为专业人员未尽合理注意义务，存在明显过失；超市未履行货架安全检查职责，属于管理过错。因此员工张某的职务行为后果应由用人单位（超市）承担，超市需赔偿王某全部损失，事后可向张某追偿。

（二）地下设施管理人责任

1. 地下设施致害的管理人责任认定

《民法典》第 1258 条第 2 款规定："窨井等地下设施造成他人损害，管理人不能证明尽到管理职责的，应当承担侵权责任。"窨井等地下设施致人损害，通常是指下水道井盖、地下光纤的施工井盖等破损、丢失，导致行人、非机动车、机动车跌入、跌落、倾覆而遭受人身损害或财产损害的。窨井等地下设施造成他人损害的，应当由相应的管理人承担责任。管理人是指对地下设施负有管理职责的单位或者个人。管理人与所有人可能是同一人。如果管理人与所有人为不同的主体，则侵权责任由管理人承担。如果不存在明确的管理人或者无法确认管理人的，则所有人被认为是管理人，由其承担侵权责任。

2. 地下设施致害责任的归责原则

地下设施致害责任的归责适用过错推定责任原则，管理人不能证明尽到管理职责的，应当承担侵权责任。依据这一规定，被侵权人无须对管理人的过错进行举证证明。法律推定管理人有过错，但是给予其证明自己没有过错的机会。管理人如果能够证明自己没有过错，则不承担侵权人。管理人证明自己没有过错的方法和路径是证明尽到了管理职责，包括达到了法律法规、部门规章和行业规定等要求的管理标准，尽到了作为"理性人"的管理人应尽的注意义务。

3. 地下设施致害责任构成要件

地下设施致害责任的确定，需要符合以下构成要件的要求。

第一，窨井等地下设施存在造成他人损害的内在危险性。

第二，他人受到损害，包括人身损害和财产损失。他人是指管理人（及其工作人员、雇员等）之外的任何第三人。

第三，他人受到的损害与窨井等地下设施存在的内在危险性之间有因果关系。

第四，管理人有过错。法律推定管理人有过错，且其不能证明其已经尽到了管理职责。

【案例 18-9】

2025 年 7 月张某晚间步行回家时，因小区内一处窨井盖缺失且未设置警示标志，不慎跌入井中，造成腰椎骨折（医疗费 8 万元、误工费 2 万元）。该窨井由某物业公司负责日常维护，其最近一次检修记录为 2024 年 12 月，未显示窨井盖异常。张某起诉物业公司要求赔偿全部损失。根据《民法典》第1258 条第 2 款，物业公司虽提供定期检修记录，但自 2024 年 12 月至事发时已逾 7 个月未进行维护，且未采取临时警示措施，未能证明已尽到"必要且及时"的管理义务。根据同类判例，窨井盖等设施应至少每月检查一次，特殊天气后需复查。此外，张某摔伤直接因窨井盖缺失引发，二者存在直接因果关系；物业公司长期疏于维护，过错明显，且未举证证明损害系第三人破坏或不可抗力所致，由物业公司承担全部赔偿责任。

每章一练

一、判断题

1. 建筑物和物件致损责任适用无过错责任原则，即责任人无论是否有过错，均应承担赔偿责任。　　　　　　　　　　　　　　　　　　　　　　（　　）

2. 建筑物和物件致损责任仅适用于建筑物本身，不包括建筑物外的悬挂物或搁置物。　　　　　　　　　　　　　　　　　　　　　　　　　　　（　　）

二、单项选择题

1. 下列哪一情形不属于建筑物和物件致损责任的适用范围？（　　　）

A. 建筑物外墙瓷砖脱落致人受伤

B. 高空抛物致人损害

C. 地震导致房屋倒塌致人损害

D. 广告牌坠落砸坏车辆

2. 某小区物业公司未及时修复松动的路灯，导致路灯坠落砸伤行人。责任主体应为（　　）。

A. 行人自己
B. 物业公司
C. 小区业主委员会
D. 路灯制造商

3. 高空抛物致损案件中，若无法确定具体侵权人，可能的责任承担方式是（　　）。

A. 由受害人自行承担损失
B. 由整栋楼的业主共同补偿
C. 由物业公司全额赔偿
D. 由公安机关负责赔偿

4. 某建筑工地脚手架倒塌，导致路人受伤。责任主体应为（　　）。

A. 施工单位
B. 脚手架制造商
C. 路人自己
D. 城市规划部门

5. 根据《最高人民法院关于适用〈中华人民共和国民法典〉侵权责任编的解释（一）》，高空抛掷物致人损害且无法确定具体侵权人时，责任承担顺序为（　　）。

A. 物业公司承担全部责任，住户无须补偿

B. 物业公司先行承担与其过错相应的责任，剩余损害由可能加害的住户补偿

C. 可能加害的住户先行补偿，物业公司承担补充责任

D. 物业公司与可能加害的住户平均分担责任

三、案例分析题

2025年1月，某小区10岁男孩小明在楼下玩耍时，被一块从高空坠落的玻璃砸中头部，导致重伤。经调查，玻璃碎片为某住户阳台外立面脱落的部件，但因该小区未安装高空抛物监控系统，且物业长期未对外墙进行安全检查，无法确定具体脱落玻璃的住户。小明家属起诉物业公司及该栋楼10层以上（含10层）的全体住户，要求赔偿医疗费、护理费等共计120万元。物业公司辩称：小区物业费低廉（0.8元每月每平方米），无专项维修基金，且曾多次在业主群提醒注意高空坠物风险，已尽到基本警示义务。住户则集体主张自身无过错，拒绝赔偿。根据以上案情请分析：若法院认定物业公司未采取必要安全保障措施（如未安装监控、未定期检查外墙），其责任范围如何界定？若部分住户能证明事发时家中无人或阳台无玻璃装置，是否仍须承担补偿责任？

第十八章习题答案

参考文献

［1］张新宝．侵权责任法（第 6 版）［M］．北京：中国人民大学出版社，2024.

［2］程啸．最高人民法院民法典侵权责任编司法解释理解与适用［M］．北京：中国法制出版社，2024.

［3］孟献贵．民法专题讲座精讲卷［M］．北京：中国石化出版社，2024.

［4］杨立新．侵权责任法原理与案例教程（第 4 版）［M］．北京：中国人民大学出版社，2022.

［5］王利明．侵权责任法（第 2 版）［M］．北京：中国人民大学出版社，2021.

［6］程啸．侵权责任法（第 3 版）［M］．北京：法律出版社，2021.

［7］王利明．王利明学术文集——侵权责任编［M］．北京：北京大学出版社，2020.

［8］邹海林，朱广新．民法典评注——侵权责任编［M］．北京：中国法制出版社，2020.

［9］杨立新．侵权责任法（第 4 版）［M］．北京：法律出版社，2020.

［10］王利明，杨立新，等．民法学（第 6 版）［M］．北京：法律出版社，2020.

［11］王利明．侵权责任法研究（第 2 版）上卷［M］．北京：中国人民大学出版社，2016.

［12］王泽鉴．侵权行为（第 3 版）［M］．北京：北京大学出版社，2016.

［13］杨立新．中国侵权责任法大小搭配的侵权责任一般条款［J］．法学杂志，2010（3）：8-12.

网络增值服务

使用说明

欢迎使用华中科技大学出版社图书资源网

👤 教师使用流程

① 登录网址: **bookcenter.hustp.com** （注册时请选择教师用户）

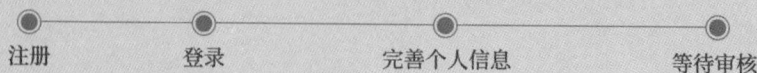

注册 —— 登录 —— 完善个人信息 —— 等待审核

说明：教师注册后可浏览资源、做习题，若要开课，则须完善个人信息，等待审核。

② 审核通过后，您可以在网站使用以下功能：

浏览教学资源　　　开设课程　　　管理学生/班级　　　查询学生学习记录

教师

👥 学生使用流程

PC端操作说明

① 登录网址: **bookcenter.hustp.com** （注册时请选择学生用户)

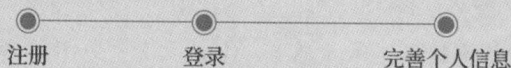

注册 —— 登录 —— 完善个人信息

② 使用数字资源

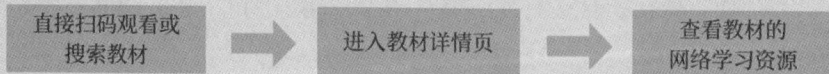

直接扫码观看或搜索教材 ➡ 进入教材详情页 ➡ 查看教材的网络学习资源

注意：
- 公开的网络学习资源可以直接点击观看
- 非公开的网络学习资源，需要在"个人中心—学习码验证"中激活学习码后方可观看

③ 学生加入课程完成学习（如老师不要求进入课程学习可忽略此步）

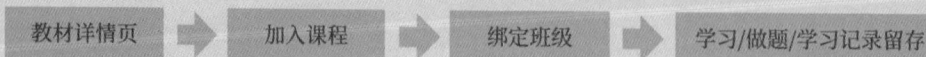

教材详情页 ➡ 加入课程 ➡ 绑定班级 ➡ 学习/做题/学习记录留存

手机端操作说明

手机扫码 ➡ 登录 ➡ 查看学习资源
注册

非公开资源需要先激活学习码